LES DEVOIRS

DE

L'HOMME,

ET

DU CITOIEN,

Tels qu'ils lui font prescrits par

LA LOI NATURELLE.

Traduits du Latin de feu Mr.

LE BARON DE PUFENDORF,

Par JEAN BARBEYRAC.

Avec quelques Notes du Traducteur.

A AMSTERDAM,

Chez HENRI SCHELTE.

MDCCVII. *F. 4202.*

AVERTISSEMENT
DU
TRADUCTEUR.

L E Libraire, qui a imprimé en François le DROIT DE LA NATURE ET DES GENS, du célébre PUFENDORF, aiant souhaitté d'avoir de la même main une Traduction de ce petit Ouvrage, qui est un bon Abrégé de l'autre ; je me suis résolu aisément à entreprendre un travail, qui, outre qu'il ne devoit pas me donner beaucoup de peine après celui dont j'étois venu à bout, me paroissoit d'ailleurs utile, & pour ceux qui ne connoissent pas encore le Systême dont on donne ici

*2 le

le précis, & pour ceux même qui peuvent l'avoir déja lû. Les prémiers, s'ils veulent s'inftruire des matiéres importantes qui font traitées affez au long dans le gros Ouvrage, feront bien aifes de s'en former d'abord une idée générale, qui leur fera trouver plus de fruit & de plaifir dans la lecture de ce qu'ils verront enfuite traité d'une maniére plus étenduë & avec un plus grand détail. Les autres doivent lire & relire cet Abrégé, fait par l'Auteur même, pour rappeller & raffembler en peu de tems, avec ordre, les Principes & les Régles les plus confidérables de la Science des Mœurs. En général, à quelque Auteur qu'on s'attache principalement, pour étudier avec foin une Science fi néceffaire à tout le monde, on ne fauroit guéres fe paffer d'un Livre comme celui-ci, pour peu que l'on aît à cœur de mettre à profit fa lecture, & de devenir non feulement plus éclairé, mais encore plus exact

à

à pratiquer les Devoirs de l'Homme & du Citoien.

J'approuve fort la penſée d'un * Savant Anglois du Siécle paſſé, qui a ſoûtenu, que les Habitudes ne ſont autre choſe qu'une eſpéce de Mémoire. Je ne ſai ſi *Xénophon* a-voit raiſonné là-deſſus avec autant de profondeur & d'exactitude Philo-ſophique, que ce grand Mathémati-cien : mais je trouve du moins dans les *Mémoires des faits & dits notables de Socrate,* une réflexion remarqua-ble, qui peut aiſément être ramenée aux idées du Philoſophe Moderne, & dont l'expérience ne permet pas de révoquer en doute la vérité. *Comme ceux,* (1) dit-on, *qui ont appris par cœur des Vers, les ou-blient enſuite, s'ils ne les répétent*

Iſaac Bar-row. Voiez la *Biblioth. Univerſ.* Tom. X. p. 52, & ſuiv. & la *Pneumato-logie* Latine de Mr. *Le Clerc,* Sect. I. Ch. IV.

* 3   *ſou-*

(1) Ὁρᾷ γὰρ, ὥσπερ τῶν ἐν μέτρῳ πεποιημένων ἐπῶν τὺς μὴ μελετῶντας, ἐπιλανθανομένυς· οὕτω καὶ τῶν διδασκαλικῶν λόγων τοῖς ἀμελοῦσι λήθην ἐγγι-γνομένην. ὅταν δὲ τῶν νυθετικῶν λόγων ἐπιλάθηταί τις, ἐπιλέλησαι καὶ ὧν ἡ ψυχὴ πάσχυσα τῆς σω-Φροσύνης ἐπιθυμεῖ· τούτων δὲ ἐπιλαθόμενον, ὐδὲν θαυμασὸν καὶ τῆς σωφροσύνης ἐπιλαθέσθαι. Memo-rab. Socrat. pag. 416. *Ed. Græc. H. Steph.*

souvent : je remarque auſſi, que
ceux qui négligent de rappeller fré-
quemment dans leur Eſprit les Pré-
ceptes de la Philoſophie, les ou-
blient inſenſiblement. Or quand on
les a laiſſé échapper de la mémoire,
on perd en même tems les idées de
ce qui produiſoit & entretenoit dans
l'Ame l'amour de la Tempérance :
après quoi il ne faut pas s'étonner
qu'on oublie enfin la Tempérance
même. Si l'on conſidére bien la maniére dont les Hommes ſont faits,
on trouvera peut-être dans ces paroles, dequoi expliquer cette contradiction groſſiére qu'il paroit y avoir
entre les Sentimens & la Conduite
d'un grand nombre de ceux que l'on
croit agir contre leurs lumiéres. A
force de négliger ſes Devoirs, on
vient enfin à n'y penſer preſque plus :
on ſe familiariſe avec les Vices dont
on avoit eû d'abord quelque horreur ; & l'on ſe flatte ſouvent, que
les plus grands déſordres n'ont rien
que de fort innocent, ou que ce ne
ſont

font tout au plus que des *peccadilles*, fi j'ofe me fervir de ce terme.
Quoi qu'il en foit, il eft certain,
comme le remarque le même Auteur,
(1) *que toutes les Vertus dépendent de l'exercice :* or le moien de les
pratiquer, & de s'en faire une habitude, fi l'on ne fe met bien dans
l'Efprit les Régles des Devoirs qu'elles renferment, & fi on ne les a perpétuellement devant les yeux?

C'eft pour cela que les Philofophes *Stoïciens* recommandoient fort
à leurs Difciples de réduire toute la
Morale en certaines (2) Maximes
courtes & fondamentales que l'on
pût avoir toûjours préfentes à la Mémoire, pour s'en fervir dans les occafions. *Comme les Médecins*, difoit un grand Empereur, (3) *tienrent*

* 4

(1) Πάντα μὲν ἒν ἔμοι γε δοκεῖ τὰ καλὰ καὶ τὰ
ἀγαθὰ ἀσκητὰ εἶναι. Ibid.

(2) Βραχία δὲ ἔςω καὶ ςοιχειώδη, ἃ εὐθὺς ἀπαν
τήσαντα, ἀρέσκει εἰς τὸ πᾶσαν ἀνίαν ἀποκλῦσαι &c.
MARC. ANTONIN. Lib. IV. §. 3.

(3) Ὥσπερ οἱ Ἰατροὶ ἀεὶ τὰ ὄργανα καὶ σιδήρια
πρόχειρα ἴχεσι πρὸς τὰ αἰφνίδια τῶν θεραπευμά
των

nent toûjours prêts & fous la main
tous les Inftrumens néceffaires pour
les Opérations imprévuës qu'ils
peuvent avoir à faire ; aie de même tout prêts les Préceptes qui te
peuvent aider à connoître les Chofes Divines & Humaines. Il donne
à entendre ailleurs, que l'on doit
(1) ranger méthodiquement les Préceptes néceffaires pour la conduite
de la Vie, puis qu'il loue beaucoup
un de fes Maîtres, d'avoir eû l'art
de propofer ainfi fes inftructions. Le
malheur eft, que cette Antiquité fi
vantée ne favoit guéres ce que c'é-
toit qu'une bonne Méthode. Les
Difcours & le *Manuel* même d'E-
PICTETE en font une preuve mani-
fefte ; pour ne rien dire de ce qui
nous refte des Sentences de *Solon*,
des

τῶν· οὕτω τὰ δόγματα σὺ ἕτοιμα ἔχε πρὸς τὸ τὰ
θεῖα καὶ ἀνθρώπινα εἰδέναι. Idem, *Lib.* III. §. 13.
J'ai fuivi la verfion de Mr. *Dacier.* Voiez là-deffus
le Commentaire de *Gataker.*
(1) Καὶ τὸ καταληπτικῶς καὶ ὁδῷ ἐξευρετικόν
τε καὶ τακτικόν τῶν εἰς βίον ἀναγκαίων δογμάτων.
Lib. I. §. 9.

des *Vers d'or de Pythagore* , des petits Poëmes de *Phocylide* & de *Theognis* &c.

Mais quand même on se seroit muni d'un nombre suffisant de Maximes de Morale , réduites en un ordre naturel ; cela ne suffiroit pas encore. On n'a pas moins besoin de graver profondément dans son Esprit les fondemens généraux & les raisons particuliéres des Préceptes , que les Préceptes mêmes. D'ailleurs, les matiéres de Morale tiennent la plûpart les unes aux autres ; & l'on ne sauroit en bien faire sentir la liaison dans des Sentences ou de courtes Maximes : outre qu'il y a plusieurs choses importantes qu'il n'est pas possible d'y faire entrer. Il faut donc se faire un petit Systême , clair, méthodique , & bien raisonné , où tout ce qu'il y a de plus considérable soit proposé en peu de mots, autant qu'il est nécessaire pour rappeller d'un coup d'œil les preuves & l'enchainûre des principales Vé-

ritez

ritez d'une fi vafte Science.

On chercheroit en vain quelque chofe de paffablement exact en ce genre parmi ce qui nous refte des Ecrits des Anciens Philofophes. Ce n'eft proprement que dans le Siécle paffé qu'on a découvert, avec mille chofes inconnues aux Anciens, l'art de bien ranger fes penfées, & de faire de bons Syftêmes des Sciences, tant Pratiques, que Spéculatives. Parmi tous les Livres de Morale qui ont été publiez depuis ce tems-là, je n'en connois point qui renferme dans un fi petit efpace, un Syftême fi net, fi folide, fi plein, & fi méthodique, de la Science des Mœurs, que cet Abrégé des DEVOIRS DE L'HOMME ET DU CITOIEN; fur tout dans l'état où il paroit préfentement en François.

J'ai remarqué quelque part dans mes *Notes* fur le Grand Ouvrage du *Droit de la Nature & des Gens*, que l'Abrégé eft, à tout prendre, plus exact: je ne m'en dédis point.

Ce-

Cependant, lors que je me suis mis à le traduire, j'ai trouvé qu'il y a-voit plus de réparations à faire, que je ne me l'étois imaginé. Si je di-fois qu'elles font à proportion en auffi grand nombre que celles que j'ai fait au gros Ouvrage, & fi je difois qu'elles ne font pas confidéra-bles ; je tromperois également le Lecteur. Voici en général de quelle maniére j'ai crû m'y devoir prendre pour mettre la Traduction de cet Abrégé dans le meilleur état qu'il fe-roit poffible.

J'ai travaillé fur l'onziéme Edi-tion, qui a paru en M.DCCV. par les foins d'un * Profeffeur de *Gieſ-* *ſen ;* mais en forte que j'ai eu per-pétuellement devant les yeux la pré-miére Edition, de l'Auteur même, qui fut publiée à *Lunden* en *Suéde,* l'an M. DCLXXIII. & qui, pour l'impreffion, eft la plus correcte de toutes. Je n'aurois pas eu befoin de me fervir de l'autre, qui eft la derniére, fi elle ne contenoit une lon-

* *Immanuel Weber.* Elle eſt in 8. & imprimée à *Francfort ſur le Mein.*

*a Elle se trouve au Liv. I. Ch. V. depuis le §. 3. inclusivement, jusqu'au 10. exclusivement.
b Le plus considérable consiste dans une transposition de quelques paragraphes, dans ce que l'Auteur dit au même Chap. sur la Défense légitime de soi-même.
e Mr. Titius, dans la Préface de ses Observations sur cet Abrégé.
d Dans la Seconde Préface de Mr. Weber.
e Adam Rechenberg.

f Avec cette restriction, que quand j'ai trouvé quelque chose, que*

« longue addition, & quelques changemens, que l'on peut regarder comme faits par l'Auteur même. Quelcun s'est voulu inscrire en faux contre ces réparations, que le Professeur de *Giessen* avoit déja faites dans une des Editions précédentes : mais on en a appellé & à des Lettres de Mr. *de Pufendorf*, où il approuve la liberté de l'Editeur, & au témoignage d'un Professeur de *Leipsic*, qui savoit là-dessus les sentimens de l'Auteur ; & enfin à la Préface de la Version Allemande de cet Abrégé, publiée du vivant de l'Auteur, où l'on avoit déclaré hautement, que c'étoit avec son consentement qu'on y avoit fait les mêmes réparations que l'on a depuis transportées dans l'Original. Mais quand tout cela ne seroit pas, je n'en aurois pas moins crû être obligé de les suivre ; parce que quelques-uns des changemens de la nouvelle Edition sont, à mon avis, nécessaires, soit pour l'ordre & la netteté

des

des penſées, ſoit pour éviter des re-
petitions inutiles; & pour ce qui regarde l'addition, elle eſt aſſûrément
importante, & conçue d'ailleurs preſque dans les propres termes de l'Auteur. Il l'auroit ſans doute lui-même
inſérée dans l'Abrégé, s'il l'avoit revû depuis la ſeconde Edition de ſon
Livre du *Droit de la Nature & des
Gens*, où † l'endroit, d'où cette
Addition eſt tirée, ne ſe trouvoit
point auparavant. Voila ce que j'ai
fait après d'autres: voici maintenant
ce que j'ai fait de mon chef.

Il n'eſt pas néceſſaire d'avertir,
que quand j'ai apperçu ici quelque
inadvertence ou quelque inexactitu-
de qui ſe trouvoit auſſi dans l'Original du *Droit de la Nature & des
Gens*, je l'ai corrigée comme je l'a-
vois déja fait dans la Traduction de
ce Livre. Mais il ne faut pas oublier
de remarquer, que comme il y a un
grand nombre de choſes dans l'A-
brégé, qui ont été copiées preſque
mot à mot du gros Ouvrage, je les
ai

Marginal notes:

je pouvois exprimer plus exac-tement, j'ai fait d'autant moins de ſcrupule d'aban-donner la nouvelle Edition, que j'en ai uſe de mê-me à l'é-gard de ce qui eſt de la main même de l'Auteur; comme je le dis plus bas.

† Liv. II. Chap. IV. depuis le commen-cement juſqu'au §. 16. excluſi-vement.

ai quelquefois exprimées ici d'une maniére plus nette & plus exacte; & j'en ai ufé de même par tout ailleurs où j'ai pû trouver des termes & des expreffions plus commodes. J'ai mis ou en gros caractéres, ou en lettre Italique, non feulement les mots où eft contenu ce qui fait le principal fujet de chaque Chapitre, mais encore les Définitions & les Régles les plus importantes ou les plus générales; afin qu'à la faveur de cette variété de caractéres on pût les trouver d'abord, & les repaffer en un moment. L'Auteur en tranfcrivant certains endroits de fon grand Ouvrage, avoit quelquefois fauté quelques mots fans y penfer; je les ai fuppléez. J'ai ajoûté de petites tranfitions en bien des endroits où elles m'ont paru néceffaires. En général, comme le gros Ouvrage, dont le ftile & les idées doivent m'être affez familiéres, me fervoit ici de Commentaire perpétuel: j'ai ajoûté ou un peu changé par ci par là quel-

ques

ques mots, pour développer les penfées de l'Auteur, ou les exprimer
d'une maniére plus exacte qu'il ne
l'avoit fait lui-même en les abré-
geant. J'ai mis des *numero* par tout
où je l'ai jugé à propos, pour diftinguer les différens chefs ; & j'ai
auffi recommencé la ligne en bien
des endroits où la commodité du
Lecteur le demandoit. J'ai quelquefois changé le tour ou l'ordre des
penfées, & tranfpofé même des [a]
paragraphes entiers, qui m'ont paru
mal rangez. Il y avoit quelques ré-
pétitions [b] inutiles, qui fe trou-
voient même quelquefois en plus
d'un endroit : j'aurois eû tort de
les laiffer dans un Livre comme
celui-ci où il ne doit y avoir rien de
fuperflu ; j'ai donc exprimé la chofe
une fois pour toutes, en prenant
foin, de raffembler ce qu'il pouvoit
y avoir de plus dans les paragraphes
d'où la répétition a été bannie, &
de renvoier à celui dont ils fuppofent la connoiffance. L'Auteur n'a-
voit

[a] Voiez, par exemple, Liv. I. Chap. XV. Liv. II. Ch. I. Chap. III. Ch. XIII. à la fin &c.

[b] Voiez, par exemple, Liv. I. Ch. XVII. §. 12. comparé avec le Chap. II. §. 10. du même Livre : & Liv. II. Chap. I. §. 9, 10. comparé avec Liv. I. Chap. III. §. 3, 4. & Liv. II. Ch. III. §. 3. comparé avec le 10. &c.

voit point fait de Sommaires des paragraphes ; & ceux de la nouvelle *Edition m'ont paru non seulement trop Scholastiques, mais encore souvent incomplets ou peu exacts : il a fallu en faire de tout nouveaux. J'ai mis à la marge des renvois perpétuels au Livre du *Droit de la Nature & des Gens*, en faveur de ceux qui, après avoir lû quelque matiére dans l'Abrégé, voudront consulter d'abord le Chapitre du gros Ouvrage qui y répond. Enfin, outre un *Indice de ma façon, j'ai ajoûté quelques *Notes* au bas des pages, c'est-à-dire, des Notes courtes, & en aussi petit nombre qu'il m'a été possible. Je me suis toûjours souvenu, que c'étoit ici un Abrégé, qui par conséquent ne devoit point être chargé de choses qui ne fussent pas essentielles ; & c'est pour cela aussi que je n'ai averti nulle part d'aucune des *réparations que j'y ai faites.

Avant que de finir cette Préface, il ne sera pas hors de propos de marquer

a Il y en a aussi dans l'Edition de Hollande : mais je n'ai pas eû sous ma main cette Edition.

b Il y en a un dans l'Edition de Mr. *Weber* : mais je ne m'en suis point servi ; & d'ailleurs le mien indique le Liv. le Ch. & le paragraphe, & non pas simplement les pages : de sorte qu'il peut servir pour toutes les Editions.

c La plûpart ont lieu aussi à l'égard de la Préface

quer

quer ici quelques fautes d'impreffion, ou d'inadvertence, qui ne fe
trouvent point dans l'*Errata* de ma
Traduction du *Droit de la Nature*
& *des Gens.*, foit parce que les Im-
primeurs ne reçûrent pas affez à
tems la lifte que j'en envoiai, foit à
caufe qu'elles m'avoient échappé en
relifant les feuilles à mefure qu'on
imprimoit. *Préf.* pag. 2. ligne 5. a-
près *Ne peux-tu*, ajoûtez la figure
de renvoi (g). *Pag.* 5. l. 3. avant la
fin, & *les Difcours* : lif. *fi les Difcours.* Pag. 31. l. 19. *plaindroit* :
lif. *plaindront.* Pag. 42. on a oublié
la citation qui devoit répondre à la
figure (cc), de forte que toutes les
figures fuivantes font mal placées.
Je ne marque pas quelques autres
fautes qui fe font gliffées dans le
grand nombre de citations dont les
marges de la Préface font chargées.
Pag. 70. l. 30. *qui ont le mieux
fait application de la vie :* lif. *qui
ont le mieux fait application des
Préceptes généraux aux divers é-*

** *tats*

de l'Au-
teur, qu'il
ne falloit
pas oublier
de tradui-
re, puis
qu'elle
contient
des réfle-
xions im-
portan-
tes qu'on
ne trouve-
ra pas mê-
me dans le
gros Ou-
vrage.

tats de la vie. Voilà pour la Préface.
Том.I. pag. 68.1.18. *qu'Oreste:* liſ.
qu'Oedipe. Pag. 313. à la fin du §
12. *des choſes dont il manque :* liſ.
*des choſes dont il a abondance, pour
ſe procurer par là des choſes néceſſaires dont il manque.* Les Im-
primeurs en cet endroit, auſſi bien
que dans un des précédens, ont ſau-
té une ligne, à cauſe des mots *dont
il* qui ſe ſont trouvez répetez. Том.
II. pag. 423.col.1.l.35. *juſtifications:*
liſ. *juſtificatives.* Pag. 448.1.38. *de
parti:* liſ. *ce parti.* Ibid. l. 42. *Peines:* liſ. *Princes.* Pag. 460.l.14. *il
donne:* liſ. *il donna.* Pag. 471.col.2.
l.8. *hoc quotidie:* liſ. *hæ quotidie.*

De Berlin le 1.Mars 1707.

PRÉ-

XIX

PREFACE

DE

L'AUTEUR.

S I ce n'étoit une chose établie parmi la plûpart des Savans, & qui a presque passé en Loi dans la République des Lettres, qu'un Auteur rende raison, dans une Préface, du dessein de son Ouvrage; j'aurois pû me passer de suivre la coûtume dans le Livre que je (a) donne présentement au Public. Tout le monde peut voir du prémier coup d'œuil, que je ne me suis proposé autre chose que de donner à la Jeunesse un Abrégé court, &, si je ne me trompe, clair & méthodique, des principales matiéres du Droit Naturel. Il est de la derniére importance, que les Jeunes-Gens, qui viennent dans les Académies, soient instruits

Dessein de l'Auteur.

(a) L'Auteur le publia au commencement de l'année 1673. à *Lunden,* en Suéde, un an après avoir fait imprimer le gros Ouvrage, dont celui-ci est l'Abregé.

** 2　　　　　truits

truits de bonne heure des Principes de
cette Science Morale, qui sont d'un
usage manifeste dans la Vie Civile, &
dont la connoissance de l'aveu de toutes
les personnes raisonnables, est d'un plus
grand secours pour faciliter l'étude de
la Jurisprudence en général, que tous
les *Elémens du Droit Civil* de quelque
Païs que ce soit. Mais si ceux qui commencent à étudier le Droit Naturel, se
jettoient d'abord dans la lecture d'un
Systême étendu, il seroit à craindre que la
difficulté & le grand nombre des matiéres
ne les rebuttât bien-tôt. Il falloit donc prévenir cet inconvénient : & quoi qu'il m'aît
toûjours semblé, qu'un simple Abbrévia-
teur des Ouvrages d'autrui ne s'aquiert
pas beaucoup de gloire, & moins encore celui qui abrége ses propres Ecrits;
je n'ai point fait difficulté de remettre
au Lecteur en petit ce qu'il peut avoir
déja vû en grand dans mon Livre *du*
Droit de la Nature & des Gens. J'espére
que, comme j'y ai d'ailleurs été engagé
par ordre de mes Supérieurs, les personnes raisonnables ne me blâmeront pas d'a-
voir emploié quelque tems à composer
cet Abrégé de mes propres productions,
uniquement en faveur de la Jeunesse,
dont la considération mérite bien qu'on

ne

ne juge indigne de perfonne tout travail qui tend à fon utilité , quelque peu capable qu'il foit en lui-même de faire honneur à fon Auteur.

Ce petit Avertiffement pourroit fuffire, fi quelques perfonnes ne m'avoient témoigné qu'il feroit à propos de donner ici une idée nette du caractére propre & diftinctif du Droit Naturel , & de fixer un peu exactement les limites de cette Science. Je m'y fuis engagé d'autant plus volontiers , que j'ôterai par là à certains Fâcheux , qui aiment à fe mêler de ce qui ne les regarde point , tout prétexte d'étendre leurs critiques malignes & emportées fur des chofes qui fe trouvent fouvent hors du reffort de la Science dont ils font profeffion.

§. I. Les Devoirs des Hommes, & les Régles de ce qu'ils font tenus ici-bas de faire ou de ne pas faire, comme étant Honnête ou Deshonnête, découlent manifeftement de trois grandes fources, favoir, des *Lumiéres de la Raifon toute feule* ; des *Loix Civiles* ; & de la *Révélation*. Le prémier de ces Principes renferme les Devoirs les plus généraux de l'*Homme* , fur tout ceux qui tendent à le rendre fociable. Le fecond

Il y a trois Sciences où l'on enfeigne les Devoirs des Hommes.

** 3   eft

eft le fondement des Devoirs auxquels on eft tenu entant que *Sujet* de tel ou tel Etat. Le dernier eft celui d'où réfultent les Devoirs du *Chrétien.*

De là naiffent trois Sciences diftinctes, favoir, le DROIT NATUREL, commun à tous les Hommes : le DROIT CIVIL, qui eft ou peut être différent dans chaque Etat : & la THÉOLOGIE MORALE, ainfi nommée par oppofition à cette partie de la Théologie où l'on enfeigne les Dogmes.

Différence générale qu'il y a entre le Droit Naturel, le Droit Civil, & la Théologie Morale.

§. II. CHACUNE de ces Sciences prouve fes Maximes d'une maniére qui répond à fon Principe. Le *Droit Naturel* ordonne telle ou telle chofe, parce que la droite Raifon nous la fait juger néceffaire pour l'entretien de la Société Humaine en général. Le fondement primitif de ce qui eft preſcrit par les *Loix Civiles*, c'eft que la Puiffance Légiflative l'a ainfi établi. Les Préceptes de la *Théologie Morale* font obligatoires directement & précifément à caufe que Dieu les a donnez aux Hommes dans l'Ecriture Sainte.

Les Maximes de l'une de ces

§. III. Le Droit Civil & la Théologie Morale fuppofent l'un & l'autre le Droit Na-

Naturel, (1) comme une Science plus générale. Si donc on trouve dans les Loix Civiles quelque chofe
fur quoi la Loi Naturelle ne décide
rien; il ne faut pas s'imaginer pour cela
que le Droit Civil foit oppofé au Droit
Naturel. De même, fi dans la Théologie Morale on enfeigne des Véritez
auxquelles la Raifon toute feule ne fauroit atteindre, & qui par conféquent
font hors de la fphére du Droit Naturel; ce feroit une grande ignorance,
que de commettre, fous un tel prétexte, ces deux Sciences l'une avec l'autre, ou de fe figurer entr'elles quelque
contrariété. Au contraire, lors que dans
l'explication du Droit Naturel on fuppofe certaines chofes fondées fur ce que
l'on peut découvrir par la Raifon toute
feule, elles ne choquent nullement les
lumiéres plus diftinctes & plus étendues que la Révélation nous fournit là-
deffus; ce font feulement des Hypothé-
fes fur lefquelles on raifonne, en mettant à part la Révélation. Par exemple, pour repréfenter la conftitution

** 4 ori-

§. III. (1) Voiez ce que dit l'Auteur, fous le nom
de *Julius Rondinus*, à la tête de l'ERIS SCANDICA,
dans le *Poftfcriptum*.

originaire de l'Homme, qui eſt le fondement du Droit Naturel, on fait abſtraction de l'Hiſtoire de la *Création* rap-
portée dans l'Ecriture Sainte, & l'on ſe
figure le prémier Homme tombé, pour
ainſi dire, des nues, & avec les mêmes
Inclinations que les Hommes ont aujourdhui en venant au monde; le Rai-
ſonnement tout ſeul ne pouvant pas
nous mener plus loin. Vouloir ſe dé-
chainer contre une telle ſuppoſition,
comme ſi ceux qui la font contredi-
ſoient l'Auteur du Livre de la *Genéſe*,
c'eſt empoiſonner manifeſtement les choſes, c'eſt la plus fine & la plus noire
Calomnie qui fût jamais.

On tombe aiſément d'accord de la
convenance du Droit Naturel avec le
Droit Civil, malgré ce qu'il y a de particulier qui les diſtingue. Mais il paroit plus difficile de régler les limites
du Droit Naturel & de la Théologie
Morale, & de faire voir, par une conſidération exacte de ce en quoi ces deux
Sciences différent, qu'elles ne laiſſent
pas de pouvoir être conciliées l'une
avec l'autre. Je dirai là-deſſus en peu
de mots mon ſentiment, non pas avec
une autorité Papale, comme ſi je me
flattois ſottement du privilége d'Infail-

libilité, ni avec une préſomption de Fanatique, qui prend pour des Inſpirations toutes les réveries de ſon Cerveau; mais en Homme qui s'applique de ſon mieux à remplir les fonctions de l'Emploi dont il eſt chargé. Bien entendu que, comme je ſuis tout prêt à écouter avec plaiſir les avis des perſonnes raiſonnables & éclairées, & à ne point perſiſter opiniâtrement dans mes Opinions, dès qu'on m'aura découvert quelque choſe de meilleur ; il doit m'être permis auſſi de me moquer d'un Cenſeur ignorant, qui s'ingére de prononcer avec un air hautain & déciſif ſur des matiéres qui ne ſont pas de ſa compétence ; & que je pourrai auſſi regarder avec un ſouverain mêpris toute cette Race de gens qui ſe mêlent de tout, & dont voici le caractére, tel que le depeint agréablement un ancien Poëte. (2) *Ils courent toûjours*, dit-il, *de côté & d'autre, ſans ſavoir pourquoi : ils paroiſſent fort occupez dans la plus grande oiſiveté : ils ſe tremouſſent pour* ✱✱ ſ *rien:*

---

(2) *Eſt Ardelionum quædam Romæ Natio,*
Trepidè concurſans, occupata in otio,
Gratis anhelans, multa agendo nihil agens,
Sibi moleſta, & aliis odioſiſſima.
PHÆDR. Lib. II. Fab. V. verſ. 1, & ſeqq.

rien: en faisant beaucoup de choses, ils
ne font rien: ils sont à charge à eux-mêmes, & insupportables aux autres.

§. IV. 1. LE *Droit Naturel*, & la *Théologie Morale*, diffèrent, comme je l'ai
déja remarqué, *à l'égard du Principe
fondamental* d'où découlent les Maximes
de chacune de ces Sciences. D'où il
s'enfuit, que si l'Ecriture Sainte nous
ordonne ou nous défend certaines chofes que la Raifon toute feule ne nous
fait pas regarder comme absolument
Licites ou Illicites; elles font hors de
la Sphére du Droit Naturel, & appartiennent proprement à la Théologie
Morale.

Différences qu'il y a entre le Droit Naturel, & la Théologie Morale.
1. A l'égard du Principe fondamental des Maximes de chacune de ces Sciences.

§. V. 2. DE PLUS, dans la Théologie Morale, on confidére la Loi entant qu'elle eft accompagnée des Promeffes Divines, & d'une efpéce d'Alliance entre Dieu & les Hommes, fondée fur une Révélation particuliére, &
par conféquent inconnue au Droit Naturel, dont les bornes font les mêmes
que celles des lumiéres de la Raifon
toute feule.

2. A l'égard de la maniére dont les Loix de l'une & de l'autre font propofées.

§. VI. 3. MAIS la plus grande différence confifte en ce que l'ufage du
Droit Naturel confidéré en lui-même
ne

3. A l'égard de leur but.

ne s'étend pas (1) au delà de cette Vie,
& qu'il tend uniquement à rendre
l'Homme sociable pendant qu'il est
dans ce monde. Au lieu que la Théologie Morale a pour but de former le
Chrétien, c'est-à-dire, un Homme qui
doit à la vérité travailler à vivre ici-bas
d'une maniére honnête & paisible; mais
qui attend le principal fruit de sa Piété
après cette Vie, & qui sachant qu'il est
Citoien de la République Céleste, se

re-

§. VI. (1) Il est vrai que la Révélation a mis hors
de doute & dans une pleine évidence l'Immortalité
de l'Ame, avec les Peines & les Récompenses
d'une autre Vie; & que le Principe fondamental
& distinctif de la Théologie Morale, c'est l'espérance d'une Eternité bienheureuse, qui est propo-
sée à tous ceux qui pratiqueront les Préceptes de
l'Evangile. Mais il ne faut pas pour cela exclurre
du Droit Naturel toute vûe d'une Vie avenir. Car
on peut du moins par les lumiéres de la Raison
toute seule, parvenir jusqu'à reconnoître, qu'il y
a beaucoup d'apparence que Dieu punira dans u-
ne autre Vie ceux qui auront violé la Loi Naturelle, & qui auront échappé dans cette Vie
à la Vengeance Humaine & Divine; & que même l'opinion contraire est beaucoup moins
probable. Or cela étant, toutes les Régles du
Bon-Sens & de la Prudence veulent qu'on ne risque pas, pour une courte & passagére satisfaction, de s'exposer à une éternité possible de Malheur; & la crainte des Peines d'une autre Vie
peut fort bien entrer dans la *Sanction* de la Loi
Naturelle. Voiez ce que l'on a dit sur le *Droit de
la N. & des Gens*, Liv. II. Chap. III. §. 21.

regarde en ce Monde comme Voiageur ou comme Etranger. En effet, quoi que l'Homme foûpire ardemment après l'Immortalité, & ne puiffe envifager fans horreur la deftruction de fon Etre; quoi que la plûpart même des Paiens aient crû que l'Ame fubfifte après fa féparation d'avec le Corps, & qu'alors les Gens-de-bien font récompenfez, & les Méchans punis : il n'y a pourtant que la Parole de Dieu qui nous fourniffe fur cet important Article des lumiéres & des affûrances capables de produire une pleine & entiére perfuafion. Ainfi les Maximes du Droit Naturel fe rapportant uniquement à l'ufage du Tribunal Humain, qui eft renfermé dans les bornes de cette Vie; elles contiennent bien des chofes que l'on applique mal-à-propos au Tribunal Divin, dont les Régles font proprement du reffort de la Théologie.

7. Al'égard de leur Objet.

§. VII. 4. DE là il s'enfuit, qu'une grande partie du Droit Naturel ne tend qu'à former les Actions extérieures de l'Homme, qui font les feules auxquelles on aît égard dans le Tribunal Humain; les intérieures n'y étant confidérées qu'entant qu'elles fe manifeftent par quelque Effet ou quelque Signe extérieur.

térieur. Au lieu que la Theologie Morale travaille fur tout à régler le Cœur, & à faire en forte que tous fes mouvemens foient exactement conformes à la volonté de Dieu. Elle condamne même les Actions qui paroiffant au dehors les plus réguliéres & les plus belles, partent d'ailleurs d'un mauvais principe, ou d'une Confcience impure. Et c'eft pour cela, à mon avis, que les Ecrivains Sacrez ne recommandent pas fi fouvent les chofes dont les Tribunaux Humains puniffent la violation, ou pour lefquelles on peut être pourfuivi en Juftice, que celles qui, pour m'exprimer avec un ancien Philofophe, (1) *ne font point prefcrites par les Loix Publiques*; comme il paroîtra manifeftement, fi l'on examine avec foin les Préceptes contenus dans l'Ecriture Sainte. Cependant, comme les Vertus Chrétiennes, dont elle preffe le plus la pratique, font très-propres à produire dans les Hommes des fentimens qui les portent à la Sociabilité; il faut avoüer auffi que la Théologie Morale a une

(1) *Quàm angufta innocentia eft ad Legem bonum effe! quantò latius Officiorum patet, quàm Juris Regula! quàm multa Pietas, Humanitas, Liberalitas, Juftitia, Fides, exigunt, qua omnia extra Publicas Tabulas funt!* SENEC. de Ira, Lib. II. Cap. XXVII.

une très-grande efficace pour rendre les Hommes plus exacts à s'aquitter des Devoirs de la Vie Civile. Et lors qu'on voit une personne qui faisant profession du Christianisme , ne laisse pas d'être turbulente, seditieuse, incommode dans la Société ; on peut dire à coup sûr, que les Véritez & les Maximes de la Religion Chrétienne ne sont que sur le bout de ses lévres, & que son Cœur n'en est point touché.

§. VIII. Voila, si je ne me trompe, les véritables limites de la Théologie Morale, & du Droit Naturel, tel que nous le concevons. D'où il paroit aussi manifestement, que le Droit Naturel ne renferme rien de contraire à la bonne Théologie , & que l'on fait seulement abstraction , dans la prémiére de ces Sciences, de certaines Véritez que l'autre nous enseigne, & qui ne sauroient être découvertes par la Raison toute seule. Mais pour mettre la chose dans une plus grande évidence , faisons en l'application à quelque exemple particulier.

Je dis donc, que, dans l'explication du Droit Naturel, on doit considérer l'Homme tel qu'il est depuis le Péché, c'est-à-dire, comme un Animal sujet à un

Dans le Droit Naturel il faut considérer l'Homme tel qu'il est depuis le Péché.

un grand nombre de mauvais défirs.
Car, quoi qu'il n'y aît point d'Efprit
aſſez ſtupide pour ne pas ſentir qu'il y a
dans ſon Cœur des Paſſions vicieuſes &
déréglées; néanmoins ſans la Révélation
perſonne ne pourroit ſavoir aujourd'hui
que ce déſordre eſt une ſuite de la Chû-
te du Prémier Homme. Puis donc que
le Droit Naturel ne s'étend pas au delà
de ce que les lumiéres de la Raiſon toute ſeule nous apprennent; ce ſeroit mal-
à-propos qu'on voudroit le fonder ſur la
Nature de l'Homme conſidérée dans
l'Etat d'Innocence. Cela eſt ſi vrai,
que la maniére même dont la plûpart
des Préceptes du *Décalogue* ſont conçûs,
c'eſt-à-dire, en termes négatifs, ſuppoſe manifeſtement la Nature Corrompuë.
Il eſt dit, par exemple, dans le prémier Commandement : *Vous n'aurez
point d'autre Dieu devant moi.* Et dans
le ſecond : *Vous ne vous ferez point d'I-
mage taillée, ni de repréſentation des choſes qui ſont au Ciel, ni ſur la Terre, ni
dans les Eaux, ni ſous la Terre ; vous ne
vous proſternerez point devant elles , &
vous ne les ſervirez point &c.* Or comment eſt-ce qu'un Homme, qui ſeroit
encore dans l'Etat d'Innocence, qui auroit une droite & claire connoiſſance de
la

la Divinité & à qui Dieu se communiqueroit lui-même de tems en tems par quelque Révélation particuliére; comment, dis-je, un tel Homme pourroit-il se mettre dans l'Esprit d'adorer quelque autre chose que le vrai Dieu, ou de lui associer d'autres Objets d'un Culte Religieux, ou de se figurer quelque Divinité dans une chose inanimée qui est l'ouvrage de ses propres mains? Il n'auroit donc pas été nécessaire de lui défendre l'*Idolatrie* ou le *Polythéisme*, comme s'il y eût eû du panchant: mais il suffisoit de s'exprimer en termes affirmatifs, de cette maniére: *Vous aimerez, vous honorerez, & vous servirez Dieu, que vous connoissez, comme vôtre Créateur, & celui de l'Univers.* La même chose a lieu à l'égard du troisiéme Commandement. Car à quoi bon défendre le Blasphême à un Homme qui plein de respect pour la Majesté Divine, & pénétré d'un vif sentiment des Bienfaits de son Créateur, ne seroit d'ailleurs agité d'aucun mauvais désir, & vivroit dans une douce tranquillité, content de la condition où il a été mis par la Providence? Une personne ainsi disposée, seroit-elle capable d'une si grande folie? Et ne suffiroit-il pas de l'exhorter

horter à continuer de glorifier le nom de Dieu? Le quatriême & le cinquiê-me Commandement, qui font conçûs en termes affirmatifs, peuvent conve-nir à l'Etat d'Innocence, auffi-bien qu'à l'état de la Nature corrompue. Mais tous les autres de la Seconde Table fup-pofent manifeftement l'Homme Pé-cheur. Car, dans l'Etat d'Innocence où il avoit été créé, on pouvoit bien lui recommander d'aimer fon Prochain, quoi qu'il y fût déja porté de lui-mê-me : mais quelle néceffité y avoit-il de lui défendre le Meurtre, puis que les Hommes n'étoient pas encore fujets à la Mort, qui n'eft entrée dans le Mon-de qu'avec ie Péché? Cela eft bon au-jourd'hui qu'il régne parmi les Hom-mes, au lieu de l'Amour du Prochain, des Haines fi furieufes, qu'il fe trouve bien des gens qui ou par pure Envie, ou pour s'établir fur les ruines d'autrui, ne font point de fcrupule de travailler à perdre des perfonnes non feulement innocentes, mais encore leurs propres Amis, à qui ils ont mille obligations; & cela en couvrant leur rage abomina-ble du prétexte fpécieux de fuivre les mouvemens de leur Confcience. Qu'é-toit-il befoin encore de défendre ex-

* * *

pref-

preſſément l'*Adultére* à des Mariez qui
s'aimoient ſi tendrement, & avec une
fidélité ſi inviolable ? ou le Larcin,
dans un tems auquel l'Avarice & la Diſette étoient entiérement inconnues, &
où perſonne ne regardoit comme ſien
tout ce en quoi il pouvoit rendre ſervice à autrui ? ou le *Faux-témoignage*,
lors qu'il n'y avoit point de gens capables de chercher à s'aquérir dans le
monde de la Réputation en ſemant des
Calomnies noires & mal agencées. En
un mot on peut aſſez bien appliquer
ici ces paroles d'un Hiſtorien Romain :
(1) *Les prémiers Hommes n'étant agitez
d'aucun mauvais déſir, vivoient dans l'innocence, ſans commettre aucun Crime ni
aucune Action Deshonnête : ainſi on n'a-
voit que faire de les retenir dans leur
Devoir par la crainte des Peines. Ils
n'avoient pas non plus beſoin d'être inci-
tez à bien faire par des Récompenſes;
puis qu'ils y étoient déja tout portez d'eux-
mêmes. Comme ils ne déſiroient rien qui
ne*

ne

---

§. VIII. (1) *Vetuſtiſſimi mortalium, nullâ adhuc malâ
libidine, ſine probro, ſcelere, eoque ſine pœna aut
coërcitionibus agebant : neque præmiis opus erat,
cùm honeſta ſuopte ingenio peterentur ; & ubi nihil
contra morem cuperent, nihil per metum vetabantur.*
TACIT. Annal. Lib. III. Cap. XXVI.

ne fut permis; rien auſſi ne leur étoit dé-
fendu.

§. IX. Ces Réflexions bien entendues nous fourniront dequoi réſoudre
aiſément une Queſtion que l'on propoſe, ſavoir, ſi, dans l'Etat d'Innocence, la Loi Naturelle auroit été différente de ce qu'elle eſt depuis le Péché?
Je dis donc, que les principaux Chefs
du Droit Naturel ſont au fond les mêmes, & dans l'Etat d'Innocence, &
dans l'Etat de la Nature Corrompue:
mais qu'il y a quelque diverſité dans
pluſieurs Maximes particuliéres, à cauſe de la différence de ces deux conditions; ou plûtôt que la Loi Naturelle
étant toûjours eſſentiellement la même,
renferme des Maximes différentes,
mais non pas oppoſées, ſelon les divers états de l'Homme qui doit l'obſerver.

Si le Droit Naturel auroit été différent dans l'Etat d'Innocence?

Jesus-Chrit, nôtre Sauveur, réduit le ſommaire de toute la Loi Morale à ces deux Régles: *Aimer Dieu,*
&, *Aimer ſon Prochain.* On peut rapporter auſſi à ces deux Chefs toute la
Loi Naturelle, & dans l'Etat de Péché, & dans l'Etat d'Innocence; car
l'Amour du Prochain, & la Sociabilité
que nous établiſſons pour fondement

*** 2   du

du Droit Naturel, reviennent à la même chose. A l'égard des Maximes particuliéres, qui découlent de ces grands Principes, dans l'Etat d'Intégrité il n'y auroit eû que peu ou point de différence entre le Droit Naturel, & la Théologie Morale : mais, depuis le Péché, la différence est assez considérable, tant à l'égard des Maximes Affirmatives, qu'à l'égard des Négatives.

Il y a bien des Maximes Affirmatives qui n'auroient vraisemblablement point eû de lieu dans l'Etat d'Innocence, soit parce qu'elles supposent certains Etablissèmens qui sont de telle nature, qu'on ne sait pas bien s'ils pouvoient convenir à cet heureux Etat; soit à cause qu'on ne conçoit pas qu'elles soient d'aucun usage pour des gens exemts de la Misére & de la Mort, à laquelle les Hommes n'ont été sujets que par le Péché. Par exemple, ce sont maintenant des Régles absolument nécessaires du Droit Naturel, *qu'il ne faut tromper personne dans un Contract de Vente; qu'on ne doit point avoir de faux Poids, de fausse aune, ni de fausse Mesure; qu'un Débiteur est tenu de rendre au terme l'Argent qu'on lui a prêté* &c.
Mais

Mais je ne vois point encore de raison convaincante qui nous perſuade, que, ſi le Genre Humain fût demeuré dans l'Innocence, on eût fait les mêmes Commerces qu'aujourd'hui, & qu'on ſe fût aviſé de l'établiſſement de la Monnoie. Je ne ſai pas non plus ſi l'on auroit formé des Sociétez Civiles, comme celles qui ſont établies depuis long-tems ; & ſuppoſé qu'il n'y en eût point eû de telles, comme cela peut être, les Devoirs qui ſont fondez ſur la conſtitution du Gouvernement Civil n'auroient point eû non plus de lieu. La Loi Naturelle nous ordonne préſentement *d'aſſiſter les Pauvres, de ſecourir les Malheureux, d'avoir ſoin des Orphelins, & des Veuves;* tous Commandemens ſuperflus par rapport à ceux qui ſont hors des atteintes de la Pauvreté, de la Miſére, & de la Mort. Elle nous preſcrit encore *de pardonner les Injures, & d'entretenir la Paix;* or il n'eſt pas beſoin de telles exhortations à des gens qui n'ont aucun panchant à violer les Loix de la Sociabilité.

Cela paroit encore mieux à l'égard des Maximes Négatives du Droit purement Naturel. J'avoue que tout Commandement emporte par lui-même une

Dé-

Défenfe tacite du contraire, & que la Loi, par exemple, qui prefcrit l'Amour du Prochain, défend par cela feul tout ce qui pourroit donner la moindre atteinte à cet Amour. Mais il femble fort inutile de faire expreffément de telles Défenfes à ceux qui ne font pouffez par aucun mauvais défir à violer le Commandement pofitif. C'eft ainfi que Solon (a) ne voulut point établir de Loi contre le Parricide, parce, difoit-il, qu'il ne croioit pas qu'il y eût aucun Enfant capable d'un fi grand Crime. On rapporte (b) que, chez les *Américains* du *Nicaragua*, il n'y avoit, pour la même raifon, aucune Peine établie contre celui qui tueroit le *Cacique* (c'eft ainfi qu'ils appelloient leurs Roitelets.)

(a) *Diogen. Laert. Lib. 1. §. 59. Ed. Amftel.*

(b) *Franc. Lopez de Gomara*, Hift. gener. Ind. Occid. *Cap. ccvii.*

Je crains d'ennuier le Lecteur en m'étendant fi fort fur une chofe fi claire. J'ajoûterai pourtant encore un exemple pour la rendre plus fenfible à ceux qui ne font pas encore verfez dans ces matiéres. Suppofons qu'on aît à diriger deux Enfans de différent naturel; dont l'un fage, modefte, retenu, prend beaucoup de plaifir à l'Etude : l'autre libertin, effronté, infolent, aime mieux la Débauche, que les Livres. En ce cas-là, le Devoir général que l'on doit prefcrire

crire à l'un & à l'autre, c'eft à la vérité qu'ils s'attachent à l'Etude: mais il
faut enfuite faire à chacun des leçons
particulieres. Au prémier, il fuffit de
lui marquer ce qu'il doit étudier, quel
tems il doit donner à l'Etude, comment il doit s'y prendre : à l'autre, il
faut de plus défendre, fous des peines très-rigoureufes, d'aller courir, de
jouer, de vendre fes Livres, de fe faire
compofer fes Thêmes par quelque autre,
de fréquenter le Cabaret, de voir des
Filles de joie &c. Si l'on s'avifoit d'in-
culquer fortement au premier de telles
défenfes, il répondroit qu'il n'en a que
faire, & qu'on le prend pour un autre.

APRE's avoir réglé fi diftinctement
les limites du Droit Naturel, & de la
Théologie Morale ; & fait voir, fi je
ne me trompe, avec affez d'évidence,
qu'en fuppofant l'Etat d'Intégrité il faudroit former le Syftême du Droit Naturel d'une maniére fort différente de
celle qu'on doit fuivre dans l'état où les
chofes font aujourdhui ; je puis appliquer fans contredit à cette Science, ce
que tout le monde reconnoît à l'égard
de la Jurifprudence Civile, de la Médecine, de la Phyfique, des Mathématiques &c. C'eft que fi quelcun, fans

*** 4   être

être initié à ſes Myſtéres , s'ingére de cenſurer de ſa pure autorité ce qu'il n'entend point & de raiſonner ſur des choſes qui ſont hors de ſon reſſort, on lui repondra comme fit en pareil cas *Apelle* à (a) *Mégabyze : Taiſez-vous, je vous prie ; autrement ces Garçons qui broient des couleurs, ſe moqueront de vous.* Mais je ſuis aſſûré, que les perſonnes raiſonnables & éclairées ne me feront point de procès là-deſſus. Pour ce qui eſt des Critiques malins & ignorans, il vaut mieux les abandonner à leur propre Envie, qui eſt un ſupplice aſſez fâcheux : auſſi-bien ſeroit-ce perdre ſon tems & ſa peine que de laver la tête à de telles gens.

(a) *Plutar. de Adulat. & Amici diſcrimine.* D'autres attribuent cela avec plus de raiſon à *Zeuxis.* Voiez E-lien, V. H. Lib. II. Cap. II.

TABLE

TABLE

DES

LIVRES ET CHAPITRES.

LIVRE PREMIER.

TABLE

CHAP.

DES CHAPITRES.

Fin de la Table des Chapitres.

CA-

CATALOGUE

Des Livres imprimez chez

HENRI SCHELTE.

AMerique Angloife, avec des Cartes & des Figures, 12.

Andri, Reflexions fur l'ufage prefent de la Langue Françoife, 12.

Art de plairre dans la Converfation, 12.

Le grand Atlas de Blaeu en Efpagnol, 10 voll. in foll. grand Papier.

—— Idem en Latin, 11 voll.

Barbeyrac (Jean) Le Droit de la Nature & des Gens de *Pufendorf*, traduit en François avec des Notes & une Preface fervant d'introduction à tout l'Ouvrage 2 voll. *in* 4.

—— Les Devoirs de l'Homme & du Citoyen du même Auteur, *in* 8.

Beaujeu, fes Memoires. in 12.

Bellegarde, (l'Abbé de) Reflexions fur ce qui peut peut plaire ou déplaire dans le Commerce du Monde, 2 voll. 12.

—— Reflexions fur le Ridicule, 2 voll. 12.

—— Modeles de Converfations, 12.

—— Reflexions fur l'Elegance & la Politeffe du Stile, 12.

—— Les Regles de la Vie Civile avec des traits d'Hiftoire pour former l'Efprit d'un Jeune Prince, 12.

—— Les Caracteres d'Epictete avec l'explication du Tableau de Cebès, 12.

Bellegarde (l'Abbé) Lettres Curieufes de Literaterature & de Morale, 12.

Bizardiere, Hiftoire de la Sciffion de Pologne, 12.

Le Songe de Bocace. Traduit de l'Italien, 12.

Boileau Defpreaux, fes Oeuvres, 2. voll. in 8.

Bordelon, Caractères des Femmes de ce Siecle, 12.

Caractères, Penfées, Maximes & Sentimens, dediez à Mr. de la Rochefoucaut, 12.

Chapelle (Claude Emanuel Louillier) Son Voyage avec *Bachaumont*, 12.

Chapelle (Jean de la) de l'Acad. Fr. fes Oeuvres, 2 voll. 12.

Clerc (Jean le) Bibliotheque Univerfelle, 25 voll. 12.

—— Bibliotheque Choifie, 12 voll. in 12. *tous les 4. Mois un Volume.*

—— Parrhafiana, ou Penfées diverfes de Critique, d'Hiftoire, de Morale, & de Litterature, 2 voll. 8.

—— *Pedo Albinovanus, & Corn. Severus cum Interpretatione & Notis*, in 8.

—— *Commentarius in Libros Hiftoricos V. Teftamenti*, fub proelo. *in Fol.*

Comte (le P.) Nouveaux Memoires de la Chine, 2 voll. 12.

Courtin, Traité de la Civilité Françoife, *in* 12.

Difcours fur l'Amour Divin, où l'on explique ce que c'eft, & où l'on fait voir les mauvaifes conféquences du fentiment du P. Malebranche. Traduit de l'Anglois. in 12.

Frefne (la Marquife de) fes Memoires, 12.

Four (P. Silveftre du) Inftruction d'un Pere

à

à fon Fils, 12.

Hiftoire du Parlement d'Angleterre tenu en 1701. Où l'on examine l'Acte qu'il a fait pour regler la Succeffion à la Couronne & les Droits de la Chambre des Communes. Traduite de l'Anglois, *in* 8.

—— des Juifs, de Jofeph, traduite en François par *Arnauld d'Andilly.* 5 voll. *in* 12.

Leti (Greg.) La Vie d'Olivier, Cromwel, 2 voll. 12. fig.

Locke (Jean) Effai Philofophique concernant l'Entendement humain, où l'on montre quelle eft l'Etendue de nos Connoiffances certaines & la maniere dont nous y parvenons. Traduit de l'Anglois par *P. Cofte* fur la IV. Ed. augmentée par l'Auteur, 4.

—— de l'Education des Enfans. Traduit de l'Anglois par le même. Sec. Edition augmentée d'un tiers. 8. *fous preffe.*

– —— Que la Religion Chrétienne eft très-Raifonnable, telle qu'elle nous eft repréfentée dans l'Ecriture fainte, 2 voll. in 8.

—— Du Gouvernement Civil, 12.

Maire (le) Voyage aux Ifles Canaries, 12. fig.

Mazarin (le Cardinal) fes Lettres, 2 voll. 12.

Mezeray (François de) Abregé Chronologique de l'Hiftoire de France, 7. voll. in 12. fig.

Morery, Dictionaire Hiftorique revû & augmenté par Mr. *Le Clerc.* IX. Ed. 4 voll. *in fol.*

Nani (Baptifte) Hiftoire de la Rep. de Venife, divifée en 2. Parties, dont la premiere eft traduite par l'Abbé Tallemant,

la

CATALOGUE.

la feconde par Mr. *Mafclary*, 4 voll. 12. Fig.

Nodot, fa Traduction de Petrone 2 voll. in 12.

Noris (Cardinalis) *Hiftoria Pelagiana Ed. N. nunc plurimum locupletata quinque Differt. Hiftoricis nondum editis.* Fol.

Recueil des Opera repréfentez par l'Acad. Royale de Mufique, 10 voll. 12.

Ovidii *Opera ex recenfione Nic. Heinfii.*

Pais (René le) Amitiez, Amours, & Amourettes, 12.

—— Nouvelles Oeuvres, 2 voll. 12.

Pradon fes Oeuvres, 12.

Quinault, fon Theatre, 2 voll. 12.

Racine, fes Oeuvres, 2 voll. 12.

Recueil des Apophthegmes des Anciens & des Modernes, 12.

Relation du Voyage de Mr. de Gennes au détroit de Magellan par *Froger* Ingenieur. Enrichie d'un grand nombre de Figures deffinées fur les Lieux, 12.

—— De l'expedition de Carthagene faite en 1697. par les Francois, par Mr. de Pointis, Chef d'Efcadre, 12.

—— des Procedures de la Chambre des Seigneurs, au fujet du Bill qui a pour titre: *Acte pour prévenir la Conformité Occafionnelle.* Traduite de l'Anglois, *in* 8.

Réligion des Dames. Difcours où l'on montre que la Religion eft & doit être à la portée des plus fimples, des Femmes & des gens fans Lettres. Traduit de l'Anglois. in 12.

Saurin (Ellies) Traité de l'Amour du Prochain, in 8.

Segrais, Zaïde, Hiftoire Efpagnole avec le Traité de l'Origine des Romans de Mr. *Huet.* 12.

Vertot (l'Abbé de) Hiftoire des Revolutions de Suede, 2 voll. *in* 12.
LES

LES DEVOIRS
DE L'HOMME,
ET DU CITOIEN,

tels qu'ils lui sont prescrits par

LA LOI NATURELLE.

෴෴෴෴෴෴෴෴෴෴෴෴෴෴

LIVRE PREMIER.

CHAPITRE PREMIER.

Des ACTIONS HUMAINES *en général, de leurs Principes, & de leur Imputation.*

§. I. CE que j'appelle ici DEVOIR, c'est une (1) *Action Humaine, exactement conforme aux Loix qui nous en imposent l'Obligation.* Pour bien entendre cette Définition, il

Ce que l'on entend ici par le mot de *Devoir.*

§. I. (1) Les anciens *Stoïciens* exprimoient aussi les Actions par le mot Grec Καθῆκον, & le Latin OFFICIUM, auxquels répond nôtre mot François. Mais la Définition que ces Philosophes donnoient, est trop vague & trop générale, puis qu'ils n'entendoient par là autre chose qu'une *Action conforme à la Raison.* C'est ce qui paroit par cet endroit de *Ciceron,* (*De Fin. Bon. & Mal. Lib.* III.

A

Cap.

il faut traiter d'abord de la nature des *Actions Humaines*, & des *Loix* en général.

§. II. DANS l'idée d'une ACTION HUMAINE je ne renferme pas ici toute forte de mouvemens des Facultez de l'Homme; mais seulement (a) ceux qui sont produits & dirigez par ces nobles Facultez dont le Créateur a enrichi l'Homme d'une maniére qui le met fort au dessus des Bêtes, je veux dire *ceux qui ont pour principe les lumiéres de l'Entendement, & la détermination de la Volonté.*

§. III. EN EFFET, (a) l'Homme est naturellement capable, non seulement de connoître les différens Objets qui se présentent à lui dans ce vaste Univers, de les comparer ensemble, & de se former, à leur occasion, de nouvelles idées, qui lui donnent le moien d'étendre ses connoissances ; mais encore de deliberer sur ce qu'il doit faire ou ne pas faire, de se porter librement à l'exécution de ce qu'il a résolu, de conformer ses Actions à une certaine Régle & de les rapporter à un certain But, d'en prévoir les Suites, & de juger s'il a bien ou mal suivi la Régle. De plus, les Facultez de l'Homme n'agissent pas toutes nécessairement & sans interruption, ou d'une maniére uniforme & invariable : mais il y en a qu'il met en mouvement quand il

Ce que c'est qu'une Action Humaine.

(a) Voiez le *Droit de la Nature & des Gens,* Liv. I. Ch. V. §. 1, 2.

De l'Entendement, & de la Volonté, qui sont les deux grands Principes des Actions Humaines.

(a) *Droit de la Nat. & des Gens.* Liv. I. Ch. I. §. 2. & Ch. III. §. 1.

Cap. XVII.) *Quod autem ratione actum sit,* id OFFICIUM *appellamus.* Voiez aussi *De Offic.* Lib. I. Cap. III. & *Diog. Laërt.* Lib. VII. §. 107, 108.

il lui plait, & dont il régle & dirige enfuite les opérations comme il le trouve à propos. Enfin il ne fe porte pas indifféremment vers toutes fortes d'Objets; il en recherche quelques-uns, & il en fuit d'autres. Souvent auffi, malgré la préfence d'un Objet capable de faire fur lui quelques impreffions, il a la force de fufpendre fes mouvemens; & de plufieurs Objets qui fe préfentent en même tems, il en choifit un, & rejette tous les autres.

§. IV. LA Faculté (a) de comprendre les chofes & d'en juger, eft ce que l'on appelle ENTENDEMENT. Sur quoi il faut d'abord pofer comme une chofe inconteftable, (1) qu'il n'y a perfonne en âge de difcrétion & dans fon Bon-Sens, qui n'ait naturellement affez de lumiéres pour être en état, moiennant les foins requis & l'attention néceffaire, de bien comprendre du moins les Principes & les Préceptes généraux qui forment les Hommes à une vie honnête & tranquille; & d'apper-

L'Entendement eft naturellement droit, en ce qui concerne les Chofes Morales.

(a) Voiez fur ce paragraphe, & les 4 fuiv. le *Droit de la Nat. & des Gens.* Liv. I. Ch. III.

§. IV. (1) Cela paroit manifeftement par l'exemple des *Paiens*; & l'Ecriture Sainte même eft formelle làdeffus, car voici ce qu'elle nous dit: *Lors que les Nations qui n'ont point de Loi* (écrite ou révélée, comme celle de Moïse) *font* NATURELLEMENT *ce que la Loi ordonne, ces gens-là, qui n'ont point la Loi, fe tiennent à eux-mêmes lieu de Loi; puis qu'ils montrent que les commandemens de la Loi font écrits dans leurs cœurs, leur Confcience leur rendant témoignage, & leurs penfées s'accufant ou fe défendant tour-à-tour,* (c'eft-à-dire, que quand ils ont mal fait, ils fe condamnent eux-mêmes dans leur Confcience, & qu'au contraire, quand ils ont bien fait, ils en reffentent une fatisfaction intérieure: d'où il paroit, qu'ils ont les Idées du Bien & du Mal.) *Romains,* II, 15. Voiez auffi l'*Apologie* de l'Auteur, §. 21.

percevoir en même tems leur conformité a-
vec la conſtitution de la Nature Humaine.
Si l'on ne ſuppoſoit cela du moins dans la
Sphére du Tribunal Humain , il n'y auroit
point de Crime dont les Hommes ne pûſſent s'excuſer ſous prétexte d'une ignorance
invincible ; perſonne ne pouvant être condamné devant les Hommes , pour avoir violé une Régle, dont l'intelligence étoit au deſſus de ſa portée.

§. V. LORS QUE l'Entendement Humain
eſt bien inſtruit de ce qu'il faut faire ou ne
pas faire , en ſorte que l'on puiſſe rendre raiſon de ſes ſentimens par des preuves certaines & indubitables, cette diſpoſition s'appelle une (1) *Conſcience Droite*. Mais ſi étant
au fond dans des ſentimens véritables ſur ce
qu'il faut faire ou ne pas faire , & ne voiant
d'ailleurs aucune bonne raiſon de donner la
préférence aux ſentimens oppoſez, on ne
ſait pas néanmoins démontrer méthodiquement & d'une maniére évidente les idées que
l'on s'eſt faites là-deſſus par l'Expérience &
la Coûtume, par le train ordinaire de la Vie
Civile , ou par l'autorité de ſes Superieurs ;
cela ſe nomme une *Conſcience Probable*. Et
il faut avouer , que c'eſt par cette derniére
ſorte

Ce que c'eſt qu'une Conſcience Droite,& une Conſcience Probable.

_____

§. V. (1) Il vaudroit mieux l'appeller une *Conſcience Ferme & réſolue*, ou une *Conſcience bien éclairée*. Voiez le *Droit de la Nat. & des Gens*. Liv. I. Ch. III. §. 5. *Note* I. où l'on trouve auſſi une diviſion plus exacte des diffe-rentes ſortes de *Conſcience*.

forte de Conſcience que ſe conduiſent la plûpart des Hommes; y en aiant peu qui ſoient
en état de connoître les choſes par régles &
par principes.

§. VI. Quelques-uns néanmoins ſe
trouvent ſouvent dans l'embarras, par le
conflict des raiſons qu'ils voient de part &
d'autre, ſur tout à l'égard des cas particuliers, ſans avoir aſſez de lumiéres & aſſez de
pénétration pour diſcerner clairement & diſtinctement quelles de ces raiſons ſont les plus
fortes. Cet état de l'Ame s'appelle une *Conſcience Douteuſe*; & on donne là-deſſus pour
Régle : Qu'il faut s'empecher d'a-
gir, tant que l'on ne sait pas si
l'on fera bien ou mal. En effet lors
que l'on ſe détermine à agir, avant que les
doutes qu'on avoit ſoient entierement diſſi-
pez, cela emporte ou un deſſein formel de
pécher ou du moins un mépris indirect de la
Loi qui défend le Crime qu'il peut y avoir
dans l'action.

§. VII. Souvent auſſi l'Entendement
Humain prend le Faux pour le Vrai ; & a-
lors on dit qu'il eſt dáns l'Erreur.

Il y a une *Erreur Vincible* ou ſurmonta-
ble, qui eſt celle où l'on pouvoit s'empêcher
de tomber, ſi l'on eût pris tous les ſoins &
apporté toute l'attention que l'on devoit a-
voir : & il y a auſſi une *Erreur Invincible*,
c'eſt-à-dire, de laquelle on ne ſauroit ſe garantir, avec tous les ſoins moralement poſ-

A 3　　　　　　　ſibles

fibles felon la conftitution des chofes humaines & de la Vie Commune. Cette derniére forte d'Erreur , du moins parmi ceux qui s'attachent un peu à cultiver les lumiéres de la
Raifon & à fe conduire fuivant les Régles de
l'Honnête , n'a point de lieu ordinairement
en matiére des Préceptes généraux de la Vie
Humaine , mais feulement par rapport aux
affaires & aux cas particuliers. En effet , les
Maximes générales du Droit Naturel font é-
videntes par elles-mêmes; & les Auteurs des
Loix Pofitives, doivent les notifier & les no-
tifient même d'ordinaire avant toutes chofes,
à ceux pour qui elles font établies : ainfi il
n'y a qu'une profonde Négligence qui puiffe
faire tomber dans l'Erreur à cet égard. Au
lieu que , dans les affaires & les cas particuliers , il eft aifé de fe méprendre malgré foi
& fans qu'il y ait de nôtre faute , à l'égard
de l'Objet & des autres (1) Circonftances de
l'Action qu'on entreprend.

§. VIII. LORS QUE l'on manque fimplement de certaines Connoiffances qui ont
du rapport à l'Action que l'on a faite ou
omife, cela s'appelle *Ignorance.*

On confidére l'*Ignorance* en deux maniéres,

De l'*Igno-rance*, & de fes diffé-rentes for-tes.

----

§. VII. (1) Telles font la *Maniére* , le *But* , l'*Inftrument*,
la *Qualité* de la chofe que l'on fait , &c. Ainfi, par exemple, on peut tuer quelcun fans y penfer , ou le prenant
pour un Ennemi , ou en lui donnant du Poifon , que l'on
croit être un breuvage falutaire. Mais on ne fauroit être
innocemment perfuadé que le Meurtre ou l'Empoifonne-
ment foient permis.

res, ou par rapport à son *origine*, ou par rapport à *l'influence qu'elle a sur l'Action.* Au dernier égard, on la divise en *Ignorance Efficace*, & *Ignorance* (a) *qui accompagne simplement l'Action.* Celle-là consiste dans le défaut d'une (1) Connoissance, qui auroit empêché d'agir, si on l'avoit eue : l'autre suppose l'Entendement destitué d'une Connoissance qui n'auroit point empêché d'agir, quand même on auroit sû ce que l'on ignore.

Par rapport à l'*origine*, l'*Ignorance* est ou *Volontaire*, ou *Involontaire*. L'*Ignorance Volontaire* est ou *contractée par pure Négligence*; ou *Affectée*, c'est-à-dire, produite par un mépris direct & formel des moiens que l'on avoit de s'instruire de ce que l'on pouvoit & que l'on devoit savoir. L'*Ignorance Involontaire* consiste à n'être pas instruit des choses que l'on ne pouvoit ni ne devoit savoir. Celle-ci encore est de deux sortes: car ou dans le tems même de l'Action on ne sauroit se déli-

(a) *Concomitans.*

§. VIII. (1) Pour rendre l'Ignorance véritablement *efficace*, & capable de mettre à couvert des effets de toute juste Imputation, il faut que cette connoissance, dont on manque, aît une liaison nécessaire avec la nature de la chose, ou avec l'intention de l'Agent, formée dans le tems qu'il falloit, & notifiée par des indices convenables. Autrement, quelque involontaire que soit l'Ignorance, comme elle n'influe point sur l'affaire dont il est question, & qu'elle n'empêche pas qu'on ne donne un véritable consentement, on demeure toûjours responsable de ce que l'on a fait. Voiez le *Droit de la Nat. & des Gens*, Liv. I. Ch. III. §. 10. *Note* 2. & ce que l'on dira ci-dessous, Chap. IX. §. 12.

délivrer de l'Ignorance d'où elle procéde, quoi qu'il y aît d'ailleurs de nôtre faute de ce que l'on se trouve dans un tel état: ou bien (2) on n'est pas même responsable de ce que l'on est réduit à une Ignorance Invincible de la chose dont il s'agit.

§. IX. L'AUTRE (a) Faculté, qui distingue l'Homme d'avec les Bêtes, c'est la VOLONTÉ, qui fait qu'il se détermine de lui-même à agir par un mouvement propre & intérieur, & qu'il choisit ce qui lui plait le plus, & s'éloigne au contraire de ce qu'il juge ne lui être pas convenable. Ainsi l'idée de la Volonté renferme deux choses, la *Spontanéité*, & la *Liberté*. Par la prémiére, l'Homme est l'Auteur propre de ses Actions, auxquelles il se détermine de son bon-gré, sans aucune nécessité interne & Physique. Par l'autre il agit *librement*, c'est-à-dire qu'un Objet lui étant proposé, il peut le choisir ou le rejetter, agir ou ne point agir; ou, s'il s'en présente plusieurs, en choisir un, & laisser là tous les autres.

Il y a des Actions Humaines que l'on fait pour elles-mêmes, & il y en a aussi que l'on n'entreprend qu'en vue de quelque autre chose, pour l'aquisition de laquelle on les croit utiles; c'est-à-dire que les prémieres tiennent lieu

Des Caractéres distinctifs, & des divers Actes de la Volonté.

(a) Voiez sur ce paragr. & les 7. suiv. le *Droit de la Nat. & des Gens.* Liv.I. Chap. IV.

(2) Il n'y a proprement que cette derniére sorte d'Ignorance qui soit involontaire, & capable d'excuser entiérement; puis qu'il ne tenoit qu'à nous de ne pas tomber dans l'autre.

lieu de *Fin*, & les autres, de *Moiens*. La Volonté agit différemment, & en diverses maniéres, selon que les Objets se présentent à l'Esprit sous l'une ou l'autre de ces idées. Elle approuve d'abord simplement ce qui est regardé comme une *Fin :* ensuite elle se meut efficacement pour tâcher de l'aquérir, & elle s'y porte avec plus ou moins de force, selon l'ardeur du Désir : enfin, lors qu'elle a obtenu ce qu'elle se proposoit, elle en jouit avec un aquiescement tranquille & une douce satisfaction. Pour ce qui est des *Moiens*, on les *examine* d'abord ; puis on *choisit* ceux qui paroissent les plus propres ; & enfin on les *met actuellement en usage.*

§. X. Comme la principale raison pourquoi l'on est réputé l'*Auteur de ses propres Actions*, c'est qu'on les a faites *volontairement* ; il faut aussi toûjours supposer dans la Volonté un degré de *Spontanéité*, du moins à l'égard des Actions dont on est responsable devant le Tribunal Humain : car si un Homme fait quelque chose absolument contre son gré, & sans que le consentement de sa Volonté y entre pour rien, ce n'est point à lui alors, mais uniquement à l'Auteur de la Contrainte, que l'on doit attribuer l'Action qui en provient, & à laquelle l'Agent immédiat ne fait que prêter, malgré soi, ses membres, & ses forces.

Condition absolument necessaire pour qu'un Homme soit regardé comme le *véritable Auteur d'une Action.*

A 5 §. XI.

§. XI. Quoi-que la Volonté ſoit invin
ciblement déterminée à rechercher le Bien
en général, & à fuir au contraire toûjours
le Mal en général; on remarque néanmoins
parmi les Hommes une prodigieuſe *diverſité de Déſirs, & de Conduite.* Cela vient
non ſeulement de ce que l'idée des Biens &
des Maux particuliers n'eſt pas toûjours pure
& ſimple, les Biens ſe préſentant d'ordinaire
à nous mêlez avec les Maux, & les Maux
avec les Biens; mais encore de ce que les
Objets font des impreſſions différentes ſelon
qu'ils agiſſent ſur l'Homme par divers endroits. En effet, les uns le touchent, par
exemple, du côté de l'*Eſtime* ou de l'idée a-
vantageuſe qu'il a de lui-même: les autres
frappent ſes Sens exterieurs d'une maniére
qui lui cauſe du *Plaiſir :* les autres l'intéreſ-
ſent par l'*Amour de ſoi-même,* qui l'affection-
ne à ſa propre conſervation. Il enviſage les
prémiers comme Honnetes ou Bienſéans;
les ſeconds, comme Agréables; & les
derniers, comme Utiles. Chacun de ces
Biens en particulier l'entraîne vers lui avec
plus ou moins de force, ſelon que les impreſſions qu'il fait ſur ſon Cœur ſont plus ou
moins grandes. Ajoûtez à cela, que la plûpart des Hommes ont un *Panchant* particulier pour certaines choſes, & je ne ſai quelle
Averſion pour d'autres. Ainſi il n'y a preſque point d'Action Humaine dans laquelle
on ne découvre un mélange de *Biens* & de
Maux,

Maux, *Réels* ou *Apparens*, dont tout le monde n'eft pas également capable de faire un jufte difcernement; de forte qu'il ne faut pas s'étonner fi l'un recherche des chofes, pour lefquelles l'autre a beaucoup d'éloignement.

§. XII. La Volonté Humaine n'eft pas non plus toûjours dans un parfait équilibre, en forte que dans chaque Action elle fe détermine d'un ou d'autre côté uniquement par un mouvement intérieur, produit en conféquence d'un mûr examen de tout ce qu'il y avoit à confidérer: mais il arrive très-fouvent qu'elle eft entraînée vers l'un des deux côtez par divers poids extérieurs. En effet, pour ne rien dire ici de l'inclination générale que tous les Hommes ont au Mal, & dont l'origine & la nature doit être recherchée dans une autre Science; on peut compter d'abord parmi les chofes qui font pancher la Volonté vers l'un ou l'autre des deux côtez oppofez 1. Les *difpofitions particuliéres du* Naturel, qui rendent quelques perfonnes fort enclines à certaines fortes d'Actions: difpofitions que l'on remarque même quelquefois en des Peuples entiers, & qui viennent non feulement du *Tempérament*, lequel varie à l'infini felon la Naiffance, l'Age, les Alimens, la Santé ou la Maladie, le genre d'Occupation; mais encore de la *conformation des Organes* dont l'Ame fe fert pour exercer fes fonctions, de l'*Air* que l'on refpire,

Effet de la différence des Naturels.

re, du *Climat* où l'on vit, & d'autres pareilles Caufes. Sur quoi néanmoins il faut tenir
pour conftant, qu'outre que l'on peut, avec
un peu de foin & d'affiduité, domter & corriger confidérablement ces difpofitions naturelles; quelque force qu'on leur attribue, elles n'en ont jamais affez pour porter invinciblement les Hommes à violer la Loi Naturelle par des Crimes puniffables devant le Tribunal Humain, où l'on ne fait point d'attention aux Défirs vicieux qui ne font accompagnez d'aucun effet extérieur. Et la difficulté qu'on trouve à furmonter de telles Inclinations, eft abondamment récompenfée par
la gloire qui fuit une fi belle victoire. Que fi
l'on fe trouve fujet à des Défirs violens auxquels il n'y aît pas moien de réfifter, on peut
toûjours d'une maniére ou d'autre les fatisfaire fans crime.

Quel eft le pouvoir des Habi-tudes.

§. XIII. 2. UNE autre chofe qui donne à
la Volonté beaucoup de panchant pour certaines Actions, c'eft l'HABITUDE, contractée par des actes réïtérez, ou par une fré-
quente pratique des mêmes chofes, qui fait
qu'on s'y porte promtement & avec plaifir,
en forte que l'Ame femble être entrainée vers
l'Objet, auffi-tôt qu'il fe préfente, ou que,
s'il eft abfent, elle le fouhaitte avec une ardeur extrême. Il n'y a pourtant point d'Habitude fi fort enracinée, dont on ne puiffe fe
défaire, lors qu'on veut s'en donner la peine: & aucune non plus n'a jamais tant de

pou-

pouvoir fur l'Efprit, qu'elle le mette abfolument hors d'état de réprimer du moins les
mouvemens extérieurs auxquels elle le pouf-
fe en telle ou telle occafion. D'ailleurs, comme il eft au pouvoir de chacun de ne pas contracter une Habitude; quelque grande facilité qu'elle donne à agir, lors qu'elle eft une
fois formée, cela ne diminue rien du prix
des Bonnes Actions, ni de l'énormité des
Mauvaifes. Au contraire, comme une Bonne Action en eft plus louable & plus glorieufe, lors qu'elle a pour principe une Habitude de Vertu: une Mauvaife Action en eft
auffi plus honteufe & plus criminelle, lors
qu'elle part d'une Habitude de Vice.

§.XIV. 3. Il y a encore une grande dif- Des Paf-
férence entre ce que l'on fait de fang froid, *fions.*
& ce à quoi l'on eft pouffé par un mouvement de Passion. Mais fi l'on travaille férieufement à faire un bon ufage de fa Raifon,
on peut réprimer & furmonter les Paffions
les plus violentes, (1) en forte du moins
qu'on s'empêche d'en venir à l'exécution des
mauvais deffeins qu'elles infpirent.

Au refte, les Paffions font excitées, ou
par la vûe du *Bien*, ou par la vûe du *Mal*;
elles follicitent les unes à aquérir quelque chofe d'agréable, les autres à éviter quelque chofe de fâcheux: ce qui met entr'elles de la dif-
fé-

___

§. XIV. (1) C'eft ce que tous les Légiflateurs fuppofent. Voicz ce que j'ai dit fur le *Droit de la Nat. & des
Gens.* Liv. I. Chap. V. §. 13. *Note 5.*

férence par rapport à l'Imputation des actes qu'elles produifent. Car la conftitution de la Nature Humaine demande fans contredit qu'on traite avec plus d'indulgence ceux qui tombent dans quelque Faute par un effet des derniéres, que ceux qui fe laiffent féduire par les prémieres; & cela d'autant plus que le Mal, dont on a voulu fe garantir, étoit plus affreux & plus infupportable. En effet, il eft beaucoup plus facile de fe paffer d'un Bien qui n'eft point néceffaire pour nôtre confer-vation, que de s'expofer à un Mal deftructif de nôtre nature.

De l'*Yvref-fe*, & des *Maladies* qui ôtent l'ufage de la Raifon.

§. XV. 4. ENFIN, outre les (1) MALA-DIES NATURELLES, qui ôtent l'ufage de la Raifon ou pour un tems, ou pour tout le refte de la vie: on voit encore fouvent, par-mi certaines Nations, des gens qui s'attirent eux-mêmes une efpéce de maladie volontai-re, de courte durée à la vérité, mais qui trou-ble beaucoup l'ufage de la Raifon. On com-prend bien que je veux parler de l'YVRESSE, caufée par quelques boiffons, & par certai-nes fumées, qui mettant dans une agitation extraordinaire le Sang & les Efprits Animaux, portent les Hommes à divers Vices, fur tout à l'Impureté, à la Colére, à la Témérité, à l'Au-

§. XV. (1) A parler exactement, l'effet de ces fortes de *Maladies*, auffi bien que de l'*Yvreffe*, n'eft pas tant de donner à la Volonté du panchant pour certaines cho-fes, que de détruire entiérement le Principe des Actions Humaines; puis que, dans cet état-là, on ne fait ce que l'on fait.

l'Audace, & à une Gaieté exceſſive; en ſorte que pluſieurs perſonnes ſemblent être hors
d'elles-mêmes, & paroiſſent tout autres dans
le Vin, qu'elles n'étoient avant que d'avoir
bû. Cet accident néanmoins n'ôte pas toûjours abſolument l'uſage de la Raiſon: mais
l'Yvreſſe la plus achevée étant volontaire,
entant qu'on ſe trouve dans cet état-là par ſa
propre faute, elle n'excuſe jamais entiérement, & les Actions qu'elle fait commettre ſont plûtôt dignes de rigueur, que d'indulgence.

§. XVI. COMME les *Actions Volontaires* Des *Actions
ſe nomment ainſi, parce qu'elles ſont pro- Involontai-
duites & dirigées par la Volonté; celles que res*, Ou For-
l'on fait malgré ſoi ou contre le conſente- cées, & des
ment de la Volonté, le ſachant & le voiant, Mixtes.*
ſont proprement appellées INVOLONTAIRES:
car, à prendre ce terme dans un ſens plus é-
tendu, il comprend auſſi ce que l'on fait par
ignorance. *Involontaire* eſt donc ici la même choſe que *Forcé*; & j'entens par là ce à
quoi un principe extérieur, plus fort qu'une
perſonne, la contraint de prêter ſes membres, en ſorte qu'elle témoigne ſa répugnance par quelque ſigne extérieur, & ſur tout
par la réſiſtance de ſon Corps. On appelle
encore *Involontaires*, dans un ſens moins
propre, les choſes auxquelles on eſt réduit
par la crainte prochaine d'un grand Mal, qui
fait qu'on s'y réſout comme au moindre de
deux Maux inévitables, quoi qu'on en aît
d'ail-

d'ailleurs beaucoup d'averfion , & qu'on n
eût jamais confenti fans une néceſſité ſi pre
ſante. C'eſt ce que l'on appelle ordinaire
ment des *Actions Mixtes* , parce qu'elle
tiennent du Volontaire , & de l'Involontai
re. Car elles ont ceci de commun avec le
Actions Volontaires, que la Volonté s'y dé
termine pour l'heure , comme au moindr
de deux Maux. Et elles conviennent avec le
Involontaires, en ce que l'Agent ou n'en eſ
point du tout reſponſable , ou eſt traité avec
plus d'indulgence , que s'il avoit agi avec u
ne pleine & entiére liberté.

§. XVII. Au reste , la principale propriété des Actions Humaines, qui ſont produites & dirigées par l'Entendement & par
la Volonté , c'eſt qu'elles ſont ſuſceptibles
d'IMPUTATION, c'eſt-à-dire , que l'Agent
en peut être légitimement regardé comme
l'Auteur, qu'il eſt tenu d'en rendre compte,
& que les effets, qui en proviennent, re-
tombent ſur lui. (a) Car la raiſon la plus forte & la plus prochaine pourquoi un Homme
ne ſauroit ſe plaindre qu'on le rende reſponſable d'une Action , c'eſt qu'il l'a produite
lui-même le ſachant & le voulant, d'une maniére ou médiate ou immédiate. Il faut donc
tenir pour Principe conſtant & fondamental
dans les Sciences Morales, du moins par rapport aux Régles du Tribunal Humain,
QU'ON EST RESPONSABLE DE TOUTE
ACTION DONT L'EXISTENCE OU LA NON-
EXIS-

Fonde-
ment gé-
néral de
l'Imputa-
tion des
Actions
Humaines.

(a) Voiez
ſur ce pa-
ragr. & ſur
le reſte du
Chap. *Le*
Droit de la
Nat. & des
Gens, Liv.I.
Chap. V.

EXISTENCE A E TÉ EN NÔTRE POUVOIR: ou, pour dire la même chofe en d'autres termes, que *toute Action fôûmife à la direction des Hommes, peut être mife fur le compte de celui à qui il a tenu qu'elle fe fit ou ne fe fit pas; & qu'au contraire perfonne ne fauroit être réputé l'Auteur d'une Action qui n'a dépendu de lui, ni par elle-même, ni dans fa caufe.*

§. XVIII. CETTE Maxime générale ainfi pofée, nous allons en tirer quelques conféquences, que nous réduirons à certaines Propofitions, d'où il paroitra un peu en détail de quelles Actions, & de quels événemens on eft refponfable, ou non.

1. *Les Actions d'autrui, les Opérations des autres Caufes extérieures, & les Evénemens quels qu'ils foient, ne peuvent être imputez à perfonne, qu'autant qu'on pouvoit & qu'on devoit les diriger.* Rien n'eft plus ordinaire parmi les Hommes, que de voir des gens qui font fous la conduite d'autrui. Si donc une perfonne n'a pas fait ce qu'elle pouvoit pour empêcher qu'une autre, qui dépend d'elle, ne commit quelque chofe d'irrégulier ; l'Action fera imputée non feulement à celui qui en eft l'Auteur immédiat, mais encore à celui qui a négligé d'apporter tous les foins poffibles qu'exigeoit la direction dont il eft chargé. En quoi néanmoins il y a ordinairement des bornes; cette poffibilité d'empêcher les Fautes d'autrui devant

Régles particulieres 1. Sur l'Imputation des *Actions d'autrui*, & en général des *Evénemens* qui font l'effet des opérations de quelque Caufe extérieure.

B   s'en-

s'entendre moralement & avec quelque tem-
perament d'Equité. Car la plus étroite fu-
jettion ne détruit jamais la Liberté Naturelle jufques à dépouiller celui qui eft fous la
puiffance d'autrui , du pouvoir Phyfique de
défobéïr actuellement ; & d'ailleurs la conftitution de la Vie Humaine ne permet pas
d'avoir toûjours les yeux fur une perfonne,
& de la tenir continuellement à fes trouffes
pour obferver toutes fes démarches.   Lors
donc que l'on a fait tout ce que demandoit
la nature de la direction dont on eft chargé,
fi après cela celui qui y eft foûmis vient
à commettre quelque Faute , il en fera refponfable lui feul.

On impute auffi au Propriétaire d'une Bête le dommage (a) qu'elle a caufé, lorfqu'il
n'a pas pris tous les foins & toutes les
précautions qu'il devoit avoir pour la garder , & pour empêcher qu'elle ne fît du
mal à perfonne.   En général on eft refponfable de tout fâcheux accident , dont on a
été la caufe ou l'occafion, fi l'on pouvoit &
l'on devoit ne pas la fournir. Ainfi , comme il eft au pouvoir des Hommes d'exciter
ou d'arrêter les opérations de plufieurs Chofes Phyfiques ; on leur attribue le bien ou
le mal qui en provient , à proportion de ce
qu'ils ont contribué par leurs foins , ou par
leur négligence , à la production ou à la
fufpenfion de ces effets Naturels.   Il y a
même des cas extraordinaires, où certains
évé-

(a) Voiez
ci-deffous,
Chap. VI.
§. 12.

événemens élevez d'ailleurs par eux-mêmes au deſſus de toute direction humaine, ſont imputez à quelcun, parce que c'eſt à ſon occaſion que la Divinité s'eſt déterminée à les procurer.

Hors ces cas là, & autres ſemblables, perſonne n'eſt reſponſable que de ſes propres Actions.

§. XIX. 2. Toutes *les Qualitez Per-* *ſonnelles, & autres choſes qui ſe trouvent ou* *ne ſe trouvent pas en nous, ſans qu'il ait été* *en nôtre pouvoir de les aquérir, ou non; ne* *ſauroient nous être imputées, à moins qu'on* *n'ait négligé de ſuppléer, par ſes ſoins & par* *ſon induſtrie, à un défaut naturel, ou d'ai-* *der ſes diſpoſitions & ſes forces naturelles au-* *tant qu'on le pouvoit.* Comme il ne dépend pas de nous, par exemple, d'avoir un Eſprit pénétrant ou ſtupide, & un Corps foible ou robuſte, on ne ſauroit rien imputer à perſonne à cet égard, qu'autant qu'il a pris ſoin ou négligé d'entretenir & de cultiver les Facultez qu'il tenoit de la Nature. On pardonne à un Païſan ſa Groſſiéreté & ſon Impoliteſſe; mais on en blâme avec raiſon une perſonne qui vit dans quelque Ville, ou à la Cour. Ainſi c'eſt une choſe fort déraiſonnable & fort ridicule, que de reprocher à quelcun des imperfections ou des infirmitez qu'il ne s'eſt point attirées lui-même par ſa faute, comme par exemple, une petite Taille, une

2. Sur l'Imputation des *Qualitez* Perſonnelles, naturelles ou aquiſes.

gran-

grande Laideur , une Difformité naturelle de quelque Membre , & autres chofes
pareilles.

3. Sur ce
que l'on
fait par
une *Igno-
rance In-
vincible.*

§. XX. 3. ON *n'eſt point reſponſable de
ce que l'on a fait par une Ignorance Invincible.* Car le moien de bien diriger u-
ne Action, lors qu'on n'eſt point éclairé
des lumiéres de l'Entendement ? & l'on
ſuppoſe ici que l'Agent ni n'a pû pour
l'heure aquérir les lumiéres qui lui étoient
néceſſaires , ni n'eſt pas lui-même la cauſe
de l'Ignorance inſurmontable où il ſe trouve. La poſſibilité même de s'inſtruire par
rapport à l'uſage de la Vie Commune , ſe
prend ici dans un ſens Moral , pour les ſecours que chacun a d'ordinaire , s'il veut
faire uſage de ſes Facultez Naturelles, s'il
apporte tous les ſoins, toute l'application,
toutes les précautions que l'on croit ſuffi-
re ordinairement , & s'il prend toutes les
meſures qui paroiſſent néceſſaires à en juger
par des raiſons fort apparentes.

4. Sur l'*I-
gnorance* &
l'*Erreur en
matiere des
Loix & des
Devoirs im-
poſez à cha-
cun.*

§. XXI. 4. L'IGNORANCE, *auſſi bien
que l'Erreur, en matiére des Loix & des
Devoirs impoſez à chacun, ne mettent point
à couvert de l'Imputation des Actions qui
en proviennent.* Car on doit faire & l'on
fait auſſi ordinairement en ſorte que ceux à
qui l'on preſcrit des Loix & des Devoirs indiſpenſables , aient connoiſſance de ce que
l'on exige d'eux , & que la teneur de ces
Loix & les Régles de ces Devoirs ſoient ac-
com-

commodées à leur portée. Ceux-ci de leur
côté font tenus de s'en inftruire avec foin,
& de les bien retenir. Que fi quelcun eft
caufe qu'ils fe trouvent là-deffus dans l'ignorance, il fera refponfable de toutes les Actions que cette Ignorance aura produites.

§. XXII. 5. L'OMISSION *d'une chofe*
prefcrite ne doit point nous être imputée,
lors que l'occafion d'agir nous a manqué,
fans qu'il y eût de nôtre faute. Or, à mon
avis l'idée de *l'Occafion* renferme ces quatre
chofes. I. Que l'*Objet* de l'Action foit préfent. II. Que l'on fe trouve en *Lieu* commode, où l'on ne puiffe ni être empêché
par autrui, ni courir aucun rifque après
l'Action. III. Que le *Tems* foit favorable,
c'eft-à-dire, qu'il ne faille point alors vaquer (1) à des chofes plus néceffaires, & que
les autres perfonnes, qui doivent concourir à l'Action, ne trouvent aucun obftacle
à nous prêter leur fecours. IV. Enfin, que
l'on aît les *Forces naturelles* néceffaires pour
agir. Lors qu'il manque quelcune de ces
quatre chofes, il feroit également injufte &
déraifonnable d'imputer l'Omiffion d'un Devoir, dont la pratique eft regardée en ce cas-
là comme impoffible; à moins que le défaut d'Occafion n'arrive par la faute de celui à qui elle manque. Un Médecin, par
exemple, ne mérite pas d'être accufé de pa-
refle,

5. Sur l'o-
miffion d'u-
ne chofe,
faute d'oc-
cafion.

§. XXII. (1) Voiez le paragraphe dernier du Chap.
dernier de ce Livre.

B 3

reſſe , lors qu'il n'y a perſonne de malade ;
en faveur de qui il puiſſe exercer ſon Art.
On ne ſauroit faire des liberalitez, lors que
l'on eſt ſoi-même dans l'indigence. Il eſt
impoſſible de ſouffler (2) & d'avaler en même tems. On ne doit pas accuſer un homme d'avoir enfouï ſes talens , lors qu'après
avoir recherché , par des voies légitimes,
quelque poſte où il pût les faire valoir, il a
échoué dans ſa pourſuite. Celui au contraire, à qui l'on a beaucoup (3) donné, aura un
grand compte à rendre.

6. Sur les Choſes Impoſſibles.

. §. XXIII. 6. IL NE *faut imputer à perſonne l'omiſſion des choſes qui ſont au deſſus de ſes forces, & qu'il ne pouvoit ni faire ni empêcher avec tous ſes ſoins & toute
ſon induſtrie.* C'eſt le fondement de la maxime commune , *Que nul n'eſt tenu à l'Impoſſible.* Sur quoi il y a néanmoins cette reſtriction à ajouter: *bien entendu que l'on ne ſe
ſoit pas mis dans l'impuiſſance par ſa propre
faute.* Car, en ce cas-là, on peut légitimement être traité tout de même que ſi l'on é-
toit encore en état d'agir. Autrement, dès
qu'une Obligation ſeroit tant ſoit peu pénible

(2) Nôtre Auteur, qui aimoit aſſez à faire uſage de
ſon *Plaute*, fait ſans doute alluſion ici à ces deux vers
de la *Moſtellaria :*
    *Simul flare ſorbereque haud facile
    Eſt: ego hic eſſe & illic ſimul haud potui.*
            Act. III. Sc. II. v. 104, 105.
    (3) C'eſt ce que *Jeſus-Chriſt* dit en propres termes,
Luc, XII, 48.

ble & incommode , il y auroit bon moien
de l'éluder , en se mettant soi-même , de
gaiété de cœur , hors d'état de la remplir.

§. XXIV. 7. ON *n'est point responsable*
de ce que l'on souffre ou qu'on fait par force :
car alors on est dans l'impossibilité de résis-
ter, ou de ne pas agir.   Or il y a deux sortes de *Contrainte :* l'une , c'est lors que nos
Membres sont emploiez , contre nôtre volonté , à faire ou à souffrir quelque chose ,
par un effet de la violence d'un autre plus
fort que nous : l'autre , c'est lors qu'une
personne plus puissante , nous menace de
près de quelque grand Mal, qu'elle peut faire souffrir sur le champ, si l'on ne se détermine à faire ou à ne pas faire une certaine
chose: car en ce dernier (1) cas, aussi bien
que

7. *Sur les*
choses aux-
quelles on
est forcé.

§. XXIV. (1) L'Auteur étend trop loin , ce me semble , l'effet de cette dernière sorte de *Contrainte.* J'avoue
qu'elle diminue beaucoup le Péché, sur tout devant le
Tribunal Humain : mais elle ne met pas entièrement à
couvert de toute Imputation, devant le Tribunal Divin.
L'exemple de l'*Epée*, ou de la *Hache*, ne fait rien ici :
ce sont des Instrumens pure   nt Passifs ; au lieu que la
Personne, qui n'est forcée qu   ar la vûe des menaces
de quelque grand Mal, sans aucune violence Physique
& irresistible , agit avec une espéce de volonté, & con-
court en quelque manière à l'Action visiblement mauvaise , qu'elle exécute.   Il n'y a qu'un seul cas où l'on
puisse en conscience obéïr aux ordres manifestement injustes d'un Supérieur, pour éviter le Mal dont il nous
menace ; c'est lors que la Personne intéressée à l'Action
Illicite qu'il nous commande, nous dispense elle-même
de nous exposer en sa faveur aux fâcheuses suites d'un
refus : bien entendu qu'il s'agisse d'une chose , à l'égard
de laquelle il soit en son pouvoir de consentir au Mal

que dans le prémier , celui qui nous réduit à une telle néceſſité , doit être regardé comme l'Auteur de l'Action , qui ne peut pas nous être imputée à nous-mêmes avec plus de fondement , qu'à l'Epée ou à la Hache dont on ſe ſert pour tuer un Homme ; à moins qu'on ne ſe trouve d'ailleurs dans une Obligation expreſſe de ſe ſacrifier ſoi-même pour la perſonne à qui une force majeure nous contraint , ſur peine de la Vie , de faire quelque grand Mal.

2. Sur les *Actions de ceux qui n'ont pas l'uſage de la Raiſon.*

§. XXV. 8. Les *Actions de ceux qui n'ont pas l'uſage de la Raiſon, ne leur doivent pas étre imputées*; parce qu'ils ne ſont pas en état de ſavoir ce qu'ils font, & de le comparer avec une certaine Régle. Telles ſont les Actions des *Enfans* , qui ne ſont pas encore parvenus à l'Age de Diſcrétion : car ſi avant cela on les gronde & on les bat même quelquefois , ce n'eſt pas en forme de Peine proprement dite qu'ils aient méritée devant le Tribunal Humain, mais ce ſont de ſimples Corrections, par leſquelles on ſe propoſe d'empêcher que les Enfans n'incommodent perſonne , & qu'ils

qu'on veut lui faire, ou de la violation d'un Droit auquel il lui ſoit permis de renoncer ; car ſi quelcun me laiſſoit , par exemple , la liberté de le tuer , je ne pourrois pas pour cela innocemment me rendre le Miniſtre de la fureur de celui qui veut lui faire perdre la vie. Voiez ſur *le Droit de la Nat. & des Gens*, Liv. I. Chap. V. §. 9. *Not*. 1. & Liv. VIII. Chap. I. §. 6. *Not*. 4.

qu'ils ne contractent quelque mauvaise Habitude. On ne regarde pas non plus comme des Actions Humaines, capables d'être imputées, ce que font les *Furieux*, les *Insensez*, & ceux qui sont en délire ; pourvû qu'ils ne soient pas tombez dans ce triste état par leur propre faute.

§. XXVI. 9. ENFIN, *on n'est point responsable de ce que l'on croit faire en Songe* ; si ce n'est entant que, par le plaisir qu'on prenoit pendant le jour à rouler dans son Esprit certaines Idées, on les a profondément gravées dans son Imagination : circonstance néanmoins à laquelle on ne fait presque jamais attention dans le Tribunal Humain. Et en effet, pendant le Sommeil, l'Imagination est comme un Vaisseau sans Pilote, & qui flotte au gré des Vents, en sorte qu'il ne dépend pas de nous de faire qu'elle nous présente tels ou tels Objets, plûtôt que d'autres.

9. Sur les *Songes.*

§. XXVII. Nous avons dit, que l'on impute quelquefois les *Actions d'autrui.* Pour ajoûter là-dessus quelque chose de plus particulier, il faut remarquer, qu'il y a des cas où *l'Action est toute mise sur le compte de celui qui l'a commandée* ; l'Auteur immédiat n'en étant regardé que comme un simple Instrument. Mais il est plus ordinaire de voir que *l'Action est imputée en même tems & à celui qui l'a commise, & à quelque autre qui y a concouru* ou en faisant ou

De l'*Imputation des Actions auxquelles plusieurs Personnes ont concouru.*

B 5   en

en ne faisant pas certaines choses. Cette
Imputation se fait en trois maniéres: car ou
celui qui engage à commettre une Action
en est regardé comme la *Cause Principale*,
l'autre, qui l'exécute, ne tenant lieu, pour
ainsi dire, que de *Cause Subalterne*; ou
tous deux ensemble marchent de pas égal;
ou enfin celui qui exécute l'Action passe
pour la Cause Principale, & l'autre pour la
Cause Subalterne.

On rapporte à la prémiére classe, ceux
qui, par leur Autorité, ont porté quelcun
à faire une chose; ceux qui ont donné leur
Consentement, sans quoi l'Auteur immédiat de l'Action ne l'auroit point produite;
ceux qui ne l'ont point empéchée en la
défendant, lors qu'ils le pouvoient & qu'ils
le devoient.

Il faut mettre au second rang, ceux qui
chargent quelcun de commettre une Mauvaise Action, ou qui le paient pour l'entreprendre; ceux qui fournissent quelque secours au Malfaiteur; ceux qui lui donnent
retraite ou qui le protégent; ceux qui pouvant & devant secourir une Personne Of-
fensée, la laissent impunément insulter.

La derniére classe renferme ceux qui donnent quelque (1) Conseil particulier & dé-
ter-

§. XXVII. (1) C'est-à-dire, lors que l'on conseille,
par exemple, d'aller voler telle ou telle chose, indi-
quant en même tems la maniére de s'y prendre, le moment favorable pour se glisser dans la maison, l'endroit
où

terminé; ceux qui louent ou qui flattent une Perſonne (2) qu'ils voient diſpoſée à commettre un Crime, ceux qui engagent les autres à pécher par leur Exemple; & autres qui font de pareilles choſes.

où eſt ſerrée la choſe dont il s'agit, les moiens de s'évader &c. & non pas ſi l'on conſeilloit ſimplement une Perſonne, de voler en général, pour avoir de quoi vivre. *Droit de la Nat. & des Gens*, Liv. I. Chap. V. §. 14.

(2) Bien entendu que ces Conſeils, ces Louanges, & ces Flatteries contribuent quelque choſe à encourager l'Auteur de l'Action Criminelle ; autrement on n'eſt coupable que de la mauvaiſe Intention qu'on a eue. *Ibid.* Voiez auſſi Liv. III. Chap. I. §. 4. *Note* 2.

CHAPITRE II.

De la Régle des Actions Humaines, ou de la LOI *en général ; & des différentes* QUALITEZ DE CES ACTIONS.

§. I. LEs Actions Humaines dépendant de la Volonté, comme nous venons de le faire voir ; & preſque chaque Perſonne aiant non ſeulement des Déſirs particuliers, mais étant encore ſouvent différente d'elle-même à cet égard: l'Ordre & la Beauté de la Société Humaine demandoit néceſſairement, (a) qu'il y eût quelque Régle, à laquelle on fût tenu de ſe conformer. En effet ſi, dans cette variété infinie de Sentimens & d'Inclinations, chacun ſe conduiſoit

Combien il étoit néceſſaire de preſcrire quelque Régle aux Actions Humaines.

(a) *Droit de la Nat. & des Gens,* Liv. II.C.I.

foit à fa fantaifie , fans confulter autre chofe que fon caprice , il ne pourroit que naître de là une extrême confufion parmi le
Genre Humain.

Définition
de la *Loi*
en général.
(a) Voiez
fur ce pa-
ragr. & les
fuiv. juf-
qu'au 11. le
*Droit de la
N. & des G.*
L. I. Ch. VI.

* Ce que
c'eft qu'O-
bligation.

§. II. La Régle des Mouvemens & de
la Conduite des Hommes , eft ce que l'on
appelle Loi; (a) & je la définis *une Volonté
ou une Ordonnance d'un Supérieur , par laquelle il impofe à ceux qui dépendent de lui,
une Obligation indifpenfable d'agir d'une certaine manière qu'il leur prefcrit.*

§. III. * Pour mieux entendre cette Définition , il faut rechercher ici la nature &
l'origine de l'*Obligation*; quels fujets en font
fufceptibles ; qui eft-ce qui peut l'impofer
à autrui , & en vertu de quoi il a cette autorité.

(a) Voiez,
fur les dif-
ferentes
fortes
d'*Obliga-
tion* , le
*Droit de la
Nat. & des
Gens* , Liv.
III. Chap.
IV. §. 3, &
fuiv.

On entend ordinairement par le mot
(a) d'Obligation , *un lien de Droit par
lequel on eft aftreint à faire ou à ne pas faire certaines chofes.* En effet toute Obligation met, pour ainfi dire, un frein à nôtre
Liberté , en forte que , quoi qu'on puiffe
s'y fouftraire actuellement , elle produit en
nous un fentiment intérieur qui fait que ,
quand on a négligé de fe conformer à la
Régle prefcrite , on eft contraint de blâmer
foi-même fa Conduite ; & que , s'il nous
en arrive du mal , on reconnoit qu'on fe
l'eft juftement attiré , puis qu'on pouvoit
aifément l'éviter en fuivant la Régle , comme on y étoit tenu.

§. IV.

§. IV. IL Y A deux chofes qui rendent
l'Homme *fufceptible d'Obligation :* l'une c'eft
qu'*il a une Volonté* capable de fe tourner vers
différens côtez , & par conféquent de fe
conformer à une certaine Régle : l'autre c'eft
qu'*il dépend d'un Supérieur.* En effet , lors
que les Facultez & les forces d'un Agent
font naturellement déterminées à une certaine maniére d'agir uniforme & invariable,
il ne faut plus parler d'Action Libre ; & ce
feroit en vain que l'on prefcriroit des Régles
à un Etre qui ne peut ni les fuivre , ni les
comprendre. Que s'il ne reconnoit aucun
Supérieur , perfonne n'a droit de lui impofer la néceffité d'agir d'une certaine maniér-
re plûtôt que d'une autre. De forte que fi
alors on obferve quelques Régles de Conduite , & que l'on pratique ou que l'on é-
vite conftamment certaines fortes d'Actions,
on eft cenfé le faire de fon pur bon-plaifir,
& non par aucun principe d'Obligation.
Concluons donc, que pour être fufceptible
d'Obligation il faut, d'un côté, relever d'un
Supérieur ; de l'autre , avoir un Entendement à la faveur duquel on foit capable de
connoître la Régle que le Supérieur nous
prefcrit , & une Volonté toûjours en état
de fe tourner vers différens côtez , mais qui
pourtant foit convaincue qu'elle feroit mal
de s'écarter de cette Régle : toutes chofes
qui conviennent manifeftement à la Nature
de l'Homme.

Raifons pourquoi on eft fufceptible d'Obligation.

§. V.

Fondemens naturels de toute Obligation actuellement imposée à autrui.

§. V. CELUI qui impose l'Obligation & qui en imprime le fentiment dans le Cœur de l'Homme, c'eft proprement un *Supérieur,* c'eft-à-dire, un Etre qui a non feulement des *forces* fuffifantes pour faire fouffrir quelque mal aux contrevenans ; mais encore de *juftes raifons* de prétendre.gêner, comme il le juge à propos, la Liberté de ceux qui dépendent de lui. Lors que ces deux chofes fe trouvent réunies en la perfonne de quelcun, il n'a pas plûtôt donné à connoître fa volonté, qu'il fe forme néceffairement dans l'Ame d'une Créature Raifonnable des fentimens de Crainte, accompagnez de fentimens de Refpect : les prémiers à la vûe de la Puiffance dont cet Etre eft revêtu ; les autres à la vûe des raifons fur lefquelles eft fondée fon Autorité, & qui féparées même de tout motif de Crainte devroient fuffire pour nous engager à lui obéïr. En effet quiconque voulant m'impofer malgré moi quelque Obligation, n'a d'autre raifon à m'alléguer, que la force dont il fe trouve armé pour me contraindre à fubir le joug, peut bien me porter par là à aimer mieux fléchir pour un tems, que de m'expofer à un Mal plus fâcheux que ma réfiftance m'attireroit: mais, cette crainte éloignée, rien n'empêchera que je ne me conduife à ma fantaifie, plûtot qu'à la fienne. Que fi au contraire aiant de bonnes raifons d'exiger mon Obéïffance, il eft deftitué des forces néceffaires

pour

pour me faire souffrir quelque Mal en cas
que je refuse d'obéir de bonne grace; je puis
alors mépriser impunément ses Ordres, à
moins que quelque autre, plus puissant que
lui, ne veuille bien maintenir son Autorité,
& en venger le mépris.

Or il y a deux raisons pourquoi l'on peut
légitimement prétendre que quelcun soûmet-
te sa Volonté à la nôtre : l'une, c'est parce
qu'on lui a fait quelque Bien considérable ;
sur tout si étant manifestement bien inten-
tionné en sa faveur, & plus capable de ménager ses intérêts, que lui-même, on veut
actuellement prendre soin de sa Conduite :
l'autre, c'est parce qu'il s'est volontairement
soûmis à nôtre empire & à nôtre direction.

§. VI. Mais afin que la Loi puisse actuellement déploïer sur le Cœur de ceux
à qui elle est imposée, la vertu qu'elle a
d'en régler les mouvemens, il faut avoir
connoissance & du *Législateur*, & de la
Loi même. Car le moïen d'obéïr, si l'on
ne sait ni de qui l'on doit recevoir des Ordres, ni ce que l'on est tenu de faire ou de
ne pas faire ?

A l'égard du *Législateur*, il est très-facile
de le connoître. Les lumiéres seules de la
Raison nous découvrent clairement, que
l'Auteur des *Loix Naturelles* est le même
que l'Auteur ou le Créateur de l'Univers.
Et un Citoien ne sauroit ignorer de bonne
foi qui est celui en qui réside l'Autorité Sou-

*Comment
on connoit
le Législa-
teur, & la
Loi.*

ve-

veraine dont il dépend, & d'où émanent les *Loix Civiles.*

Nous ferons voir un peu plus bas, de quelle manière on vient à connoître les Maximes de la *Loi Naturelle.* Pour ce qui est des *Loix Civiles*, les Sujets de l'Etat en sont instruits par la *Publication* claire & distincte qui s'en fait solennellement. Sur quoi il y a deux choses dont on doit être assûré, l'une, que les Loix partent véritablement du Souverain : l'autre, quel est le vrai sens de chaque Loi. Pour empêcher que personne ne puisse prétendre cause d'ignorance à l'égard de la prémiére de ces choses, le Souverain ou publie lui-même les Loix, soit de vive voix, soit par écrit; ou les fait publier par la bouche de ses Ministres. Et l'on n'a aucun sujet de douter que ceux-ci n'agissent au nom & par ordre du Souverain, si l'on voit que ce sont ceux dont il se sert ordinairement pour signifier ses Ordres, & qu'une telle commission a d'ailleurs du rapport avec l'Emploi qu'ils exercent dans l'Etat; si les Loix, qu'ils publient, servent de régle dans les Tribunaux ordinaires ; si elles ne contiennent rien de contraire aux droits & à l'autorité du Souverain. A l'égard du *sens de la Loi*, c'est à ceux qui la publient à s'exprimer avec toute la clarté possible, afin que personne ne puisse s'y méprendre. Que si l'on y trouve quelque chose d'obscur, il faut en demander l'éclaircissement ou

au

au Légiſlateur même, ou aux Magiſtrats inférieurs, qui ſont établis par autorité publique pour juger ſelon les Loix.

§. VII. TOUTE Loi parfaite a deux *Parties :* l'une, qui preſcrit ce qu'il faut faire ou ne pas faire : l'autre, qui dénonce le mal qu'on s'attirera ſi l'on ne fait pas ce qu'elle ordonne, ou ſi l'on fait ce qu'elle défend. Car, comme il ne ſerviroit de rien de dire, *Faites cela*, ſi l'on ne menaçoit de quelque Mal ceux qui refuſeront d'obéïr ; le Cœur de l'Homme étant ſi corrompu, qu'il aime les choſes défendues, par cela même qu'elles ſont défendues: de même il ſeroit abſurde & injuſte de dire, *Vous ſubirez une telle Peine*, ſi cette menace n'étoit précedée de la raiſon pourquoi on mérite châtiment.

La *vertu de la Loi* conſiſte donc uniquement à faire connoître la volonté du Superieur, & les Peines qui attendent les contrevenans. Mais la *force d'obliger*, c'eſt-à-dire, d'aſtreindre en conſcience à faire ou ne pas faire certaines choſes, & la *force coactive*, ou le pouvoir de contraindre à l'obſervation des Loix par les menaces & l'infliction actuelle de quelque Peine; ces deux effets, dis-je, appartiennent proprement au Legiſlateur, ou à ceux qui ſont chargez de maintenir & de faire exécuter les Loix.

§. VIII. LES *choſes que l'on preſcrit* par quelque Loi, doivent être non ſeulement

Parties eſ-ſentielles de toute Loi.

Quelle doit être la ma-tiére des ~~au~~ Loix.

C

au pouvoir de ceux pour qui la Loi ej……blie,
mais encore *apporter quelque utilité* ou à eux-
mêmes, ou à d'autres. En effet, comme il
y auroit de la Cruauté & de la Folie à exiger
de quelcun fous la moindre Peine, une chofe qui eſt & qui a toûjours été au deſſus de
fes forces : il feroit fuperflu, d'autre côté,
de gêner la Liberté Naturelle des Sujets, fans
qu'il en revînt aucun profit à perſonne.

Qui font
ceux que la
Loi oblige :
& ce que
c'eſt que
Diſpenſe.

§. IX. CHAQUE Loi *oblige* ordinairement tous ceux d'entre les Sujets du Légiſlateur *auxquels la matiére de la Loi convient,*
fans que le Légiſlateur les aît d'abord exceptez de la Régle générale. Il arrive néanmoins
quelquefois, que certaines Perſonnes font
déchargées dans la fuite, par une grace particuliére, de l'Obligation de fe conformer
à la Loi ; & c'eſt ce que l'on appelle DIS-
PENSER. Il n'y a que celui qui eſt revêtu
du pouvoir de faire les Loix & de les abolir,
qui puiſſe légitimement donner de telles *Diſ-
penſès :* & il doit même les ménager avec
beaucoup de fageſſe, de peur qu'en les ac-
cordant à trop de gens, fans choix & difcernement, & fans de très-fortes raifons, il
n'énerve l'autorité des Loix, ou qu'il ne
donne lieu à la Jaloufie & à l'Indignation des
Intéreſſez par une Préférence viſiblement
partiale qui exclue des mêmes faveurs des
gens également dignes.

* En quoi
conſiſte ce
que l'on
appelle
Equité.

*§. X. IL y a beaucoup de différence en-
tre la *Diſpenſe*, dont nous venons de parler,

ler, & ce que l'on appelle (a) EQUITE', qui n'eft autre chofe qu'*une explication, par la- quelle on redreffe ce qui fe trouve de défec- tueux dans la Loi à caufe de la maniére générale dont elle eft conçue.* Ou, pour di- re la même chofe en d'autres termes, c'eft une droite interprétation de la Loi, qui con- fifte à faire voir par les principes du Bon- Sens & du Droit Naturel, qu'un certain cas particulier n'eft point compris fous une Loi générale, parce qu'autrement il s'enfuivroit de là quelque abfurdité. Car comme, à cau- fe de la variété infinie des cas qui peuvent furvenir, on ne fauroit les prévoir ni les fpé- cifier tous; les Juges, qui font chargez du foin d'appliquer convenablement les expref- fions générales de la Loi, ne doivent point les étendre aux cas accompagnez de certai- nes circonftances particuliéres, qui les au- roient fait indubitablement excepter au Lé- giflateur lui-même, s'il les avoit prévûs, ou qu'il eût été préfent.

§. XI. AU RESTE, les *Actions Humai- nes* fe revêtent de certaines QUALITEZ & de certaines dénominations particuliéres, (a) felon les divers rapports qu'elles ont à quelque Régle Morale.

On appelle ACTIONS LICITES ou *Per- mifes*, celles qui ne fe trouvent ni ordon- nées ni défendues par la Loi. Mais il faut bien remarquer, que dans la Vie Civile, où il n'eft pas poffible d'éplucher toutes chofes

(a) Voiez le *Droit de la N. & des G.* Liv. V. Chap. XII. §. 21. & ci- deffous, Chap. dern. de ce Liv. §. 12.

Différentes *Qualitez des Actions Morales.* 1. Le *Licite*, ou l'*Illici- te*. 2. Le *Ron*, ou le *Mauvais*.

(a) *Droit de la N. & des G.* Liv. I. Ch. VII.

C 2   à

à la derniére rigueur, on regarde aussi comme *Permis*, ce qui n'est point punissable devant les Tribunaux Humains, quoi qu'il soit d'ailleurs par lui-même contre l'Honnêteté Naturelle.

Les BONNES ACTIONS sont celles qui se trouvent (1) conformes à la Loi ; & les MAUVAISES au contraire, celles qui n'y sont pas conformes. Mais afin qu'une Action soit veritablement *Bonne*, il faut qu'à tous égards elle convienne exactement avec la Loi : au lieu que, pour la rendre *Mauvaise*, il suffit qu'elle manque d'une seule des (2) conditions requises.

§. XII.

§. XI. (1) C'est-à-dire, positivement : car il y a des *Actions Indifférentes*, qui ne sont ni ordonnées ni défendues par la Loi ; mais qu'elle laisse la liberté de faire ou de ne pas faire, comme on le juge à propos. Voiez sur le *Droit de la Nat. & des Gens* Liv. I. Chap. VI. §. 15. *Not.* 2. & Chap. VII. §. 5. *Not.* 5.

(2) Ces conditions regardent la *qualité* ou la *disposition de l'Agent* ; l'*Objet*, la *Fin*, & les autres Circonstances de l'Action. Ainsi, quoi qu'une Action remplisse exactement & dans toutes ses parties ce qui est porté par la Loi, elle ne laisse pas de pouvoir être imputée comme Mauvaise, du moins devant le Tribunal Divin, non seulement lors qu'elle a pour principe une Intention vicieuse, mais encore lors qu'elle est faite par Ignorance, ou par quelque autre Motif différent de celui que la Loi prescrit. Je dis, *devant le Tribunal Divin :* car la pratique extérieure des Loix étant suffisante pour l'avantage de la Société, qui est le but des Legislateurs Politiques, ceux-ci ne se mettent gueres en peine si l'Intention de l'Agent a eté bien droite & bien legitime, pourvû que l'Acte Extérieur n'ait rien en lui-même que de conforme à la Loi. Voiez le *Droit de la Nat. & des Gens.* Liv. I. Chap. VII. §. 3, 4. & Chap. VIII. §. 2, 3.

§. XII. IL y a des *Actions Justes*, & des *Actions Injustes*. Sur quoi il faut remarquer, qu'on attribue la JUSTICE & l'INJUSTICE, ou aux *Personnes*, ou aux *Actions*. La *Justice*, entant qu'elle convient aux *Personnes*, est ordinairement définie, *une volonté constante & perpétuelle de rendre à chacun ce qui lui est dû.* On regarde en effet comme un *Homme Juste*, celui qui se plait à agir justement, qui s'attache à la Justice, ou qui tâche de faire en tout & par tout ce qui est juste. Un *Homme Injuste* au contraire, c'est celui qui néglige de rendre à chacun le sien, ou qui prétend mesurer la Justice non aux Régles du Devoir, mais uniquement à l'utilité présente qu'il en retire. Ainsi un Homme Juste peut commettre plusieurs Actions Injustes; & un Homme Injuste, faire plusieurs Actions Justes. Car l'Homme Juste fait des choses justes en vûe d'obéir à la Loi, & ne commet des injustices que par foiblesse. L'Homme Injuste au contraire ne fait des choses justes en elles-mêmes, que pour éviter la Peine portée par les Loix; mais il commet des choses injustes par pure malice.

§. XIII. LA *Justice* des Actions, n'est autre chose qu'*une application convenable des Actions à la Personne.* Ainsi une *Action Juste*, c'est celle que l'on applique convenablement, avec choix & avec dessein, à la Personne qui en doit être l'objet. De sorte

C 3

que

que la principale différence qu'il y a entre la *Justice* & la *Bonté* des Actions, consiste en ce que la *Bonté* marque simplement la conformité des Actions avec la Loi: au lieu que la *Justice* renferme de plus un certain rapport à ceux qui sont (1) l'Objet de l'Action; d'où vient qu'on dit que la *Justice* est une Vertu qui se rapporte à autrui.

§. XIV. On divise la Justice en différentes maniéres. La plus commune division c'est celle par laquelle on distingue entre *Justice Universelle*, & *Justice Particuliére*. La prémiére, c'est lors que l'on s'aquitte envers autrui de toutes sortes de Devoirs, sans en excepter ceux (1) qui ne peuvent pas être exigez

Division de la Justice.

§. XIII. (1) Mais, selon la définition même de nôtre Auteur, l'idée d'une *Bonne Action* ne renferme-t-elle pas aussi l'idée d'un Objet convenable ? Voiez ci-dessus, sur le §. 11. *Note* 2. Il auroit mieux valu distinguer les *Bonnes Actions*, par rapport aux trois Objets qu'elles peuvent avoir, qui sont *Dieu*, les *autres Hommes*, & *nous-mêmes*. (Voiez le §. 13. du Chap. suiv.) Celles qui ont Dieu pour Objet, sont comprises sous le nom général de PIÉTÉ. Celles qui se rapportent aux autres Hommes, sont renfermées sous le terme de JUSTICE. Et celles qui nous regardent nous-mêmes directement, se peuvent réduire à la *Moderation* ou la TEMPÉRANCE. Cette division, qui est la plus simple & la plus naturelle, est aussi la plus commune & la plus ancienne. Voiez sur le *Droit de la Nat. & des Gens*. Liv. II. Chap. III. §. 24. *Note* 1.

§. XIV. (1) Ce sont ceux qui ne sont pas absolument necessaires pour la conservation du Genre Humain, & pour l'entretien de la Societé Humaine en general, quoi qu'ils servent à la rendre plus belle & plus commode. Tels sont les Devoirs de la Compassion, de la Liberalité, de la Beneficence, de la Reconnoissance, de l'Hospitalité, en un mot tout ce que l'on comprend d'ordinaire sous le nom d'*Humanité* ou de *Charité*, par opposition exigez par les voies de la force , ou devant les Tribunaux Humains. La *Juſtice Particuliere* , c'eſt lors qu'on ne fait préciſément que ce que les autres pouvoient exiger de nous de plein droit. Celle-ci ſe diviſe en (2) *Diſtributive* , & *Commutative.* La *Juſtice Diſtributive* eſt fondée ſur les Conventions faites entre une Société , & ſes Membres, pour mettre en commun les avantages & les charges , & partager la perte & le gain, en obſervant une égalité de Proportion. La

Juſ-

ſition à la *Juſtice* rigoureuſe , proprement ainſi nommée, dont les Devoirs ſont le plus ſouvent fondez ſur quelque Convention. Je dis, *le plus ſouvent :* car, indépendamment de toute Convention, on eſt dans une obligation indiſpenſable de ne faire du mal à perſonne , & de reparer le Dommage qu'on a cauſé ; de ſe regarder les uns les autres comme naturellement égaux &c. Mais il faut bien remarquer, que, dans une néceſſité extrême, le *Droit Imparfait* que donnent les Loix de la *Charité,* ſe change en *Droit Parfait,* de ſorte qu'on peut alors ſe faire rendre par force ce qui, hors un tel cas, devroit être laiſſé à la conſcience & à l'honneur de chacun. Voiez le *Droit de la Nat. & des Gens.* Liv. I. Chap. VII. §. 7. & Liv. III. Chap. IV. §. 6.

(2) Cette Diviſion eſt incomplette, puis qu'elle ne renferme que ce que l'on doit à autrui en vertu de quelque Engagement où l'on eſt entré : or il y a des choſes que le Prochain peut exiger de nous à la rigueur, indépendamment de toute Convention. Voiez la Note précédente. J'aimerois mieux, avec Mr. BUDDEUS (*Elem. Philoſ. Pract.* Part. II. Cap. II. §. 46.) diviſer la *Juſtice Particuliére* ou Rigoureuſe , en *celle qui s'exerce d'Egal à Egal,* & *celle qui s'exerce entre un Supérieur & un Inférieur.* La prémiere ſe ſubdiviſe en autant de différentes ſortes, qu'il y a de Devoirs qu'un Homme peut exiger à la rigueur de tout autre Homme, conſidéré comme tel, & un Citoien de tout autre Membre du même Etat. L'autre renferme autant d'eſpéces, qu'il y a de différentes ſortes de Sociétez, où les uns commandent, & les autres obéïſſent.

C 4

Juſtice commutative eſt fondée ſur les Engagemens reciproques ou les Contracts des Particuliers, ſur tout en matiére des Choſes & des Actions qui entrent en commerce.

§. XV. DE ce que nous avons dit ſur la nature & les différentes eſpéces de la *Juſtice*, on peut aiſément conclurre en quoi conſiſte l'*Injuſtice*. Remarquons ſeulement ici, qu'une Action Injuſte, commiſe de deſſein prémedité, & qui bleſſe quelque Droit Parfait d'autrui, eſt proprement ce que l'on appelle *Injure* ou *Tort*. Or on donne quelque atteinte aux Droits Parfaits d'autrui en trois maniéres: ou en refuſant à quelcun ce qu'il pouvoit exiger à la rigueur, & non pas ſimplement ce qu'on lui devoit par les Loix de l'Humanité, ou de quelque autre Vertu de cette nature: ou en le depouillant de ce qu'il poſſédoit déja en vertu d'un titre légitime, & valable par rapport au Raviſſeur, ou enfin en lui faiſant quelque mal, que l'on n'avoit pas droit de lui faire. Il arrive pourtant quelquefois que l'on commet quelcune de ces choſes ſans aucune mauvaiſe intention, & ſans ce deſſein formé de nuire qui fait l'autre caractére diſtinctif de l'*Injure* proprement dite; & en ce cas-là le mal qu'on cauſe à autrui s'appelle ou un *Malheur*, ou une *Simple Faute*, laquelle eſt plus ou moins grande ſelon le degré d'Imprudence & de Négligence qui la produit.

§. XVI.

§. XVI. ON divife la Loi, par rapport à fon Auteur, en LOI DIVINE, & LOI HUMAINE. (a) Mais, à la confidérer felon la convenance qu'elle a avec l'état & les intérêts des Hommes, on la divife en *Naturelle*, & *Pofitive*. La LOI NATURELLE, c'eft *celle qui convient fi invariablement à la Nature Raifonnable & Sociable de l'Homme, que, fans l'obfervation de fes Maximes, il ne fauroit y avoir parmi le Genre Humain de Société honnête & paifible.* Auffi cette Loi peut-elle être découverte par les feules lumiéres de la Raifon Naturelle, & par une fimple contemplation de la Nature Humaine confidérée en général. La LOI POSITIVE au contraire, c'eft *celle qui n'eft point fondée fur la conftitution générale de la Nature Humaine, mais purement & fimplement fur la volonté du Légiflateur;* quoi que d'ailleurs elle ne doive pas être établie fans de bonnes raifons, & fans qu'il en revienne quelque avantage à certaines perfonnes, ou à une Société particuliére.

Au refte, la divifion des Loix en *Naturelles*, & *Pofitives*, n'a lieu que par rapport aux *Loix Divines:* car, à parler exactement, toute *Loi Humaine*, confidérée précifément comme telle, n'eft qu'une Loi Pofitive.

Combien il y a de fortes de Loi, (a) *Droit de la Nat. & des Gens,* Liv. I. Ch. VI. §. 18.

C 5   CHA-

CHAPITRE III.

De la LOI NATURELLE *en général.*

§. I. POUr découvrir pleinement & d'une manière très-évidente le *Caractère distinctif de la* LOI NATURELLE, sa Nécessité, son Usage, & les Maximes qu'elle renferme dans l'état où est maintenant le Genre Humain, (a) il ne faut qu'examiner avec soin *la Nature & les Inclinations des Hommes en général.* En effet, comme ceux qui veulent s'instruire exactement des Loix Civiles d'un Païs, ne sauroient mieux faire que d'étudier à fond la constitution de l'Etat, la forme du Gouvernement, les Mœurs & le Génie des Peuples : de même si l'on envisage bien la Condition Humaine, & la manière dont tous les Hommes sont faits, on parviendra aisément à connoître les Loix qui sont necessaires pour leur conservation & leur avantage commun.

L'Homme s'aime naturellement lui-même plus que toute autre chose.

§. II. JE REMARQUE d'abord, que l'Homme, aussi bien que tous les autres Animaux qui ont quelque connoissance, s'aime extrémement lui-même, tâche de se conserver par toutes sortes de voies, recherche ce qu'il croit Bon, & fuit au contraire ce qui lui paroit Mauvais. Cet *Amour propre* est si fort, qu'il l'emporte d'ordinaire sur toute autre inclination. Il nous fait même

con-

concevoir une Aversion invincible pour quiconque ose attenter à nôtre Vie de quelque manière que ce soit; jusques-là que, le danger passé, on conserve le plus souvent de l'Animosité contre l'Offenseur, & un désir ardent de se venger de l'Injure qu'on en a reçue.

§. III. Mais il y a une chose en quoi la Condition Naturelle de l'Homme est inférieure à celle des Bêtes, (a) c'est *qu'on ne voit guéres d'autre Animal qui se trouve si foible que lui en venant au monde*; de sorte qu'un Enfant, destitué de tout secours d'autrui, ne pourroit sans miracle parvenir à l'Age de Discrétion. Aujourdhui même, parmi tant de choses qu'on a inventées pour subvenir aux nécessitez humaines, combien d'années, combien de soins & d'instructions ne faut-il pas pour le mettre en état d'aquérir par son industrie propre dequoi se vêtir & s'entretenir? Figurons-nous un Homme devenu grand sans avoir eû aucune Education, ni aucun Commerce avec ses semblables, abandonné tout seul dans quelque Désert, & par conséquent sans autres Connoissances que celles qu'il auroit aquises de lui-même: le misérable Animal qu'il y auroit-là! Muet, & nud, réduit à brouter l'Herbe & à arracher quelques Racines, ou à cueillir des Fruits sauvages; à boire de l'eau de la prémiére Fontaine, du prémier Ruisseau, ou du prémier Marais qu'il trouveroit; à se

retirer

Triste condition de l'Homme abandonné à lui-même, & destiné de tout secours d'autrui.

(a) Voiez le *Droit de la N. & des G.* Liv. II. Ch. I. §. 8.

retirer dans quelque Caverne, pour être un peu à couvert des injures de l'Air, & à se couvrir de mousse ou d'herbe; à passer son tems dans une oisiveté ennuieuse; à trembler au moindre bruit, au prémier aspect d'un autre Animal; à périr enfin ou de faim, ou de froid, ou par les dents de quelque Bête féroce.

Au contraire, toutes les Commoditez dont la Vie Humaine est maintenant pourvûe, sont le fruit agréable du secours mutuel des Hommes. De sorte qu'après Dieu, il n'y a rien dans le Monde d'où l'Homme puisse tirer plus d'utilité, que de l'Homme même.

§. IV. CEPENDANT cet Animal si capable d'être utile à ses semblables, est d'ailleurs *sujet à bien des Vices* (a) *& fort en état de nuire*; ce qui fait qu'il y a assez de danger à vivre avec lui en quelque commerce, & qu'on doit se bien tenir sur ses gardes, de peur d'en recevoir du Mal, au lieu du bien qu'on en attendoit.

Déja il est certain, qu'il n'y a presque aucune sorte de Bête qui paroisse avoir autant de panchant à nuire, qu'on en remarque dans l'Homme. Les Bêtes ne s'irritent guéres que lors qu'elles sont pressées de la Faim & de la Soif, ou piquées des aiguillons de l'Amour. Elles peuvent d'ailleurs satisfaire ces désirs, auxquels elles ne sont même sensibles qu'en certains tems : hors de là elles

ne

Marginal note:

L'Homme est sujet à plusieurs Vices, qui le portent à tâcher de nuire aux autres.
(a) Voiez *le Droit de la Nat. & des Gens,* Liv. II. Ch. I. §. 6. & Liv. VII Ch. I. §. 4.

ne fe mettent pas facilement en colére, &
ne font du mal à perfonne, à moins qu'on
ne les agace. Mais dans l'Homme les mouvemens de l'Amour ne font pas bornez à certaines Saifons, & ils s'excitent même beaucoup plus frequemment qu'il ne femble né-
céffaire pour la propagation de l'Efpéce. Son
Ventre auffi demande non feulement d'être
raffafié, mais encore fon Palais veut être
chatouillé agréablement; & fouvent même
il defire plus de nourriture que fon Eftomac
n'en peut digérer. La Nature a mis les Bêtes en état de fe paffer d'Habits: au lieu que
l'Homme venant au monde tout nud, cherche à fe vêtir non feulement pour la neceffité, mais encore pour l'éclat & pour une
vaine parade. De plus, il eft fujet à bien des
Paffions entiérement inconnues aux Bêtes.
Telles font par exemple, l'*Avarice* ou un
défir infatiable de chofes fuperflues ; l'*Ambition*, le plus cruel de tous les Maux ; la
Vanité; l'*Envie*; les *Jaloufies*; l'*Emulation*;
les *Difputes d'Efprit*; un vif & long *Reffentiment* des Injures, accompagné d'une ardeur furieufe de *Vengeance*. &c. Preuve de
cela, c'eft que la plûpart des Querelles &
des Guerres qui s'élévent parmi les Hommes, doivent leur origine à quelque Défir
dont les Bêtes ne font nullement fufceptibles.
Toutes ces difpofitions font capables de produire & produifent en effet pour l'ordinaire
dans le Cœur des Hommes une envie extrê-
me-

me de fe nuire les uns aux autres. Ajoûtez
encore l'humeur exceffivement infolente &
querelleufe de certaines gens, qui ne peut
que choquer les autres, quelque modeftes
& paifibles qu'ils foient de leur naturel, &
les forcer à fe mettre en état de défenfe,
pour garantir leur Vie, ou fauver leur Liberté des infultes & des entreprifes de ces
Efprits audacieux. Quelquefois auffi les
Hommes font portez à fe nuire les uns aux
autres, par la concurrence où plufieurs fe
trouvent à rechercher en même tems des
chofes qui ne font pas en affez grand nombre ou en affez grande abondance pour fatisfaire aux défirs ouaux befoi nsde chacun.

a beau-
coup de
force & de
moiens
pour venir
à bout de
ſes mau-
vais def-
ſeins.

§. V. MAIS fi l'Homme a fouvent la
volonté de faire du Mal à fes femblables, il
a auffi toûjours beaucoup de force & de
moiens pour venir à bout de fes deffeins
pernicieux. Car quoi qu'il ne foit point armé de dents furieufes, ni de griffes ou de
cornes, comme celles qui rendent plufieurs
Bêtes formidables; l'agilité de fes Mains &
l'adreffe de fon Efprit y fuppléent abondamment, & le mettent en état d'exécuter à la
faveur des rufes & des embûches ce en quoi
il n'auroit pû réuffir de vive force: de forte
que, par ce moien, l'Homme le plus fort
& le plus puiffant d'ailleurs, peut très aifément recevoir du plus foible le coup de la
Mort, qui eft le plus grand de tous les
Maux Naturels.

§. VI.

§. VI. ENFIN, il y a parmi les Hommes
une diverſité prodigieuſe de Naturels, qui
eſt telle qu'on n'en remarque point de ſemblable parmi aucune autre ſorte d'Animal.
Toutes les Bêtes de chaque Eſpéce ont d'ordinaire préciſément les mêmes Inclinations,
les mêmes Paſſions, les mêmes Déſirs : qui
en voit une, les voit toutes. Mais, parmi les Hommes, autant de têtes, autant
de Sentimens, autant de Goûts particuliers :
chacun trouve toûjours quelque choſe qui
lui plaît plus qu'aux autres, & s'entête ſi
fort de ce qui le flatte agréablement,
qu'il regarde avec un ſouverain mépris tout
autre attachement, comme fort au deſſous
du ſien. On n'apperçoit pas dans tous les
Hommes un même Déſir, ſimple & uniforme : leur Cœur au contraire eſt agité
d'un grand nombre de Déſirs différens, &
combinez enſemble avec une variété infinie.
Bien plus : la même Perſonne paroit ſouvent
différente d'elle-même, & ce que l'on a
ſouhaitté en un tems, on le déteſte en un
autre. Il n'y a pas moins de diverſité dans
les Occupations, les Etabliſſemens, les
Coûtumes, les Talens & l'Induſtrie des
Hommes, d'où naît ce nombre preſque infini de différens Genres-de-Vie que l'on voit
aujourd'hui par tout le Monde. Quelle
horrible confuſion ne ſeroit-ce pas, quels
contraſtes perpétuels, quelles Guerres fu-
rieuſes parmi le Genre Humain, ſi tout ce-

la

la n'étoit réduit à une belle harmonie &
bien réglé par des Loix?

§. VII. L'Homme étant donc, comme
nous venons de le faire voir, un Animal
très-affectionné à sa propre conservation &
à ses intérêts, pauvre néanmoins & indi-
gent de lui-même, hors d'état de se conserver sans le secours de ses semblables, très-
capable de leur faire du bien & d'en recevoir; mais, d'autre côté, malicieux, in-
solent, facile à irriter, promt à nuire, &
armé pour cet effet de forces suffisantes: il
ne sauroit subsister, ni joüir des Biens qui
conviennent à son état ici-bas, s'il n'est *Sociable*, c'est-à-dire, s'il ne veut vivre en
bonne union avec ses semblables, & se
conduire envers eux de telle maniére, qu'il
ne leur donne pas le moindre sujet apparent de penser à lui faire du Mal, mais plûtôt qu'il les engage à maintenir ou à avancer même ses intérêts.

§. VIII. Les Loix de cette *Sociabilité*,
ou les Maximes qu'il faut suivre pour être
un Membre commode & utile de la Société
Humaine, sont ce que l'on appelle (1) *Loix
Naturelles*.

§. IX. Voici donc la *Loi Fondamentale
du Droit Naturel*; c'est que Chacun
DOIT TRAVAILLER, AUTANT QU'IL
DE PEND

Marginal notes: La condition naturelle de l'Homme demande nécessairement qu'il soit *Sociable*. — Ce que c'est que les *Loix Naturelles*. — *Loi Fondamentale du Droit Naturel.*

§. VIII. (1) Voiez ce que je dirai ci-dessous, sur le dernier de ce Chapitre.

DE'PEND DE LUI, A PROCURER ET A MAINTENIR LE BIEN DE LA SOCIE'TE' HUMAINE EN GE'NE'RAL. D'où il s'en- fuit, que comme celui qui veut une certai- ne Fin, doit vouloir en même tems les Moiens fans quoi on ne fauroit l'obtenir: tout ce qui contribue néceffairement à cette *Sociabilité* univerfelle, eft prefcrit par le Droit Naturel; & tout ce au contraire qui la trouble ou la détruit, eft défendu par le même Droit.

Toutes les autres Maximes ne font que des Conféquences de cette Loi Générale; Conclufions dont l'évidence fe découvre ai- fément par les feules lumiéres de la Raifon Naturelle, commu ie à tous les Hommes.

§. X. MAIS quoi que ces Maximes ren- ferment par elles-mêmes une utilité mani- fefte; cependant, afin qu'elles puiffent avoir *force de Loi,* il faut (1) néceffairement fup- pofer, qu'il y a un Dieu, qui gouverne toutes chofes par fa Providence, & qui a prefcrit aux Hommes avec autorité l'obfer- vation de ces Régles, qu'il leur fait connoî- tre par les lumiéres naturelles de la Raifon. Autrement, on pourroit bien s'y affujettir en vûe de l'utilité qui en revient, de même qu'on exécute les Ordonnances d'un Méde- cin: mais on ne les pratiqueroit pas com- me

Qu'eft-ce qui donne *force de Loi* aux Princi- pes du *Droit Na- turel.*

§. X. (1) Voiez fur le Droit de *la Nat. & des Gens.* Liv. II. Chap. III. §. 19. *Not.* 2.

D

me autant de Loix, puis que toute Loi ſuppoſe néceſſairement un Supérieur, & un Supérieur à la direction duquel on eſt actuellement ſoûmis.

Dieu eſt l'Auteur de la Loi Naturelle.

§. XI. OR QUE la Loi Naturelle aît DIEU pour Auteur, c'eſt ce qu'on peut démontrer par la Raiſon toute ſeule, à conſidérer préciſément les Hommes tels qu'ils ſont aujourd'hui, en faiſant abſtraction du changement qui peut être arrivé à la condition primitive & originaire du Genre Humain.

En effet, la conſtitution de la Nature Humaine eſt telle, comme nous l'avons dit ci-deſſus, que le Genre Humain ne ſauroit ſe conſerver ſans vivre d'une maniére ſociable, & nôtre Eſprit eſt ſuſceptible des idées néceſſaires pour connoître les Régles de cette Sociabilité. Il eſt clair d'ailleurs, que les Hommes, auſſi-bien que toutes les autres Créatures, doivent non ſeulement leur origine à Dieu, mais ſont encore aujourd'hui perpétuellement conduits par la ſage Providence de cet Etre Souverain. D'où il s'enſuit, que Dieu veut qu'ils faſſent uſage, pour ſe conſerver, des Facultez dont ils ſe voient pourvûs d'une maniére qui les diſtingue ſi avantageuſement des autres Animaux, & par conſéquent qu'ils vivent tout autrement que les Bêtes Brutes. Ce qui ne pouvant ſe faire que par l'obſervation de la Loi Naturelle, il faut reconnoître de toute né-

néceſſité, que le Créateur impoſe en même tems aux Hommes une Obligation indiſpenſable de pratiquer cette Loi, comme un Moien qu'ils n'ont pas inventé, & qu'ils ne peuvent point changer à leur fantaiſie, mais qu'il a lui-même expreſſément établi. Car du moment qu'on preſcrit la recherche d'une certaine Fin, on eſt cenſé ordonner auſſi l'uſage des Moiens abſolument néceſſaires pour y parvenir.

Une autre choſe qui fait voir, que Dieu exige des Hommes la pratique des Loix de la Sociabilité, c'eſt qu'ils ſont les ſeuls de tous les Animaux qui aient quelque ſentiment de Religion, ou quelque crainte d'une Divinité: d'où naiſſent, dans les perſonnes qui ne ſont pas entiérement corrompues, ces vifs ſentimens de la Conſcience, qui les forcent à reconnoitre qu'en violant la Loi Naturelle on offenſe celui qui a l'empire des Cœurs, & dont chacun doit redouter la juſte Colére lors même qu'on n'a rien à craindre de la part des Hommes.

§. XII. ON DIT ordinairement que cette Loi eſt *naturellement connue* à tout le monde: ce qui ne doit pas s'entendre comme ſi elle étoit née, pour ainſi dire, avec nous, & imprimée dans nos Eſprits dès le prémier moment de nôtre exiſtence en forme de Propoſitions diſtinctes & actuellement préſentes à l'Entendement: mais elle

En quel ſens les Maximes de la Loi Naturelle ſont *naturellement connuës à tous les Hommes.*

D 2   eſt

52 *Les Devoirs de l'Homme*

eſt appellée, même par les Ecrivains Sacrez, une (a) *Loi gravée dans les Cœurs des Hommes*, parce qu'elle peut être découverte par les ſeules lumiéres de la Raiſon, & que d'ailleurs les Maximes les plus générales & les plus importantes en ſont ſi claires & ſi manifeſtes, qu'on les approuve d'abord qu'elles nous ſont propoſées, & qu'étant une fois conçues elles ne ſauroient plus être effacées de nos Eſprits; quoi que peut-être il y aît des Scélérats qui, pour appaiſer les remors de leur Conſcience, tâchent d'étouffer dans leur Ame tout ſentiment de Vertu. Comme donc, dans le cours ordinaire de la Vie Civile, nous apprenons ces Véritez dès l'Enfance, & que nous ne pouvons pas enſuite nous ſouvenir du tems auquel elles ont commencé à entrer dans nos Eſprits, nous les regardons comme nées avec nous; ce qui arrive auſſi à chacun, à l'égard de ſa Langue maternelle.

§. XIII. LA meilleure diviſion que l'on puiſſe faire des DEVOIRS que la Loi Naturelle impoſe à l'Homme, c'eſt de les diſtinguer ſelon les *Objets* envers leſquels on eſt tenu de pratiquer ces Devoirs. Sur ce pied-là, il faut les réduire à trois claſſes générales: la prémiére, de ceux qui regardent DIEU: la ſeconde, de ceux qui ſe rapportent à NOUS-MEMES: & la troiſiéme, de ceux qui concernent les AUTRES HOMMES. Quoi que les derniers émanent di-

(a) *Romains*, II. 15.

Diviſion générale des Devoirs de la Loi Naturelle.

directement & principalement du Principe
de la *Sociabilité*, que nous avons pofé pour
fondement du Droit Naturel; rien n'empêche qu'on n'en déduife (1) indirectement
les Devoirs de l'Homme envers Dieu,
confidéré comme Créateur, entant que la
crainte d'une Divinité eft le plus puiffant
motif pour porter les Hommes à s'aquitter
de ce qu'ils fe doivent les uns aux autres,
en forte que, fans un fentiment de quelque
Religion, l'Homme ne feroit pas même
Sociable. Outre qu'en matiére de Religion,
la Raifon toute feule ne fauroit porter fes
vûes plus loin, (2) qu'autant que le Culte de la Divinité fert au bonheur & à la
tranquillité de la Vie préfente: car la vertu
qu'a

§. XIII. (1) Mais ces fortes de Devoirs, auffi. bien
que ceux qui nous regardent nous-mêmes, ont un autre fondement direct & immédiat, qui fait partie des
Principes généraux de la Loi Naturelle: car il n'eft
pas néceffaire que tous les Devoirs, dont on peut
connoître la néceffité par les feules lumiéres de la
Raifon, fe déduifent d'une feule Maxime Fondamentale. Il faut donc dire, qu'il y a trois grands Principes du Droit Naturel, favoir la Religion, qui
comprend tous les Devoirs de l'Homme envers *Dieu*;
l'Amour de soi-même, qui renferme tout ce que
l'on eft tenu de faire directement par rapport à *foi-
même*; & la Sociabilité, d'où réfulte tout ce qu'on
doit au *Prochain*: Principes féconds, qui, quoi qu'ils
aient enfemble une grande liaifon, & qu'ils concourent également aux vûes du Créateur, différent néanmoins dans le fond, & doivent être fagement ména-
gez, en forte que l'on garde entr'eux, autant qu'il
eft poffible, un jufte équilibre. Voiez fur le *Droit de
la Nature & des Gens.* Liv. II. Chap. III. §. 15. Not. 5.
(2) Voiez ce que je dis fur la *Préface* de l'Auteur, §. 6.

qu'a la Religion de procurer le Salut Eternel des Ames, dépend d'une Révélation
particuliére. Pour ce qui eſt des Devoirs
de l'Homme à l'égard de lui-même, ils découlent en partie de la Religion, & en partie de la Sociabilité. Car ſi l'Homme ne
peut pas agir à ſa fantaiſie en certaines choſes qui le regardent lui-même directement,
c'eſt ou pour ne pas violer le reſpect qu'il
doit à la Divinité, ou pour être un
Membre utile & commode de la Société
Humaine.

CHAPITRE IV.

Des Devoirs de l'Homme envers DIEU, *ou de la* RELIGION NATURELLE.

Diviſion
générale
du Syſtême
de la *Reli-*
gion Natu-
relle.

§. I. LES Devoirs de l'Homme envers
DIEU, autant qu'on peut les découvrir par les ſeules lumiéres de la Raiſon,
ſe réduiſent en général à la *Connoiſſance* &
au *Culte* de cet Etre Souverain; c'eſt-à-dire, qu'il faut avoir des Idées droites de ſa
nature & de ſes Attributs, & ſe conformer
à ſa Volonté dans toutes nos Actions. Ainſi le Syſtême de la RELIGION NATURELLE
renferme des (1) *Propoſitions Spéculatives*,
& des *Propoſitions Pratiques*.

§. II.

§. I. (1) Voiez ſur tout ceci la Section III. de la
PNEUMATOLOGIE Latine de Mr. *Le Clerc*; & la Diſſer-
tation de Mr. *Buddeus*, intitulée, DE PIETATE PHILO-
SOPHICA, qui eſt la IV. parmi ſes *Selecta Jur. Nat. &*
Gentium.

§. II. CHACUN doit donc avant toutes chofes être bien perfuadé, 1. Qu'IL Y A UN DIEU, c'eſt-à-dire, un prémier Etre, Souverain, indépendant, & de qui tout l'Univers dépend.   C'eſt ce que les Philo-ſophes ont démontré avec beaucoup d'évi-dence, par la ſubordination des Cauſes, qui demande néceſſairement que l'on s'ar-rête à une prémiére; par la néceſſité de re-connoître un prémier Moteur; par la ſtruc-ture & l'ordre admirable de la vaſte machi-ne de l'Univers, & par d'autres raiſons ſem-blables.   Quiconque nie l'Exiſtence d'un tel Etre, ſe rend coupable d'*Athéïſme*, & il ne lui ſerviroit de rien d'alléguer pour ex-cuſe, qu'il n'eſt point en état de compren-dre la force de ces raiſons: (a) car le Genre Humain étant de tems immémorial en poſ-ſeſſion perpétuelle de cette créance; ſi quel-cun veut la combattre, il faut non ſeule-ment qu'il détruiſe d'une maniére ſolide & convaincante toutes les preuves dont on ſe ſert pour démontrer l'Exiſtence d'une Divi-nité, mais encore qu'il apporte des raiſons plus plauſibles en faveur du ſentiment par-ticulier qu'il prétend établir.   Et comme on a crû juſqu'ici, que la conſervation & le bonheur du Genre Humain dépendent de la perſuaſion de cette Vérité, il doit faire voir en même tems, que l'Athéïſme eſt plus utile à la Société Humaine, que le vé-ritable Culte de la Divinité.   Ce qui étant

im-

D 4

Qu'il y a un Dieu.

(a) Voiez le *Droit de la Nat. & des Gens.* Liv. III. Chap. IV. §. 4.

impoffible, il faut regarder avec une fouveraine horreur, & punir (1) des plus rigoureux fupplices, l'impiété de ceux qui tachent d'ébranler ou de détruire, de quelque maniére que ce foit l'opinion reçue de l'Exiftence d'un Dieu.

§. III. ON DOIT croire enfuite, QUE CE DIEU EST CRE'ATEUR DE L'UNIVERS. Car la Raifon nous faifant voir clairement, que tous les Etres dont le Monde eft compofé n'exiftent point par eux-mêmes, il faut de toute neceffité qu'ils aient une Prémiére Caufe; & cette Prémiére Caufe, c'eft ce que nous appellons DIEU.

Que ce Dieu eft Créateur de l'Univers. Erreurs contraires à cette vérite.

D'où il s'enfuit, que ceux-là fe trompent, qui nous parlent inceffamment de la *Nature*, comme de la prémiére Caufe de toutes les Chofes qui exiftent, & de tous les Effets que nous admirons. Car fi par là on entend cette vertu & cette activité interne que l'on remarque dans chaque Chofe, bien loin qu'elle puiffe fervir à faire nier qu'il y ait un DIEU, elle doit nous mener à le reconnoître, comme celui de qui elle émane. Que fi par la *Nature* on entend la Prémiére Caufe de toutes chofes, c'eft une affectation profane que de ne pas vouloir emploier ici le terme clair

---

§. II. (1) Bien entendu qu'ils fe mêlent de dogmatizer; autrement la nature & le but des Peines infligees par les Tribunaux Humains, ne demande pas qu'elles foient mifes en ufage contre un Athée, par cela feul qu'il eft Athée. Voiez fur le *Droit de la N. & des G.* Liv. III. Ch. IV. §. 4. *Note* I.

clair & connu par lequel on défigne ordinairement cet Etre Souverain.

C'eft auffi une Idée bien fauffe que de
croire, comme faifoient les Païens, que
Dieu eft quelcune des chofes qui tombent
fous nos fens, par exemple, un *Aftre*. Car
la nature & la fubftance de toutes ces chofes
montre manifeftement, qu'elles ne font pas
des Etres prémiers & indépendans, mais de
fimples Créatures.

Une autre opinion, qui n'eft pas moins
indigne de Dieu, c'eft celle de ceux qui le
prennent pour (1) l'*Ame de l'Univers.* Car,
quelle que foit cette Ame du Monde, elle
doit être toûjours une partie du Monde : or
une partie d'une chofe, en peut-elle être la
Caufe, c'eft-à-d.re, exifter avant elle-même ?
Que fi par l'*Ame du Monde* on entend cet
Etre prémier & invifible, qui eft le principe
de la force & du mouvement de toutes les
Chofes du Monde, on rejette mal-à-propos
un terme clair & fimple, pour y fubftituer
une expreffion obfcure & figurée.

De là il paroit encore, combien eft grande l'erreur de ceux qui foûtiennent, que le
Monde eft éternel. Car l'Eternité eft incom-
patible avec la nature de ce qui a une Caufe.
Dire donc que le Monde eft éternel, c'eft
nier qu'il aît une Caufe à laquelle il doive
son

§. III. (1) Voiez la Continuation *des Penfées diverfes
fur la Cométe,* &c. par Mr. *Bayle,* p. 120, *& fuiv.*
D 5

fon origine, & par conſéquent nier en même tems la Divinité (1).

§. IV. 3. La troiſiéme Maxime Specula-
tive de la Religion Naturelle, c'eſt que
Dieu conduit et gouverne tout
le Monde par une sage Providence, qui prend soin particuliere-
ment du Genre Humain: Vérité qui
paroit manifeſtement par l'ordre merveilleux
& conſtant que l'on remarque dans l'Univers. Au reſte, c'eſt tout un, par rapport à
la

Qu'il y a une Provi-dence.

§. III. (1) Cette conſéquence merite quelque modi-
fication, & bien des gens aimeront peut-être mieux
s'exprimer comme fait Mr. Cudworth, dans l'Extrait
de la *Bibliothéque Choiſie* de Mr. *Le Clerc*, Tom. III. p,
21, 22. ,, Quoi qu'à parler à la rigueur, ceux-là ſeuls
,, reconnoiſſent un Dieu, qui le croient Tout-puiſſant,
,, & l'unique Principe de tout; néanmoins la foibleſſe
,, de l'Eſprit Humain demande qu'on entende ces mots
,, d'une maniére plus étendue, pour comprendre par-
,, mi ceux qui reconnoiſſent une Divinité ceux qui di-
,, ſent qu'ils croient un Etre éternel & indépendant,
,, quoi qu'ils ne croient pas qu'il ait créé la Matiére.
,, *Epicure* & *Démocrite* n'auroient jamais été accuſez
,, d'Athéïſme, s'ils avoient ſeulement foûtenu que les
,, Atomes etoient éternels; non plus que d'autres Phi-
,, loſophes, qui foûtenoient la même choſe; & s'ils
,, n'avoient pas nié qu'il y eût aucun Etre Intelligent,
,, qui eût formé le Monde de la Matiére. " Voiez auſſi
Titii *Obſervationes in Pufend. de Offic. Hom. & Civ.* &c.
Obſ. 97. & 99. Il y a d'autres Opinions au ſujet de la
Divinité, à l'égard deſquelles il faut auſſi donner quelque choſe à la foibleſſe des lumiéres de l'Eſprit Humain, aux impreſſions de l'Education, au tour d'Eſprit
particulier de chaque perſonne, aux tems, aux lieux,
& autres circonſtances. Autrement on courroit riſque
d'accuſer mal-à-propos d'Athéïſme des gens qui en ſont
très-éloignez; & même pluſieurs Saints Perſonnages
dont la Piété eſt louée & propoſée pour modéle dans
l'Ecriture, quoi qu'ils euſſent des Idées aſſez groſſiéres
de la Divinité, ſur certaines choſes.

la Morale, de nier l'Exiſtence de Dieu, ou
de nier ſa Providence, puis que l'un & l'autre détruit entiérement toute Religion. En
effet, quelque excellent qu'un Etre ſoit de
ſa nature, en vain le craint-on, ou lui rend-
on des hommages, s'il ne s'intereſſe en aucune maniére à ce qui nous regarde, & s'il
ne veut ni ne peut nous faire aucun Bien ni
aucun Mal.

§. V. 4. C'est encore un Principe fon- *Que la Di-*
damental de la Religion Naturelle, Que *vinité n'eſt*
la Divinité n'est susceptible d'au- *ſuſceptib'e*
d'aucune
cun Attribut qui renferme la moin- *imperfec-*
dre Imperfection. Car puis que Dieu *tion.*
eſt la Prémiére Cauſe de toutes choſes, on
ne ſauroit ſuppoſer ſans une abſurdité manifeſte, qu'il aît aucune Imperfection, ni qu'il
lui manque aucune des Perfections dont
nous qui ſommes ſes Créatures. pouvons
nous former quelque Idée. Ainſi il ne faut
rien attribuer à Dieu, qui emporte quelque
choſe de *fini*, ou quelque *détermination de*
Quantité : car ce qui eſt Fini peut toûjours
être augmenté; & toute Figure, toute détermination de Quantité, ſuppoſe des bornes. Il ſeroit auſſi abſurde de s'imaginer,
que cet Etre Souverain puiſſe être *pleine-*
ment & diſtinctement compris ou conçu par
nôtre Imagination, ou par quelque autre Faculté de nôtre Ame, puis que tout ce que
l'on peut concevoir pleinement & diſtinctement, eſt borné. Et quoi qu'on diſe avec
rai-

raiſon que *Dieu eſt infini*, cette Idée que l'on ſe fait de lui n'eſt pas une Conception pleine & entiére : car l'*Infini* ne marque pas proprement quelque qualité qui ſoit dans la choſe même à laquelle on l'attribue, mais ſeulement la foibleſſe de nos lumiéres, & l'impuiſſance où eſt nôtre Eſprit de comprendre toute la grandeur de l'Eſſence d'un tel Etre. On ne doit pas non plus concevoir Dieu comme un *Tout*, ou comme une choſe qui a des *Parties* ; car ces Attributs ne conviennent qu'à des choſes finies : ni comme *étant dans quelque Lieu*; car cela ſuppoſe des bornes : ni comme *ſe remuant ou ſe repoſant*; car l'un & l'autre ne ſauroit ſe faire que dans un *Lieu*. Or tout cela eſt contre la Maxime dont il s'agit, qui veut que toute Imperfection ſoit bannie avec ſoin de l'Idée qu'on ſe forme de la Nature Divine.

De là il s'enſuit encore, qu'on ne peut pas proprement attribuer à Dieu la moindre choſe qui renferme quelque *Douleur*, ou quelque *Paſſion*, comme la Colére, le Répentir, la Compaſſion. Je dis *proprement*: car les Ecrivains Sacrez même attribuent quelquefois à Dieu ces ſortes de choſes, mais c'eſt ſeulement pour s'accommoder au langage ordinaire des Hommes, & pour marquer, non que Dieu reçoive des Objets extérieurs les mêmes impreſſions, que les Hommes en reſſentent, mais ſeulement qu'il fait

fait quelque chofe d'approchant de ce qu'on remarque en eux lors qu'ils font agitez de tels mouvemens.

Par la même raifon, il faut s'abftenir d'attacher à l'idée de DIEU quoi que ce foit qui emporte quelque *indigence*, ou *l'abfence de quelque Bien*; tel qu'eft le Défir, l'Efpérance, l'Amour de Concupifcence : car tout cela fuppofe qu'on manque de quelque chofe; or manquer de quelque chofe, c'eft fans contredit une Imperfection.

Lors que l'on conçoit en DIEU un *Entendement*, une *Volonté*, une *Science*, des *Senfations*, la Vûe & l'Ouïe par exemple, on doit s'en faire des Idées fort relevées en comparaifon de ce que nous fentons en nous-mêmes. En effet, nôtre *Volonté* eft un Appétit Raifonnable : or tout Appétit fuppofe l'abfence ou la privation d'un Objet qui lui eft convenable. De même les actes de l'*Entendement*, & les *Senfations*, font accompagnez en nous de la reception des impreffions que les Objets extérieurs font fur les Organes de nôtre Corps, & fur les Facultez de nôtre Ame ; ce qui montre que nos Facultez dépendent de quelque chofe d'extérieur, & par conféquent qu'elles font imparfaites.

Enfin la Souveraine Perfection de la Divinité, ne permet pas de croire, *qu'il y aît plus d'un Dieu*. Car outre que l'harmonie merveilleufe de toutes les parties de l'Univers fait voir manifeftement qu'il eft conduit

par

par une feule & même Intelligence ; Dieu ne feroit pas Infini, s'il y avoit plufieurs autres Etres auffi puiffans que lui , & indépendans de fa volonté. Ainfi la Pluralité des Dieux implique contradiction.

De tout ce que nous avons dit il s'enfuit, qu'en parlant des Attributs de DIEU , qui furpaffent infiniment la portée d'un Entendement auffi borné que le nôtre, il faut fe fervir, pour les exprimer le mieux qu'il nous eft poffible , ou de *termes négatifs* comme quand on dit qu'il eft Infini, Incompréhenfible, Immenfe, Eternel, c'eft-à-dire, fans commencement & fans fin ; ou de *termes fuperlatifs*, comme quand on l'appelle Très-Puiffant, Très-Sage, &c. ou de *termes indéfinis*, comme quand on le qualifie le Bon, le Jufte , le Createur , le Roi, le Seigneur par excellence &c. en forte que par là on ne veut pas tant défigner diftinctement ce qu'il eft en lui-même, que lui témoigner autant qu'il nous eft poffible , une humble Admiration, un profond Refpect, & une Soûmiffion entiére à fa volonté.

§. VI. VOILA pour ce qui regarde les Propofitions Speculatives de la Religion Naturelle. Les *Propofitions Pratiques* roulent fur le CULTE *de la Divinité*, qui eft ou *intérieur*, ou *extérieur*.

En quoi confifte le Culte Intérieur de la Divinité.

Le *Culte Intérieur* confifte dans l'HONNEUR qu'on rend à DIEU. Or l'*Honneur* n'étant autre chofe que la haute idée qu'on
se

le fait de la Puiſſance & de la Bonté de quelcun; on *honore* DIEU, lors qu'à la vûe de ſa
Puiſſance & de ſa Bonté infinies, on conçoit
pour lui tous les ſentimens de Reſpect & de
Vénération dont on eſt capable.

De là il s'enſuit, qu'on doit AIMER cet
Etre Souverain, comme la ſource & l'Auteur de toutes ſortes de Biens; ESPE´RER EN
LUI, comme en celui de qui dépend tout
nôtre Bonheur, préſent & avenir ; SE RE-
POSER SUR SA VOLONTE´, perſuadez qu'il
fait tout pour nôtre bien, & qu'il ſait mieux
que nous-mêmes ce qui nous eſt néceſſaire;
le CRAINDRE, comme aiant une Puiſſance
infinie, par laquelle il eſt en état de faire
ſouffrir les plus terribles Maux à ceux qui
l'offenſent; enfin ETRE DISPOSEZ A LUI O-
BE¨IR EN TOUTES CHOSES AVEC UNE ENTIE-
RE SOÛMISSION, comme à nôtre Créateur, &
à nôtre Maître, Tout-Puiſſant & Tout-Bon.

§. VII. A L'E´GARD du *Culte Extérieur*,   Du *Culte*
voici les principaux Devoirs auxquels il ſe   *Extérieur.*
réduit.

Il faut 1. RENDRE GRACES A DIEU DE
TOUS LES BIENS qu'on a reçûs de ſa main
libérale.

2. Régler, autant qu'il eſt poſſible,
ſes Actions ſur ſa volonté, c'eſt-à-dire,
LUI OBE¨IR ACTUELLEMENT EN TOUT CE
QU'IL NOUS PRESCRIT.

3. ADMIRER ET CE´LE´BRER SA GRAN-
DEUR INFINIE.

4. LUI

4. LUI ADRESSER DES PRIE'RES, pour obtenir de lui la jouïffance des Biens dont on a befoin, & l'éloignement des Maux qui nous menacent. En effet, la Priére eft une marque d'Efpérance ou de Confiance; & l'Efpérance emporte un aveu tacite de la Puiffance & de la Bonté de celui en qui l'on efpére.

5. Lors qu'on eft réduit à la néceffité de faire *Serment*, ON NE DOIT JAMAIS JURER QUE PAR LE NOM DE DIEU; après quoi (1) il faut TENIR RELIGIEUSEMENT CE A QUOI L'ON S'EST ENGAGE' EN PRENANT DIEU A TE'MOIN; c'eft ce que demandent fa Connoiffance Infinie, & fa Toute-Puiffance.

6. IL NE FAUT PARLER DE DIEU QU'A-VEC LA DERNIE'RE CIRCONSPECTION; car c'eft une marque de Crainte, & l'on reconnoît tacitement la Puiffance de celui dont on redoute le courroux. D'où il s'enfuit, *Qu'on ne doit point faire entrer le nom de Dieu dans nos difcours légérement & fans néceffité*; car ce feroit un manque de Circonfpection: *Qu'il ne faut pas non plus jurer fans de fortes raifons*; car ce feroit abufer du faint nom de DIEU: *Qu'on ne doit jamais s'engager dans des recherches curieufes & fubtiles fur la nature de Dieu, & fur les voies de fa Providence*; car ce feroit

§. VII. (1) Voiez ce que l'on dira ci-deffous, Chap. X. de ce Livre.

seroit vouloir renfermer la Divinité dans les bornes étroites de nôtre foible Raison.

7. TOUT CE QUE L'ON FAIT PAR RAPPORT A DIEU, DOIT ETRE EXCELLENT EN SON GENRE, ET PROPRE A LUI TE'MOIGNER UN PROFOND RESPECT.

8. IL FAUT LE SERVIR ET L'HONORER, NON SEULEMENT EN NOTRE PARTICULIER, MAIS ENCORE (2) EN PUBLIC ET A LA VUE DE TOUT LE MONDE. Car c'est en quelque maniére avoir honte d'une chose, que de la faire en cachette. Au lieu que le Culte Public marque non seulement l'ardeur de nôtre Zéle, mais encore sert d'exemple aux autres, & les porte à entrer dans les mêmes sentimens que nous.

9. Enfin, on doit sur tout S'ATTACHER DE TOUTES SES FORCES A LA PRATIQUE DES DEVOIRS QUE LA LOI NATURELLE NOUS PRESCRIT, & par rapport à nous-mêmes, & par rapport à autrui. Car comme le mépris des Commandemens de Dieu est le plus sanglant outrage qu'on puisse lui faire; il n'y a point au contraire de Sacrifice qui lui soit plus agréable que l'Obéissance à ses

(2) C'est-à-dire, autant qu'on le peut sans exposer la Majesté Divine aux railleries ou aux insultes des Profanes ; & sans s'attirer à soi-même quelque Mal fâcheux en s'abstenant de certains actes extérieurs, dont l'omission n'emporte aucune marque de Mépris. Voiez ce que j'ai dit sur le *Droit de la N. & des G.* Liv. II. Chap. III. §. 3. Not. 2. & Chap. VI. §. 2. Not.2.

E

fes Loix : or nous avons fait voir ci-deffus, que la Loi Naturelle eft une Loi Divine.

Quel eft l'effet de a Religion Naturelle.

§. VIII. VOILA` en quoi confifte la *Reli-
gion Naturelle.* Mais quelque belles qu'en
foient les Maximes, il eft certain qu'à la
confidérer précifément en elle-même, & par
rapport à l'état préfent du Genre Humain,
(1) fes effets ne s'étendent pas au delà des
bornes de cette Vie. Car la Raifon Humaine ne fauroit maintenant, fans le fecours
d'une Révélation extraordinaire, parvenir à
reconnoître que le défordre des Facultez &
des Inclinations de l'Homme eft arrivé par
la faute de l'Homme même, & le rend digne de la Colére de Dieu & de la Mort E-
ternelle. Ainfi elle ne peut qu'ignorer entiérement la néceffité d'un Rédempteur, fon
Emploi & fon Mérite, les Promeffes que
Dieu a faites au Genre Humain, & les autres chofes qui ont une liaifon néceffaire a-
vec celles-là, & d'où dépend le Salut E-
ternel, comme l'Ecriture Sainte nous l'enfeigne.

Ufage de la Reli-gion dans la Societé Humaine.

§. IX. AU RESTE, il eft bon de faire
voir un peu en détail l'ufage de la (1) *Religion* dans la Vie Humaine ; d'où il paroîtra, *qu'elle eft le principal & le plus ferme*
ci-

§. VIII. (1) Voiez ce que j'ai dit fur la Préface de
l'Auteur, §. 6.
§. IX. Voiez fur le *Droit de la Nat. & des Gens.* Liv.
II. Chap. IV. §. 3. *Note* 4.

ciment de la Société. Pour cet effet, il faut la confidérer, & par rapport à l'*Etat de Nature*, & par rapport à l'*Etat Civil.*

Dans l'indépendance de l'*Etat de Nature*, fi perfonne n'avoit aucune Crainte de la Divinité, dès que chacun fe fentiroit affez de forces pour opprimer les autres impunément, il n'y auroit rien qu'il n'entreprît contr'eux, quand il lui en prendroit fantaifie. L'Honnêteté, la Pudeur, la Bonne-Foi, ne pafferoient dans fon Efprit que pour de vains noms: s'il faifoit quelquefois de bonnes Actions, ce ne feroit jamais par un principe de Confcience, mais par le fentiment de fa propre foibleffe, ou par quelque vûe d'Intérêt.

Sans la Religion, aucune *Société Civile* ne fauroit non plus fe bien foûtenir. La crainte des Peines temporelles; les Promeffes les plus folennelles par lefquelles on fe feroit engagé d'être fidéle à fes Supérieurs; le Point-d'honneur qu'on pourroit fe faire de tenir inviolablement fa parole; la Reconnoiffance des foins que prennent les Souverains de nous mettre à couvert des incommoditez de l'Etat Naturel; tout cela ne fuffiroit point pour retenir les Citoiens dans le devoir. Car la Mort étant la chofe du monde la plus à redouter pour ceux qui ne craignent point Dieu, on éprouveroit alors la vérité de cette Maxime commune;

(2) *Quiconque fait mourir, ne fauroit être forcé.* Dès qu'on auroit affez de refolution pour braver la Mort, on feroit capable de tout entreprendre contre un Souverain. Et il ne manqueroit guéres d'ailleurs de motifs ou de prétextes fpecieux pour en faire concevoir le deffein ; l'envie, par exemple, d'éviter les Maux & les incommoditez que l'on croiroit avoir à appréhender du Gouvernement préfent ; le défir de fe procurer à foi-même les avantages de la Souveraineté ; fur tout la juftice que l'on pourroit aifément fe figurer dans de pareils attentats, ou parce que le Souverain nous fembleroit s'aquitter mal de fes fonctions, ou parce qu'on fe flatteroit d'être mieux en état de les bien remplir, que lui. Pour les occafions d'exécuter de tels projets, elles fe préfenteroient aifément. Il ne faudroit finon que le Prince négligeât tant foit peu de prendre fes fûretez contre les entreprifes d'un Affaffin, (&, dans cette fuppofition, qui eft-ce qui (3) répondra des Gardes même du Corps ?) ou que plufieurs perfonnes confpiraffent enfemble contre lui, ou qu'à la prémiére Guerre qui furviendroit ils fe joi-

---

(2) —————— *Cogi qui poteft, nefcit mori.*
        SENEC. Hercul. fur. *Verf.* 425.
(3) —————— *Pone feram : cohibe. fed quis cuftodiet ipfos Cuftodes ?*
        JUVENAL. Satyr. VI. verf. 346, 347.

joigniſſent à l'Ennemi. D'ailleurs, les Citoiens ſe porteroient preſque ſans aucune retenue à ſe faire du tort & à ſe nuire les uns
aux autres. Car comme dans le Barreau on
ne prononce que ſur les Actes & les Preuves qu'on a en main; tous les Crimes d'où
il reviendroit quelque profit, paſſeroient a-
lors pour des tours d'adreſſe dont chacun
auroit lieu de s'applaudir, toutes les fois
qu'on pourroit les commettre ſans témoins.
Il ne ſe trouveroit perſonne qui exerceât
des actes de Charité & de Compaſſion, ou
qui s'aquittât des Devoirs de l'Amitié, ſi
ce n'eſt dans l'eſperance certaine de quelque
Gloire, ou de quelque avantage qu'il croiroit en retirer. Comme, toute appréhenſion
des juſtes châtimens du Ciel étant alors bannie, perſonne ne pourroit compter ſûrement ſur la Bonne-Foi d'autrui; chacun vivroit dans des Inquiétudes perpétuelles, par
la Crainte & les Soupçons de quelque tromperie ou de quelque inſulte de la part d'autrui. Les Souverains ne ſeroient pas plus
diſpoſez que leurs Sujets, à faire de belles &
de glorieuſes Actions. Car n'aiant aucun
principe de Conſcience qui les retînt, ils
introduiroient une honteuſe vénalité de toutes les Charges, & de la Juſtice même: ils
ne ſe propoſeroient jamais que leur intérêt
particulier, auquel ils ſacrifieroient ſans ſcrupule le bonheur de leurs Sujets; de ſorte
qu'appréhendant toûjours quelque revolte,

ils travailleroient autant qu'ils pourroient
à les affoiblir, comme la feule voie qu'ils
croiroient avoir de maintenir leur propre
domination contre les efforts des oppri-
mez. Les Sujets, d'autre côté, dans la
crainte de l'oppreffion, chercheroient toûjours les occafions de fecouer le joug; pendant qu'eux-mêmes fe défieroient auffi les
uns des autres. Le Mari, & la Femme,
à la prémiére brouillerie qu'il y auroit entr'eux, appréhenderoient le fer ou le poifon de la part l'un de l'autre; & l'on en
craindroit autant des Enfans, des domeftiques, & de toute la Famille. Car comme
fans la Religion il n'y a point de Confcience, il feroit difficile de découvrir ces fortes
de Crimes commis en cachette, qui ne
fe manifeftent le plus fouvent que par certains indices extérieurs que les remors du
Péché produifent.

De tout ce que nous venons de dire il
paroît, combien il importe au Genre Humain que l'on ferme à l'Athéïfme toutes les
voies par lefquelles il pourroit fe glifler dans
le Monde; & en même tems combien eft
grande la folie de ceux qui voulant paffer
pour habiles Politiques, croient que, pour
y réuffir, ils doivent affecter d'avoir du panchant pour l'Impiété.

CHA-

CHAPITRE V.

Des Devoirs de l'Homme par rapport à LUI-MEME.

§. I. QUOI-QUE l'Amour Propre, qui est naturel à l'Homme & profondément gravé dans son Cœur, le porte invinciblement à prendre beaucoup de soin de lui-même, & à chercher son avantage par toutes sortes de voies, de sorte qu'il semble tout-à-fait superflu de supposer quelque Obligation qui lui en impose la nécessité; à un (1) autre égard pourtant il est tenu sans contredit de pratiquer certains DEVOIRS PAR RAPPORT A` LUI-MEME (a). Car comme chacun n'est pas né pour lui seul, & n'a pas reçû du Ciel de si beaux Talens pour les enfouïr, mais au contraire pour célébrer la Gloire infinie du Créateur, & pour être un digne Membre de la Société Hu-

Fondement des Devoirs de l'Homme par rapport à lui-même.

(a) Voiez le *Droit de la Nat. & de*ᶜ G. Liv. II. Ch.IV.

§. I. (a) Les Devoirs de l'Homme par rapport à lui-même découlent directement & immédiatement de l'AMOUR DE SOI-MEME, que nous avons posé ci-dessus pour un des trois grands Principes du Droit Naturel, & qui oblige l'Homme non seulement à le conserver, autant qu'il le peut sans préjudice des Loix de la *Religion* & de la *Sociabilité*; mais encore à se mettre dans le meilleur état qu'il lui est possible, pour aquérir tout le Bonheur dont il est capable. Voiez sur le *Droit de la Nat. & des Gens*, **Liv. II. Chap. III. §. 15.** *Not.* 5. & Chap. IV. §. 1. *Not.* 2.

Humaine; il doit en cultivant avec soin ses dispositions naturelles, se montrer digne des nobles Facultez qui le distinguent d'avec les Animaux destituez de Raison, & se mettre en état de contribuer à l'avantage de la Société autant qu'il lui est possible. Que s'il le néglige, il se fait par là non seulement beaucoup de tort & de deshonneur à lui-même, mais il peut encore en être légitimement puni par le Créateur : de même qu'un Maître a droit de châtier ses Disciples, lors qu'ils ne veulent pas s'attacher aux choses qu'il leur prescrit, & pour lesquelles ils ont assez de génie.

A quoi se réduit en général le soin que chacun doit prendre de son Ame.

§. II. L'HOMME étant composé de deux parties, savoir d'une *Ame*, & d'un *Corps*, dont la prémiére commande, & l'autre ne fait le plus souvent qu'obéïr; le soin de l'Ame doit sans contredit précéder celui du *Corps*.

Le SOIN DE l'AME se réduit en général à *former l'Esprit, & le Cœur*, c'est-à-dire, à se faire non seulement des Idées droites de ce qui concerne nos Devoirs, & du juste prix des choses qui excitent ordinairement nos Désirs, mais encore à bien régler les mouvemens de nôtre Ame, & à les conformer aux Maximes de la Droite Raison; en un mot à se procurer toutes les Qualitez nécessaires pour mener une Vie Honnête & Sociable.

Devoirs particuliers.

§. III. LA prémiere chose que tous les Hom-

Hommes doivent graver profondément dans leur Esprit, c'est l'idée d'un DIEU Créateur & Conducteur de l'Univers, telle que nous l'avons représentée dans le Chapitre précédent. La persuasion de cette grande Vérité ne fait pas seulement le principal Devoir de l'Homme; elle est encore la base de toutes les Vertus qui se rapportent à autrui, & la véritable source de cette douce Tranquillité d'Ame qui est le Bien le plus précieux de la Vie.

Il faut donc bannir avec soin toutes les Opinions qui ont quelque chose de contraire à un Principe si important. Et par là je n'entens pas seulement l'*Athéisme*, ou l'*Epicuréisme*, mais encore plusieurs autres Sentimens aussi préjudiciables à la Société Humaine & aux Bonnes Mœurs, qu'incompatibles avec la vraie Religion, & qui renversent de fond en comble la Moralité des Actions Humaines. En voici quelques exemples.

Je mets au prémier rang le *Destin* des *Stoïciens*, & l'*Astrologie Judiciaire*, qui supposant que tout arrive par une necessité interne & inévitable, rendent les Hommes de simples Instrumens de leurs propres Actions, dont par conséquent ils ne sont pas plus responsables sur ce pied-là, qu'une Horloge ne l'est du mouvement de ses Roues.

Un autre Dogme fort approchant, c'est cette enchainûre néceffaire des Caufes & des

auxquels cette culture engage. I. Avoir des idées droites de Religion.

E 5   Ef-

Effets, qui, selon quelques-uns, a été établie par le Créateur sous certaines Régles si
invariables, qu'il ne s'est point reservé,
à ce qu'ils prétendent, la liberté d'y faire
le moindre changement, pas même dans
les cas particuliers.

C'est encore une Opinion pernicieuse,
que de se figurer la Divinité comme faisant, pour ainsi dire, un infame trafic des
Péchez des Hommes, & permettant de les
racheter avec de l'Argent, & autres sortes
d'Offrandes, ou par de vaines Cérémonies,
ou par quelques formulaires de paroles pro-
noncées en certains tems sans que l'on travaille d'ailleurs à réformer sa Vie, & à devenir Gens-de-bien. Il faut joindre à cela
la sotte imagination de ceux qui croient,
que la Divinité prend plaisir à des Inven-
tions Humaines, ou à des Genres-de-Vie
qui ne s'accordent point avec la constitution d'une Société réglée sur les Maximes de la Droite Raison & de la Loi Naturelle.

Toute *Superstition* donnant des idées bas-
ses de la nature & du Culte de la Divinité,
est aussi contraire à la vraie Religion.

Il faut dire la même chose du sentiment de ceux qui s'imaginent, que la *Dé-
votion* seule, comme ils l'appellent, suffit
sans la Probité, & sans la pratique de ce
qu'on doit au Prochain : Ou de ceux qui
croient, qu'ils peuvent non seulement sa-
tis-

tisfaire pour eux-mêmes à leurs Devoirs envers Dieu, mais avoir encore quelque chofe
de refte, & faire part à autrui de ces pré-
tendues *Oeuvres de Surérogation :* Ou de
ceux qui attribuent à la Divinité une lâche
Tolérance des Crimes commis avec adreffe,
& une fi grande Indulgence pour certains
Péchez, tels que font ceux qu'on appelle de
Galanterie, que de les regarder comme des
bagatelles, & de s'en d vertir même : Ou de
ceux qui fe flattent, que Dieu agrée les
Priéres qu'on lui adreffe pour le fupplier
d'envoier quelque malheur à des gens qui
ne l'ont point mérité, afin que par là on
aît occafion de faire bien fes affaires : Ou
de ceux qui prétendent, que tout eft permis
& de bonne guerre contre ceux qui font
d'une Religion différente de la nôtre : Et
autres femblables Opinions, qui tendent à
détruire la Religion & la Morale, fous prétexte de Piété.

§. IV. APRE's avoir éloigné toutes les
fauffes Idées de la Divinité, chacun doit
travailler principalement à *fe faire une*
jufte idée de lui-même & de fa propre na-
ture.

2. *Se bien connoître foi-même.* Devoirs qui réfultent de cette connoiffance.

Cette CONNOISSANCE DE SOI-MEME bien
entendue, méne l'Homme d'abord à la découverte de fon origine, & en même tems du
Perfonnage, pour ainfi dire, dont il eft chargé dans ce Monde par une fuite néceffaire
de fa Condition Naturelle. Car il apprend
par

par là, qu'il n'exifte pas de lui-même, &
qu'il doit le jour à un Principe infiniment
plus relevé: qu'il eft orné de Facultez beaucoup plus nobles que celles des Bêtes: qu'il
n'eft pas feul ici-bas, ni né pour lui feulement, mais qu'il fait partie du Genre Humain &c. De là naiffent diverfes Conféquences, qu'il eft bon d'envifager un peu en
détail.

L'Homme étant donc foûmis à l'Empire
Souverain de Dieu, il eft tenu, felon la
mefure des Talens qu'il a reçûs de ce Créateur Tout-Puiffant, de le fervir & de l'honorer, comme auffi de pratiquer envers fes
femblables les Loix de la Sociabilité qui lui
font impofées par la conftitution de fa propre
Nature.

Dieu nous aiant donné un *Entendement*, pour nous fervir de flambeau dans
toute nôtre Conduite, il s'enfuit de là, que
l'on doit en faire un bon ufage; & pour
cet effet NE POINT AGIR A L'E'TOURDIE
OU A L'AVANTURE, MAIS SE PROPOSER
TOUJOURS UNE FIN DE'TERMINE'E, POSSI-
BLE, ET LE'GITIME; & diriger convenablement à cette Fin, tant nos propres Actions,
que les autres Moiens néceffaires pour y
parvenir. De plus, le Vrai & le Droit étant
conftamment uniformes, il faut JUGER
TOUJOURS PAREILLEMENT DE CHOSES SEM-
BLABLES; ET APRE'S AVOIR UNE FOIS
BIEN JUGE', NE SE DE'MENTIR JAMAIS.

Nôtre

Nôtre *Volonté* & nos *Désirs* ne doivent
ni anticiper le Jugement droit de nôtre Ef-
prit, ni s'oppofer à fes décifions; ou, pour
dire la même chofe en d'autres termes,
IL NE FAUT JAMAIS RIEN RECHERCHER
QU'APRE'S UNE MÛRE DE'LIBE'RATION, NI
JAMAIS AGIR CONTRE SES PROPRES LU-
MIE'RES.

Si nous venons enfuite à prendre un état
de nos *Forces*, nous les trouverons renfermées dans des bornes fort étroites. Il y a
une infinité de chofes dans l'Univers qui
ne tombent point fous nôtre direction, ou
dont nous ne faurions même repouffer les
atteintes en aucune maniére. Il y en a d'autres qui ne font pas à la vérité entiérement
au deffus de nos forces, mais dont l'exécution peut être empêchée par quelque pouvoir fupérieur. D'autres enfin ne cédent à
nos efforts, que quand ils font aidez & foû-
tenus par l'Adreffe.

Ce qui dépend le plus de nous, c'eft nôtre LIBRE-ARBITRE, fur tout en ce qui
concerne la production des Actions propres
à un Animal Raifonnable. Chacun doit
donc TRAVAILLER PRINCIPALEMENT A'
FAIRE AUTANT QU'IL LE PEUT DE SES
FACULTEZ ET DE SES FORCES UN USA-
GE LE'GITIME, ET CONFORME AUX MAXI-
MES DE LA DROITE RAISON: c'eft le
vrai & unique fondement de la *Probité* fincére, & du *Mérite* folide, comme auffi du
Bon-

Bonheur de la Vie; car l'Homme ne sauroit se promettre ici-bas, par les seules lumiéres de la Raison, d'autre Félicité que celle qui provient d'une sage direction de ses Facultez, aidée des secours ordinaires de la Providence.

Pour les *choses qui sont hors de nous*, avant que de rien entreprendre à leur égard, IL FAUT BIEN EXAMINER, SI ELLES SONT PROPORTIONNÉES A NOS FORCES; SI ELLES CONTRIBUENT A L'ACQUISITION DE QUELQUE FIN LÉGITIME; ET SI ELLES VALENT LA PEINE QU'ELLES NOUS DONNERONT. Lors qu'après une mûre délibération, on a jugé à propos de s'y engager, il est d'un Homme Sage de faire tous ses efforts pour venir à bout de son dessein. Mais il faudroit être bien sot, pour se roidir en vain contre le torrent, & pour ne pas s'accommoder aux choses, lors qu'elles ne veulent point s'accommoder à nous. Comme donc, dans toutes les choses où la Prévoiance Humaine a quelque lieu, on ne doit point abandonner, pour ainsi dire, l'événement entre les mains du Hazard: d'autre côté, APRES AVOIR FAIT TOUT CE QUI DÉPENDOIT DE NOUS, IL FAUT DE BONNE HEURE SE CONSOLER DES ACCIDENS IMPRÉVÛS; ne pas se reposer avec trop d'assûrance sur le Présent, mais n'anticiper pas non plus l'Avenir par des Inquietudes & des Crain-

tes

tes superflues; éviter également de s'enor-
gueillir dans la Prospérité, & de perdre
courage dans l'Adversité.

§. V. Une autre Connoissance bien nécessaire pour perfectionner nôtre Ame, c'est
de savoir le juste prix des choses
qui excitent ordinairement nos De´-
sirs; car de là dépend le degré d'Empresse-
ment avec lequel on peut les rechercher.

La plus éblouïssante, & celle que l'on
juge la plus propre à toucher les Grandes
Ames, c'est la haute idée que les autres
ont de nôtre Mérite, & de nos avantages
personnels: opinion d'où naît ce que l'on
appelle Honneur, ou Gloire. Voici
en quels sentimens on doit être là-dessus.

Il ne faut rien oublier pour tâcher d'aquérir & de conserver l'*Estime Simple*, c'est-à-
dire, la Réputation d'Honnête-Homme.
Que si, malgré tous ses soins, on ne peut
imposer silence à la Calomnie, ni dissiper
l'injuste Prévention où les autres sont entrez
à nôtre égard; on doit alors se consoler par
le témoignage favorable que nôtre Conscience nous rend, & par la vûe d'un Dieu,
qui connoit nôtre Innocence.

Pour ce qui regarde l'*Estime de distinction*, que l'on nomme *Honneur* ou *Gloire*,
elle ne mérite d'être recherchée qu'autant
qu'elle suit les belles Actions, qui tendent
à l'avantage de la Société Humaine, ou
qu'el-

3. Régler ses Désirs conformé- ment au juste prix des Choses. Comment il faut re- chercher l'*Estime*, ou l'*Hon- neur.*

qu'elle met plus en état de produire de pareilles Actions. Quelque grande même &
quelque bien fondée qu'elle foit, il faut
prendre garde de ne fe laiffer jamais gagner
à un fot Orgueil & à une Fierté infolente.
Que fi, après avoir fait tout ce qu'on a pû,
l'on ne trouve pas l'occafion de mettre à
profit fon Mérite, & de l'expofer, pour
ainfi dire, au grand jour, la Raifon veut
que l'on s'en confole, & qu'on attende patiemment un tems plus favorable, puis qu'il
ne dépend pas de nous de nous fabriquer
une Fortune à nôtre gré. Mais rien n'eft
plus impertinent que de tirer vanité de chofes frivoles ou indifférentes en elles-mêmes;
& il faut être de plus bien impudent & bien
fcélérat, pour fe faire jour par de mauvaifes
voies à la Gloire & aux Honneurs, ou pour
y afpirer afin de pouvoir fatisfaire à fon aife
fes Paffions, & infulter impunément fes
Inférieurs.

§. VI. APRES l'Honneur viennent ces
fortes de chofes extérieures que l'on appelle
BIENS ou RICHESSES, & dont on a befoin
non feulement pour fe conferver foi-même,
mais encore pour la fubfiftance de quelques
autres Perfonnes, que l'on eft fouvent obligé d'entretenir. Cependant, comme nos
Befoins ne font pas infinis, & que la Nature fournit toûjours abondamment dequoi
y fatisfaire; comme d'ailleurs on eft réduit
à la néceffité inévitable de tout quitter en
mou-

Comment on peut re-chercher les Richef-fes.

mourant : la Raifon veut que l'on donne de juftes bornes à ce défir d'amaffer qui n'en a point d'ordinaire, & qu'on faffe un bon ufage de ce que l'on a aquis. Il faut donc éviter également les excès de l'*Avarice* & de la *Prodigalité*; & à plus forte raifon fe bien donner de garde de s'enrichir par de mauvaifes voies, ou de faire fervir les Richeffes qu'on poffède à entretenir fes Vices. D'ailleurs, comme elles font fujettes à périr par divers accidens, on doit fe mettre dans une telle difpofition d'Efprit, qu'on puiffe aifément en fupporter la perte en cas de malheur.

§. VII. Outre l'Honneur, & le défir des Richeffes, les Hommes font encore fort fenfibles au PLAISIR. Il y a des *Plaifirs innocens*, & des *Plaifirs criminels*. Les derniers font toûjours défendus; mais il n'y a point de mal à goûter les autres, pourvû qu'on en ufe avec modération & avec fobriété. Comme on peut fuir fans crime la Douleur, qui tend à la deftruction de nôtre Corps, tant que rien ne nous oblige de la fouffrir patiemment : la Raifon ne nous défend pas, d'autre côté, de rechercher le Plaifir, qui eft fi fort ami de nôtre nature. Elle veut feulement, qu'on s'abftienne des Plaifirs Criminels, qui entrainent après eux des pertes confidérables, de la honte & de l'opprobre, mille dangers, mille douleurs, mille chagrins; & qu'à l'égard des Plaifirs

Comment il faut rechercher les Plaifirs.

F même

même les plus innocens, on ne s'y plonge pas d'une maniére à ruïner les forces de son Corps & de son Esprit, à se mettre hors d'état de vaquer aux Fonctions & aux affaires dont on est chargé, & à dissiper des biens que l'on pourroit emploier plus utilement & plus convenablement.

§. VIII. Enfin, le soin de nôtre Ame demande que chacun travaille de tout son possible à SE RENDRE MAÎTRE DE SES PASSIONS, qui, pour la plûpart, lors qu'on leur lâche la bride, causent non seulement un préjudice extrême à la Santé du Corps & à la vigueur de l'Esprit, mais encore offusquent & pervertissent le Jugement, & éloignent considérablement du chemin de la Vertu. De sorte que la modération de ces mouvemens naturels est, pour ainsi dire, le Principe Physique de tout ce qu'il y a de Sagesse & de Probité parmi les Hommes. Entrons dans quelque détail.

La *Joie* est par elle même très-convenable à nôtre nature: mais il ne faut pas qu'elle se montre hors de saison; ni qu'elle soit excitée par des sujets qui ne le méritent pas; ni qu'elle nous porte à des choses deshonnêtes, ou à des puérilitez.

La *Tristesse* ronge, pour ainsi dire, l'Ame & le Corps. On doit donc la bannir, autant qu'il est possible; & ne s'y laisser aller même avec modération que quand l'Humanité nous engage à déplorer les Malheurs

ou

(marginal note:) 4. Il faut soûmettre les Passions à l'empire de la Raison.

ou la Mort de quelcun, ou lors qu'il s'agit
de témoigner un fincére Répentir de quelque Mauvaife Action.

L'*Amour* eft la Paffion favorite de nôtre
nature. Pour le rendre raifonnable, il faut
qu'il aît un Objet permis, & digne de nôtre attachement: qu'on ne cherche point à
le fatisfaire par de mauvaifes voies: & qu'il
ne dégenére point en maladie, de maniére
qu'on ne puiffe point fe confoler de la perte de ce qu'on aime.

La *Haine* eft une Paffion bien incommode, & pour ceux qu'elle poffléde, &
pour ceux qui en font l'objet. Il faut donc
l'étouffer autant qu'il eft poffible, de peur
qu'elle ne nous porte à quelque chofe de
contraire à nôtre Devoir. Que s'il y a
quelcun qui mérite abfolument d'être haï,
nous devons faire enforte que nôtre Averfion pour lui ne nous caufe à nous-mêmes une émotion violente & un chagrin
incommode.

L'*Envie* n'a rien que de vilain & d'infame. Elle nuit fouvent à autrui, mais elle produit toûjours de mauvais effets dans
le Cœur de celui qui en eft entaché, puis
qu'elle le dévore & le confume, comme la
rouillure fait le Fer.

L'*Efpérance*, quelque douce qu'elle foit
en elle-même, doit être réglée de telle
maniére, qu'elle ne nous jette pas dans une
efpéce de langueur, & que nôtre Cœur ne

F 2   fe

se fatigue pas inutilement à courir après des choses vaines, incertaines, ou au deſſus de nos forces, ou à former toûjours de nouvelles prétenſions, ſans que la .poſſeſſion d'aucune choſe puiſſe fixer nos Déſirs & nôtre Attente.

La *Crainte* eſt une Paſſion ennemie de l'Eſprit Humain, & d'ailleurs entiérement inutile. Je ſai bien qu'on la regarde comme la mére de la Précaution, & par conſéquent de la Sûreté. Mais cette Précaution peut être produite, indépendamment de toute fraieur & de toute appréhenſion, par une Prudence tranquille & une Circonſpection intrépide.

La *Colére* eſt la plus violente & en même tems la plus pernicieuſe de toutes les Paſſions. Bien loin d'être d'un grand ſecours à la Valeur, & à la Fermeté dans les périls, comme on ſe l'imagine ordinairement, elle ne fait qu'aveugler les gens & les mettre hors d'eux-mêmes. C'eſt une courte Fureur, dont il faut prévenir & réprimer les accès, autant qu'il nous eſt poſſible.

Le *Déſir de Vengeance* a beaucoup de rapport avec la Colére. Du moment qu'il va au delà des bornes d'une Défenſe légitime & modérée de nous-mêmes ou de nos droits, c'eſt une Paſſion entiérement criminelle.

§. IX. VOILA`, à peu près, en quoi conſiſtent

fiſtent les ſoins indiſpenſables que chacun
eſt tenu de prendre par rapport à ſon Ame.
Il y a encore une autre ſorte (1) de Culture, qui, quoi qu'elle ne ſoit pas abſolument néceſſaire pour ſe bien aquitter des
Devoirs communs à tous les Hommes, eſt
très-propre à orner & perfectionner nos Facultez, & à rendre la Vie plus commode
& plus agréable; c'eſt celle qui conſiſte
dans L'ETUDE DES ARTS, ET DES
SCIENCES.

faire l'é-
tude des
Arts, &
des *Scien-
ces.*

Perſonne ne doute de l'utilité des *Arts*
qui ſervent aux Beſoins ou aux Commoditez de la Vie.

A l'égard des *Sciences,* il y en a d'*Utiles,* de *Curieuſes,* & de *Vaines.*

Je mets au rang des *Sciences Utiles,* la
Logique, qui enſeigne à raiſonner juſte &
méthodiquement; les *Sciences qui ont du
rapport à la Morale;* la *Médecine;* & toutes les *parties des Mathématiques qui ont
quelque influence ſur la pratique des Arts*
néceſſaires pour procurer & augmenter les
Beſoins ou les Commoditez de la Vie.

Par *Sciences Curieuſes,* j'entens celles
qui ne ſont pas d'un ſi grand uſage, que
ſans elles on vêcût d'une maniére moins ſociable ou moins commode, mais qui ſervent ſeulement à ſatisfaire une innocente
Cu-

---

(1) Voiez la Diſſertation de Mr. *Buddeus,* intitulée,
DE CULTURA INGENII, qui eſt la V. parmi ſes *Selecta
Jur. Nat. & Gent.*

Curiosité, & à orner nôtre Esprit de belles Connoissances. Telles sont la *Physique*; les *parties purement spéculatives des Mathématiques*; la *Critique*; les *Langues*; la *Poésie*; l'*Eloquence*; l'*Histoire Universelle* &c.

J'appelle *Sciences Vaines*, celles qui ont pour objet ou des faussetez manifestes, ou des choses frivoles & entiérement inutiles.

Il est indigne de l'Homme de perdre son tems à étudier la derniére sorte de Sciences. Mais quiconque ne veut pas être un poids inutile de la Terre, à charge à soi-même & aux autres, doit, autant qu'il en trouve les moiens & l'occasion, s'occuper à quelcune des prémiéres, ou bien apprendre quelque Art. Il faut donc de bonne heure EMBRASSER UNE PROFESSION HONNÉTE ET CONVENABLE, selon qu'on y est appellé & déterminé par son Inclination particuliére, par une disposition naturelle de Corps ou d'Esprit, par la Naissance, par les Biens de la Fortune, par l'Autorité de ses Parens, par l'ordre du Souverain, par l'Occasion, ou par la Nécessité.

En quoi consiste le Soin du Corps.

§. X. QUOI-QUE le Soin de l'Ame, que nous venons d'expliquer, soit le plus difficile & le plus considérable, on ne doit pourtant pas négliger le SOIN DU CORPS; ces deux parties aiant ensemble une liaison si étroite, que l'une ne sauroit être mal disposée sans que l'autre en souffre.

Il

Il faut donc ENTRETENIR ET AUGMEN-
TER, AUTANT QU'IL EST POSSIBLE, LES
FORCES NATURELLES DU CORPS, PAR DES
ALIMENS ET DES TRAVAUX CONVENABLES;
& ne pas les ruïner par les excès du Manger
& du Boire, par des Travaux hors de fai-
fon & non-néceffaires, ou par quelque autre mauvais ufage de nos Facultez. Cela
nous engage à éviter foigneufement la *Gour-
mandife*, l'*Yvrognerie*, la *Débauche*, l'*excès
dans les Plaifirs de l'Amour*, & autres chofes femblables. De plus, les *Paffions* violentes & déréglées étant, comme nous l'avons
dit ci-deffus, non feulement accompagnées
d'effets pernicieux qui portent les Hommes
à troubler la Société, mais encore fort nui-
fibles à celui qui leur lâche la bride; on ne
doit rien oublier pour les domter & les réduire, autant qu'il eft poffible, aux juftes
bornes de la Médiocrité. Et comme il y a
plufieurs dangers dont on peut fe garantir
en leur allant au devant avec une courageufe
Réfolution, il faut auffi bannir de nôtre
cœur la *Timidité*, & le raffûrer de bonne
heure contre l'appréhenfion de tout Accident fâcheux.

§. XI. PERSONNE ne s'étant donné la
Vie à lui-même, mais chacun la tenant de
la libéralité de Dieu, il eft clair encore, que
l'HOMME N'A PAS UN POUVOIR ABSOLU
SUR SA PROPRE VIE, en forte qu'il puiffe
en terminer le cours auffi-tôt qu'il lui en

Si l'on a
quelque
pouvoir fur
fa propre
Vie ?

F 4 prend

prend fantaifie, mais qu'il doit attendre patiemment d'être appellé par celui qui l'avoit mis dans ce pofte.

Cependant, comme tout Homme peut & doit fe rendre utile à autrui en quelque maniére, & qu'il y a certains Travaux qui par eux-mêmes, ou du moins par le degré d'application avec lequel on s'y attache, contribuent à avancer le tems de la Vieilleffe, ou le terme de la Mort ; il eft fans contredit permis, & même louable, d'abréger vraifemblablement fes jours par de tels Travaux, qui nous donnent lieu de faire valoir nos Talens d'une maniére plus avantageufe à la Société Humaine.

De plus, il arrive fouvent qu'un grand nombre de gens ne fauroient être fauvez, fi quelque peu d'autres ne s'expofent en leur faveur à un danger fort apparent de périr eux-mêmes. En ce cas-là, il eft hors de doute qu'un Souverain légitime a droit d'obliger fes Sujets, fous des Peines très-rigoureufes, à ne pas fuir le péril, quelque grand qu'il foit. On peut même s'y offrir de fon pur mouvement, lors qu'il n'y a pas d'autres raifons plus fortes qui doivent nous en détourner, & qu'on voit quelque lieu d'efpérer que cela fervira à fauver la Vie de ceux pour qui l'on expofe la fienne: bien entendu d'ailleurs qu'ils méritent d'être rachetez par un fi haut prix; car il faudroit être fou, pour vouloir fans aucun fruit faire compagnie

gnie à une perfonne qui va mourir infailliblement; & il ne feroit pas moins abfurde,
qu'un Homme de grand Mérite fe facrifiât
de gaieté de cœur pour un Faquin. Du refte, la Loi Naturelle ne veut nullement,
que l'on préfére toûjours la Vie d'un autre
à la fienne propre: au contraire, toutes chofes d'ailleurs égales, chacun peut s'intéreffer
davantage à fa propre Confervation, qu'à
celle d'autrui.

Mais pour ceux qui expofent leur Vie,
ou qui fe donnent la Mort eux-mêmes, uniquement pouffez par l'ennui des Incommoditez & des Chagrins auxquels la Vie Humaine en général eft ordinairement fujette,
ou par l'averfion & l'horreur de certains
Maux qui ne les auroient pas rendus méprifa-
fables à la Société Humaine ; ou par la
crainte de quelques Douleurs, qui fuppor-
tées patiemment & courageufement auroient
tourné à l'avantage des autres, en leur four-
niffant un exemple de Conftance ; ou par
une vaine oftentation de Fidélité, ou de
Bravoure; tous ces gens-là péchent certainement contre la Loi Naturelle.

§. XII. LE SOIN de fe conferver, qui eft
infpiré à chacun & par un très-vif fentiment
de l'Amour propre, & par la Raifon même,
renferme auffi (a) le SOIN DE SE DE'FEN-
DRE: d'où il réfulte fouvent une efpéce de
conflict apparent entre ce que l'on fe doit à
foi-même, & ce que l'on doit à autrui, par

De la jufte défenfe de foi-même.
(a) *Droit de la Nat. & des* G. Liv. II.Chap.V.

F 5   la

la néceſſité où l'on ſe trouve réduit, ou de repouſſer le danger dont on eſt menacé en faiſant du Mal à celui qui veut nous en faire, ou de ſouffrir ſoi-même un Mal conſidérable, & quelquefois même de périr. Voions donc maintenant comment on doit ménager cette juſte Défenſe de ſoi-même.

On ſe défend, ou *ſans faire du mal à l'Aggreſſeur*, c'eſt-à-dire, en prenant de ſi bonnes précautions, qu'il ne ſoit pas ſûr de trouver ſon compte à nous inſulter, ou qu'il ait même tout lieu de craindre un mauvais ſuccès de ſon entrepriſe téméraire & criminelle ; ou bien *en lui faiſant du mal*, juſqu'à lui ôter la Vie, s'il en eſt beſoin.

§. XIII. Que la prémiére ſorte de Défenſe ſoit permiſe & entiérement innocente, c'eſt dequoi perſonne ne ſauroit raiſonnablement douter.

Il eſt permis de repouſſer la force par la force, juſques à tuer un injuſte Aggreſſeur.

Mais on peut former quelque difficulté au ſujet de la derniére. Car, dira quelcun, ſi l'on tue l'Aggreſſeur, le Genre Humain ne fait-il pas par là une perte auſſi conſidérable, que ſi l'on ſe laiſſoit tuer ſoi-même ? D'ailleurs doit-on ſe réſoudre à détruire une Créature ſemblable à nous, avec laquelle on eſt obligé de vivre ſociablement ? Et la liberté de repouſſer la force n'expoſe-t-elle pas la Société Humaine à de plus grands troubles, que ſi l'on prend le parti ou d'éviter par la fuite le danger qui nous me-

menace, ou de souffrir patiemment les insultes de l'Aggresseur, lors qu'on ne trouve
pas le moien de se sauver?

Toutes ces raisons pourtant ne sont pas
assez fortes, à mon avis, pour rendre illicite la Défense de soi-même à main armée.
En effet, si quelcun veut qu'on ait des é-
gards pour lui, & qu'on le traite doucement,
il faut qu'il se montre à nôtre égard dans
des dispositions qui ne l'en rendent pas indigne, & qui nous permettent d'agir sûre-
ment avec lui sur ce pied-là. Les Loix de la
Sociabilité étant établies pour la Conservation & l'Utilité commune du Genre Humain, on ne doit jamais les interpréter d'u-
ne manière qui tende à la destruction de chaque Personne en particulier. Lors donc que
quelcun travaille à nous perdre, rien ne nous
oblige à nous trahir nous-mêmes, pour donner lieu à la malice d'un Scélérat d'agir impunément & en toute liberté. Si on lui fait
du mal, ou qu'on le tue même dans une telle
rencontre, tant pis pour lui, il ne sauroit
s'en prendre qu'à lui-même, puis qu'il nous
a mis dans cette nécessité. Tous les Biens
que nous tenons ou de la Nature, ou de
nôtre propre Industrie, nous deviendroient
certainement inutiles, si lors qu'un injuste
Aggresseur vient pour nous en dépouiller, il
n'étoit jamais permis d'opposer la force à la
force : le Vice triompheroit hautement de la
Vertu, & les Gens-de-bien se verroient exposez

poſez ſans reſſource à être tous les' jours la proie infaillible des Méchans. Proſcrire donc toute Défenſe de ſoi-même exercée à main aimée, ce ſeroit établir une Maxime qui, bien loin de ſervir à l'entretien de la Paix, tendroit manifeſtement à la ruïne entiére du Genre Humain.

§. XIV. ON ne doit pourtant pas en venir toûjours à la derniére extrémité contre un injuſte Aggreſſeur ; mais IL FAUT AUPARAVANT TACHER DE SE GARANTIR DE SES INSULTES PAR QUELQUE AUTRE VOIE PLUS SURE ET MOINS VIOLENTE ; ſe bien retrancher, par exemple, fermer toutes les avenues à celui qui ſe met en état de fondre ſur nous, l'exhorter à revenir de ſa fureur &c. La Prudence veut même, que, SI ON LE PEUT SANS S'INCOMMODER BEAUCOUP, ON SE TIRE D'AFFAIRES EN SOUFFRANT UNE LEGERE INJURE, & qu'on relâche quelque choſe de ſon droit, plûtôt que de s'expoſer à un plus grand danger par une réſiſtance hors de ſaiſon ; ſur tout ſi l'Aggreſſeur n'en veut qu'à une choſe qui peut être aiſément réparée ou compenſée. Mais lors qu'il n'y a pas moien de ſe mettre en ſûreté par cette voie, ou par quelque autre ſemblable, on peut ſans ſcrupule ſe porter aux derniéres extrémitez contre celui qui ne fait pas difficulté de travailler à nous perdre.

§. XV. MAIS, pour connoître plus diſtincte-

On ne doit pourtant pas en venir toûjours à la derniere extremité contre ceux qui veulent nous faire du mal injuſtement.

Juſques où s'étend le

tinctement les *juftes bornes de la Défenfe legitime de foi-même*, il faut la confidérer ou par rapport à *ceux qui vivent dans l'indépendance de l'Etat de Nature*, ou par rapport à *ceux qui dépendent d'un Gouvernement Civil.*

droit de fe detendre foi-même, dans l'indépendance de l'Etat de Nature.

Dans l'*Etat de Nature*, fi l'Aggreffeur s'obftine à nous infulter, fans être touché d'aucun repentir de fes mauvais deffeins, qui le porte à vouloir déformais vivre en paix avec nous; on peut le repouffer de toutes fes forces, en le tuant même, s'il eft befoin : & cela non feulement lors qu'il attaque directement nôtre Vie, mais encore s'il ne veut que nous bleffer, ou nous maltraiter, ou nous dépouiller fimplement de nôtre bien fans avoir deffein de nous tuer; car nous n'avons aucune affûrance, que de ces commencemens il n'en viendra pas à de plus grandes Injures; & dès là qu'un homme fe déclare nôtre Ennemi, il n'a pas fujet de fe plaindre qu'on le repouffe de toutes fortes de maniéres, & il nous donne, entant qu'en lui eft, une pleine liberté d'agir contre lui de toutes nos forces, fans mettre aucunes bornes à nôtre jufte Défenfe. S'il n'étoit pas permis de fe porter aux derniéres extrémitez contre une perfonne qui ne ceffe de nous faire des Injures médiocres, ce feroit alors fans contredit que la Vie Humaine deviendroit infociable : car les gens les plus retenus & les plus pacifiques fe verroient

roient perpetuellement expofez à être le jouët de la malice des Scélérats & des Efprits turbulens.

Comment ce droit eft limité dans une *Société Civile*.

§. XVI. MAIS, dans une *Société Civile*, on ne peut légitimement avoir recours, pour fe défendre, aux voies de la force, que quand les circonftances du Tems, ou du Lieu, ne nous permettent pas d'implorer le fecours du Magiftrat, contre une infulte qui expofe à un danger preffant nôtre Vie, ou quelque autre Bien équivalent, ou irréparable.

Du *tems* auquel on peut en faire ufage, dans l'*Etat de Nature*.

§. XVII. POUR ce qui eft du *tems* auquel on peut actuellement ufer du droit d'une jufte Défenfe, voici les Régles qu'il faut fuivre là-deffus.

Dans l'indépendance de l'*Etat de Nature*, quoi que chacun puiffe & doive préfumer que les autres font difpofez à s'aquitter envers lui des Devoirs de la Loi Naturelle, tant qu'il n'a pas des preuves manifeftes du contraire; cependant, comme tous les Hommes ont du panchant au mal, on ne doit jamais s'endormir fi fort fur la bonne foi d'autrui, qu'on ne prenne de bonne heure des mefures innocentes pour fe mettre à couvert de toute infulte. La Prudence veut, que l'on ferme, par exemple, les avenues à ceux qui voudroient tramer quelque chofe contre nous; que l'on tienne des Armes toutes prêtes; qu'on léve des Troupes; qu'on fe ménage du fecours, en cas

de

de befoin, par des Alliances; qu'on épie avec foin toutes les démarches de ceux qui nous donnent quelque ombrage; qu'on prenne en un mot toutes les autres précautions de cette nature, qui paroiffent nécef-faires pour ne fe trouver pas furpris & au dépourvû. Un fimple foupçon uniquement fondé fur la Malice ordinaire des Hommes, ne nous autorife pas à poufler les chofes plus loin; & l'on n'eft pas en droit pour cette feule raifon d'attaquer quelcun, fous prétexte de le prévenir, quand même on verroit qu'il devient trop puiffant; fur tout s'il n'a aquis fes forces & fa grandeur que par une innocente induftrie, ou par un ef-fet de fon bonheur, fans opprimer qui que ce foit.

Lors même qu'un Homme, qui eft en état de nuire, témoigne en avoir la volonté par rapport à quelque autre, cela feul ne nous fournit pas encore un fujet fuffifant de le prévenir de nôtre chef, tant qu'il ne pa-roit pas en vouloir auffi à nous; à moins qu'on ne foit d'ailleurs engagé, en vertu de quelque Alliance, à fecourir celui qui eft injuftement attaqué par un plus puiffant que lui. Et en ce cas-là on doit époufer, avec d'autant plus d'ardeur, les intérêts de l'Of-fenfé, qu'on a ordinairement tout lieu de craindre, qu'après l'avoir accablé il fe tour-nera contre nous, & fera fervir fa prémiére victoire comme d'inftrument pour une nou-velle.

Mais

Mais lors qu'il paroit par des indices manifeftes, qu'un Homme travaille actuellement à chercher les moiens de nous faire
du mal, quoi que fes defleins n'aient pas
encore éclatté; on peut dès lors commen-
cer à fe mettre en état de défenfe, & prévenir l'Aggrefleur au milieu de fes préparatifs: bien entendu qu'il ne refte d'ailleurs
aucune efpérance de le ramener par des exhortations amiables; ou qu'en ufant de cette voie de douceur on ne coure pas rifque
de porter du préjudice à fes propres intérêts.
Ainfi il faut tenir ici pour l'Aggrefleur, celui qui forme le prémier le deflein de nuire,
& fe difpofe le prémier à l'exécuter: quoi
qu'il arrive enfuite que l'autre faifant plus
de diligence, commence les actes déclarez
d'Hoftilité. Car la jufte Défenfe de foi-
même ne demande pas toûjours qu'on reçoive le prémier coup, ou qu'on ne falle
que parer & repoufler ceux qu'un Aggreffeur nous porte actuellement.

Au refte, dans l'Etat de Nature dont il
s'agit, on a droit non feulement de repouffer le danger préfent dont on eft menacé,
mais encore, après s'être mis à couvert, de
pourfuivre l'Aggrefleur, jufques à ce qu'il
nous ait donné *de bonnes furetez pour l'a-
venir.* Et voici une Régle qu'il faut fuivre
là-deffus. *Si l'Offenfeur, touché de repentir, vient auffi-tôt de lui-même nous demander pardon, offrant en même tems la réparation*

ration du dommage qu'il peut nous avoir cau-
sé; on doit alors se reconcilier avec lui, sans
en exiger d'autre sûreté qu'une nouvelle pro-
testation de vivre désormais paisiblement
avec nous.   Car lors que de son pur mouvement une personne fait de pareilles démarches, c'est une marque suffisante de la
sincérité du changement de ses sentimens à
nôtre égard.   *Mais lors qu'un Aggresseur*
ne pense à nous demander pardon, & à té-
moigner du déplaisir de nous avoir offensé,
que quand il n'est plus en état de nous tenir
tête, sa parole toute seule ne paroit pas un
bon garant de la sincérité de ses protestations.
Il faut donc ou le mettre hors d'état de nuire, ou le lier par quelque chose de plus
fort qu'une simple Promesse, pour n'a-
voir désormais rien à craindre de sa part.

§. XVIII. D A N S une *Société Civile,* Quand, &
le tems de se défendre soi-même à main ar- jusqu'où,
mée ne commence pas si tôt, & ne s'étend l'on peut
pas si loin, que dans l'Etat de Nature. Car se défendre
quoi qu'on sache, qu'un de nos Concitoiens soi-même
se dispose à nous insulter, ou qu'il éclatte à main ar-
par tout en furieuses menaces, on n'est pas mée, dans
pour cela seul en droit de le prévenir; mais une *Société*
il faut porter plainte au Souverain, & lui *Civile.*
demander des sûretez contre les entreprises
d'une telle personne.   Mais si l'on se trouve actuellement attaqué, & qu'il n'y aît pas
moien d'implorer le secours du Magistrat,
ou des autres Citoiens; on peut alors re-
pous-

pouſſer la force par la force, & en venir aux
derniéres extrémitez contre l'Aggreſſeur:
non pas à deſſein de tirer vengeance de cette
Injure, mais ſeulement pour ſauver ſa propre Vie, que l'on ne ſauroit garantir du danger preſſant, ſans le faire retomber ſur celle
de l'Offenſeur.

Or le *moment précis* auquel on peut, ſans
préjudice des droits du Magiſtrat, tuer quelcun en ſe défendant, commence lors que
l'Aggreſſeur témoignant en vouloir à nôtre
Vie, & étant pour cet effet armé des forces
& des inſtrumens néceſſaires, ſe trouve poſté
dans un endroit d'où ſes coups peuvent porter juſqu'à nous, en comptant d'ailleurs le
tems qu'il faut pour le prévenir, ſi l'on ne
veut pas être ſoi-même en proie à ſa fureur.
Et le *tems* de cette juſte défenſe *dure* juſques à ce qu'on aît chaſſé l'Aggreſſeur, ou
qu'il ſe ſoit retiré de lui-même, ſoit par un
remors de conſcience qui l'a pris en ce moment, ou parce qu'il a manqué ſon coup;
en ſorte que l'on n'aît plus rien à craindre
de lui pour l'heure, & qu'on puiſſe ſe mettre en lieu de ſûreté. Car pour ce qui regarde la vengeance de l'Injure, & les ſûre-
tez pour l'avenir, il faut en laiſſer le
ſoin au Magiſtrat, qui eſt chargé d'y pourvoir.

Si l'on peut
ſe defendre
contre un
Aggreſſeur
qui ſe mé-
prend ?

§. XIX. Au reste, & dans l'Etat de
Nature, & dans l'Etat Civil, il eſt toûjours
permis de ſe défendre avec les précautions

éta-

établies ci-deſſus, contre toute perſonne qui
attaque nôtre vie, ſoit, qu'elle le faſſe *malicieuſement* & de propos délibéré, ou *ſans
en avoir le deſſein*; comme, comme par
exemple, ſi l'on court riſque d'être tué par
un Furieux ou un Lunarique, ou par un
homme qui nous prend pour un autre, dont
il eſt Ennemi. Car il ſuffit que celui de la
part de qui on eſt expoſé à ce péril, (1)
n'aît aucun droit de nous attaquer, ou de
nous tuer, & que rien ne nous oblige
d'ailleurs à ſouffrir la mort ſans aucune néceſſité.

§. XX.

§. XX. (1) Cette raiſon eſt déciſive, & elle ſuffit
pour réfuter la penſée de ceux qui prétendent, (comme fait, par exemple GROTIUS, *Droit de la Guerre
& de la Paix*, Lib. II. Cap. I. §. 9.) que les droits de
la juſte Défenſe de ſoi-même ceſſent, lors que l'Aggreſſeur injuſte eſt un Prince ou quelque autre perſonne revêtue d'Autorité dans la Société Civile. Mais du
moment qu'un Magiſtrat ou un Supérieur, quel qu'il
ſoit, ſe porte à cet excès de fureur, il ſe met en état
de Guerre avec celui qu'il attaque : les liens de la
Sujettion ſont rompus; & le Sujet ou l'Inférieur, qui
n'a ni prétendu ni pû s'engager à porter juſques-là
ſon obéiſſance, rentre dès-lors dans tous les droits de
la Nature. Voiez ce que l'on dit, après Mr. *Van der
Meulen*, dans la BIBLIOTHE'QUE UNIVERSELLE, Tom.
XIII. pag. 143, & ſuiv. En vain allégueroit-on l'avantage de la Société, qui ſeroit troublée par une telle
réſiſtance à ceux qui en ſont les Chefs, ou qui ont
quelque part au Gouvernement. Car, outre que dans
l'épouvante où jette la grandeur du péril on ne ſauroit guéres penſer à faire de telles réflexions; on a
plûtôt lieu de préſumer que l'Aggreſſeur n'en demeu-
rera pas là, & que les autres perſonnes, qui dépendent de lui, doivent s'attendre à de pareilles violen-
ces, toutes les fois qu'il lui en prendra fantaiſie.

§. XX. Ce que nous avons dit ci-deſſus, qu'*il faut épargner la Vie d'un Aggreſſeur, quelque injuſte qu'il ſoit, lors qu'on peut ſe garantir du danger par quelque autre voie;* cette Maxime, dis-je, ne doit pas être priſe à la rigueur. Car le trouble où jette ordinairement la vûe d'un ſi grand péril, fait qu'on n'eſt guéres en état de chercher avec la derniére exactitude tous les moiens poſſibles de s'échapper, comme feroient ceux qui ſont de ſang froid & hors de toute crainte. Ainſi, comme il y auroit de la témérité à deſcendre d'un lieu où l'on eſt en ſûreté, pour ſe préſenter devant un homme qui nous menace, ou nous défie au combat : rien ne nous impoſe, d'autre côté, une Obligation indiſpenſable de prendre la fuite, lors qu'on ſe voit attaqué en platte campagne, à moins qu'on n'eſpére de trouver bien près de là une retraite aſſûrée ; & l'on n'eſt pas non plus tenu d'aller toûjours à reculons. Car en fuiant on s'expoſe à tous les traits de l'Aggreſſeur; & de l'un & de l'autre maniére on court riſque de tomber : outre que quand on a une fois perdu ſon avantage, il eſt difficile de le recouvrer.

Remarquons encore, que, comme on ne laiſſe pas de jouïr des priviléges d'une juſte Défenſe de ſoi-même, lors qu'on eſt volontairement ſorti de chez ſoi pour vaquer à ſes affaires, encore même que l'on eût pû éviter d'être inſulté en reſtant au logis : un homme me au contraire qui étant appellé en *Duel*, se trouve au rendez-vous, ne sauroit s'excuser par la nécessité de se défendre, lors qu'il est réduit ou à tuer son Antagoniste, ou à périr lui-même. Car les Loix lui défendant de s'exposer à un tel péril il ne doit être compté pour rien, & il n'empêche nullement qu'on ne soit coupable d'Homicide.

§. XXI. Le même droit que nous avons dit que chacun a pour la Défense de sa Vie contre un injuste Aggresseur, on l'a aussi pour la *Défense des Membres* de son Corps; de sorte qu'on est tenu avec raison pour innocent, lors qu'on a tué l'Aggresseur, quoi que peut-être il n'eût dessein que de nous priver de quelque Membre, ou de nous faire une blessure considérable. Car, outre que naturellement on a beaucoup d'aversion pour tout ce qui tend à nous mutiler, ou à offenser considérablement nos Membres; on aimeroit quelquefois presque autant perdre la Vie, qu'un Membre, sur tout s'il est des plus nobles. D'ailleurs, il n'est pas assûré, qu'on ne mourra pas de la mutilation ou de la blessure; & après tout une si grande patience est au dessus des forces du commun des Hommes: or les Loix n'exigent ordinairement rien de tel, sur tout lors que cela ne serviroit qu'à favoriser les entreprises des Scélérats.

De la Défense des Membres de nôtre Corps.

§. XXII. La *Défense de l'Honneur* auto-

De la Défense de l'Honneur.

G 3

rise encore à pousser les choses aussi loin, (1) que si l'on étoit attaqué dans sa propre Vie. En effet, on ne sauroit faire de plus sanglant affront à une honnête Femme, que de lui ravir malgré elle ce qui passe pour le plus bel ornement de son Sexe, & de la réduire à la dure nécessité de susciter, de son propre sang, de la lignée à un Homme qui la traite en Ennemi.

De la Défense des Biens.

§. XXIII. Pour ce qui est des *Biens*, dans l'indépendance de l'Etat de Nature, on peut les défendre jusqu'à tuer l'injuste Ravisseur; à moins qu'il ne s'agisse d'une chose de peu de (1) conséquence, qui ne vaille pas la peine qu'on s'empresse à la sau-

§. XXII. (1) Mr. BUDDEUS le nie, (dans ses *Elémens de Philos. Pratique*, II. Part. Chap. IV. Sect. III. §. 14.) & sa raison est, que *l'Honneur n'est nullement à comparer avec la Vie d'un Homme.* Mais une Femme n'a-t-elle pas tout à craindre d'un Homme qui en vient à cet excès de brutalité? D'ailleurs, l'Honneur est un Bien non seulement irréparable, mais encore mis presque au même rang que la Vie parmi les Nations Civilisées. Et après tout un acte d'Hostilité comme celui-là, ne donne-t-il pas plein droit de se porter aux dernières extrémitez contre un Homme, qui, pour assouvir sa Passion, attente en même tems à l'Honneur & à la Liberté d'une honnête Femme?

§. XXIII. (1) Le même Auteur, que je viens de citer, prétend, au même endroit, qu'on ne peut légitimement tuer un Voleur, que *quand il veut nous enlever des choses si considérables, qu'il ne nous resteroit plus après cela dequoi vivre.* Mais ce Savant Homme ne détruit pas les principes & les raisons de nôtre Auteur, que l'on peut voir plus au long dans le gros Ouvrage dont celui-ci est l'Abrégé, *Liv. II. Chap. V. §. 16.*

fauver. En effet, les Biens font abfolument néceffaires pour la confervation de
nôtre Vie; & celui qui veut nous les enlever injuftement, ne fe montre pas moins
nôtre Ennemi, que s'il attentoit directement à nôtre Vie.

Mais dans une Société Civile, où l'on
peut, par le fecours du Magiftrat, recouvrer ce qui nous aura été pris, chacun
n'a pas pour l'ordinaire une permiffion fi
étenduë de défendre fes Biens par les voies
de la force; à moins qu'on ne fe trouve
dans des circonftances où il n'y ait pas
lieu d'efpérer que l'on puiffe appeller en
Juftice le Ravifleur : & c'eft pour cette
raifon qu'il eft permis de tuer un Brigand,
un Corfaire, & un Larron de nuit.

§. XXIV. VOILA` pour ce qui regarde
la Défenfe de foi-même contre ceux qui
nous attaquent injuftement. Mais il y a
un cas où l'Aggreffeur même aquiert à
fon tour le droit de fe défendre; c'eft lors
qu'après avoir offert à l'Offenfé la réparation du Dommage, avec toutes les fûretez
néceffaires pour l'avenir, celui-ci, par l'effet d'un reffentiment implacable, refufe
une fi raifonnable fatisfaction, & veut à
quelque prix que ce foit tirer vengeance
par les armes de l'Injure qu'il a reçue,
mais qui devoit être effacée par le repentir de l'Aggreffeur.

§. XXV. LE foin de nôtre propre Con-
G 4   fer-

Quand c'eft
que l'Ag-
greffeur a-
quiert à
fon tour le
droit de fe
défendre?

Du droit &
des privi-
léges de la
Néceffité.

fervation dont nous venons de traiter, a de fi grands priviléges, qu'il exemte, en plufieurs cas particuliers, de l'Obligation d'obferver certaines Loix générales. C'eft le fondement de la Maxime commune, *Que la Néceffité n'a point de Loi.* (a)

(a) *Droit de la Nat. & des Gens,* Liv. II. Chap. VI.

En effet, l'Homme étant porté avec tant d'ardeur à fe conferver par toutes fortes de voies ; on ne préfume pas fans de grandes raifons, qu'il foit foûmis à une Obligation fi indifpenfable, qu'elle doive l'emporter fur le foin de fa propre Confervation. J'avoue que Dieu non feulement, mais les Souverains même peuvent, lors qu'il s'agit de quelque chofe de grande conféquence, exiger qu'on ne s'écarte pas le moins du monde des Loix qu'ils nous impofent, quand même il faudroit mourir pour ne pas les violer : mais ils ne prétendent pas toûjours qu'on porte l'obéïffance fi loin. Car les Auteurs des Loix, & de tous les Etabliffemens humains, s'étant propofez fans contredit de contribuer par là à la fûreté ou à l'avantage des Hommes, font cenfez ordinairement avoir eû devant les yeux la conftitution de la Nature Humaine, & le panchant invincible qui nous porte à fuir & à éloigner tout ce qui tend à nous détruire. C'eft pourquoi on fuppofe d'ordinaire que dans toutes les Loix, fur tout fi elles font purement Pofitives, & dans tous les Etabliffemens Humains, les Cas de Néceffité font tacitement

ex-

exceptez, en forte qu'elles n'obligent point,
lors que leur obfervation feroit fuivie de
quelque Mal deftructif de nôtre nature; ou
du moins affez grand pour furmonter la fermeté ordinaire de l'Efprit Humain; à moins
que le cas, dont il s'agit, ne foit compris
dans la Loi ou expreffément, ou par une
conféquence néceffaire tirée de la nature
même de la chofe.   Ainfi la Neceffité ne
donne pas droit de violer directement la
Loi, c'eft-à-dire, de pécher : mais il faut
dire, que l'intention du Légiflateur favorablement interprétée, & la confideration des
forces de la Nature Humaine, font préfumer raifonnablement, que les Cas de Néceffité n'ont jamais été renfermez dans l'é-
tendue de la Loi, quelque généraux qu'en
foient les termes pris à la lettre.   En voici
quelques exemples.

§. XXVI. LE droit que chacun a fur les
Membres de fon Corps, ne s'étend pas à
pouvoir les endommager ou les détruire
toutes les fois qu'il lui en prendroit fantaifie:
mais on peut certainement *fe faire couper
un Membre attaqué d'un mal incurable,*
pour empêcher que le Corps entier ne pé-
riffe, ou que le mal ne gagne les parties fai-
nes, ou que ce Membre n'étant déformais qu'une dépendance, pour ainfi dire,
fuperflue, ne mette inutilement tous les
autres Membres hors d'Etat de faire leurs
fonctions.

Exemples des Cas de Néceffité. 1. Du droit qu'elle nous donne fur nos Membres.

§. XXVII.

§. XXVII. SUPPOSONS que, *dans un Naufrage, pluſieurs perſonnes ſe ſoient jet-tées dans une petite Chaloupe*, qui n'appar-tienne pas plus aux uns qu'aux autres, & que la Chaloupe ne ſoit pas aſſez forte pour les porter tous. En ce cas-là il faut, ce me ſemble, tirer au ſort, qui ſeront ceux que l'on chaſſera: & ſi quelcun refuſe de ſe ſoûmettre à la déciſion du Sort, on eſt en droit de le jetter dans la Mer, ſans au-tre forme de procès, comme un homme qui veut, entant qu'en lui eſt, faire périr tous les autres.

§. XXVIII. SI *deux Hommes ſont enve-loppez dans un danger preſſant, où l'un & l'autre doive périr ſans reſſource*, l'un d'eux peut, pour ſe ſauver, faire quelque choſe qui avancera un peu la mort de l'autre, la-quelle ſans cela ne ſeroit pas moins inévita-ble. Par exemple, je tombe dans la Ri-viére, avec un autre qui ne ſait point na-ger. Celui-ci, comme fait ordinairement une perſonne qui ſe noie, m'embraſſe & me tient ſerré. Cependant je ne ſuis pas aſſez fort pour le porter en nageant, & pour le tirer de l'eau avec moi. En ce cas-là, il m'eſt permis ſans contredit de faire tous mes efforts pour me débarraſſer de cet homme-là, & pour ne pas me noier de compagnie, quoi que j'euſſe pû le ſoûtenir en quelque ſorte hors de l'eau pendant quel-ques minutes.

Si, dans un Naufrage, je me suis saisi d'une planche qui ne sauroit tenir deux perfonnes, & qu'un autre veuille s'y mettre avec moi; je puis, pour ne pas périr avec lui, empêcher de toutes mes forces qu'il ne se jette sur ma planche.

Deux hommes qui fuient en même tems, se trouvent talonnez de si près par l'Ennemi, qu'ils ne sauroient éviter tous deux de tomber entre ses mains. Dans cette extrémité, rien n'empêche que l'un, pour sauver sa vie, ne ferme après soi une Porte, ou ne rompe derriére lui un Pont qui se préfente sur son chemin, laiffant par ce moien son camarade expofé à toute la fureur de l'Ennemi.

§. XXIX. LA Néceffité nous donne auffi droit *de mettre quelcun indirectement en danger de recevoir de nous quelque grand Mal, ou d'être même tué*, en forte qu'on ne se propofe pas directement de lui nuire, mais qu'on fait seulement une chofe d'où il y a apparence qu'il lui reviendra du préjudice, & à laquelle on ne se réfoudroit point, fi l'on trouvoit quelque autre voie pour se tirer d'affaires; faute dequoi on fait le moins de mal que l'on peut. Par exemple, un Ennemi, plus fort que moi, me pourfuit, à deffein de me tuer. En fuiant je rencontre au milieu d'un chemin fort étroit, par où il me faut néceffairement paffer, une perfonne, qui, après avoir été

aver-

4. D'un homme qui, pour se sauver, paffe sur le corps d'un Enfant, ou d'un Boiteux, qu'il trouve en son chemin.

avertie de fe tirer à l'écart, n'en veut rien faire, ou qui n'en a pas le tems, ou qui manque de terrein. Je puis alors la pouffer & la renverfer, pour m'ouvrir le paffage, quoi que felon toutes les apparences elle coure rifque d'en être dangereufement bleffée. Que fi celui qui fe trouve en mon chemin, eft hors d'état de fe retirer, même après en avoir été averti, par exemple, fi c'eft un Enfant, ou un Boiteux; je ferai du moins excufable de fauter par deffus fon Corps le plus doucement que je pourrai, ou à pied, ou à cheval, plûtôt que de donner le tems à l'Ennemi de m'atteindre. Ceux qui, en ces cas-là, fouffrent à nôtre occafion, doivent regarder leur accident comme un fimple Malheur, & le fupporter patiemment, fans fe fâcher contre nous. Mais fi quelcun étoit affez malicieux ou affez inhumain pour s'oppofer de propos délibéré à nôtre paffage, on pourroit alors le regarder comme un Ennemi déclaré, & l'attaquer directement, pour fe mettre au large, & pour éviter ceux dont on eft pourfuivi.

5. D'une perfonne qui prend le bien d'autrui, pour fubvenir à une extrême difette.

§. XXX. LORS *qu'une perfonne fe voit réduite, fans qu'il y ait de fa faute, à une extrême difette de vivres ou de vêtemens,* & qu'elle n'a pû obtenir des autres qui en ont abondance, ni par priéres, ni par argent, ni en leur offrant fon travail & fon induftrie, qu'ils lui fiffent part de leur fuperflu

perflu dans une fi preffante néceffité; elle
peut, fans fe rendre coupable de Larcin ou
de Vol, leur prendre quelque chofe ou en
cachette, ou de vive force; fur tout fi elle
le fait avec intention de les dédommager
aufli-tôt qu'elle en aura le moien. En effet, la Loi de l'Humanité veut que l'on
fecoure ceux qui fe trouvent dans un tel
état. Or quoi qu'on ne puiffe pas ordinairement avoir recours aux voies de la force
pour fe faire rendre un fimple Devoir d'Humanité ou de Charité; dans une néceffité
extrême, cette forte d'Obligation change
de nature, & devient parfaite, de forte
qu'on aquiert un plein droit d'en exiger les
effets à la rigueur, tout de même que s'il
s'agiffoit de celles qui donnent toûjours par
elles-mêmes un droit parfait. Mais l'ufage
légitime du privilége que donne ici la Néceffité, renferme ces trois conditions.
1. Que l'on aît auparavant tenté toute autre voie imaginable, pour fubvenir à fes
preflans befoins fans prendre de foi-même
le bien d'autrui. 2. Que le Propriétaire de
ce que l'on prend ne fe trouve pas actuellement dans la même néceffité, que nous,
ou ne coure pas rifque par là d'y être bien
tôt réduit. 3. Enfin, que l'on ne manque
pas de reftituer, aufli-tôt qu'on fera en état
de le faire; fur tout fi celui, à qui l'on a
pris quelque chofe, n'eft pas affez riche
pour nous le laiffer en don gratuit.

§. XXX.

6. Quel droit nous donne sur le bien d'autrui la nécessité de sauver le nôtre?

§. XXXI. ENFIN, la néceffité de fauver nôtre bien nous donne auffi *droit de gâter ou de détruire le bien d'autrui*, mais avec les reftrictions fuivantes. 1. Qu'il n'y ait pas de nôtre faute de ce que nôtre bien court rifque de périr. 2. Qu'on ne trouve point de voie plus commode pour le fauver. 3. Que l'on n'en vienne pas à cette extrémité, pour conferver une chofe de moindre valeur, que celle d'autrui qu'on veut ruïner. 4. Que l'on dédommage entiérement le Propriétaire, s'il y a lieu de croire que fans cela fon bien n'auroit couru aucun rifque; ou, fuppofé que ce bien n'eût pas laiffé de périr, que l'on fupporte une partie de la perte, après que le nôtre a été fauvé par là. On fuit ordinairement ces Régles d'Equité dans la détermination de ce que chacun doit contribuer, lors que pour éviter de faire Naufrage on jette dans la Mer une partie de la charge du Vaiffeau. De même, dans un Incendie, je puis abbattre la maifon voifine pour garantir la mienne du feu qui s'approche; après quoi les autres Voifins, dont les maifons ont été fauvées par là, doivent contribuer, auffi bien que moi, à dédommager le Propriétaire de celle qui a été démolie.

CHAPITRE VI.

Des DEVOIRS MUTUELS DES HOMMES;
*& prémiérement de la néceſſité indiſpen-
ſable* DE NE FAIRE DU MAL A PER-
SONNE, ET DE RE'PARER LE DOM-
MAGE QU'ON A CAUSE': *Prémier Devoir général de l'Homme par rapport à
tout autre.*

§. I. **P**ASSONS maintenant aux DEVOIRS
DE L'HOMME PAR RAPPORT
A'AUTRUI. Ils ſe réduiſent (*a*) en général à deux claſſes : l'une, de ceux qui ſont
uniquement fondez ſur les Obligations mutuelles que le Créateur impoſe en général à
tous les Hommes, conſidérez comme tels:
l'autre de ceux qui ſuppoſent quelque Eta-
bliſſement formé ou reçû par les Hommes,
ou quelque Etat (1) Acceſſoire. Les prémiers doivent être pratiquez par chacun envers tout autre : au lieu que les derniers
n'obligent que par rapport à certaines perſonnes, & poſé une certaine condition ou
un certain état. Ainſi on peut appeller
ceux-

Diviſion générale des Devoirs de l'Hom-me par rap-port à au-trui.

(*a*) *Droit de la Nat. & des Gens,* Liv. II. Chap. III. §. 23.

§. I. (1) *Status Adventitius :* c'eſt celui où l'on eſt mis
en conſéquence de quelque acte humain, ſoit en naiſſant, ou après être né. Tel eſt, par exemple, celui
où ſont l'un par rapport à l'autre, un *Pére,* & ſon
Fils; un *Mari* & ſa *Femme;* un *Maître* & ſon *Serviteur;* un *Souverain* & ſon *Sujet* &c.

ceux-ci des *Devoirs Conditionnels*, & les autres *Devoirs Abſolus*.

Qu'il ne faut faire du mal à perſonne. Prémier *Devoir Abſolu.*

(a) *Droit de la Nat. & des Gens,* Liv. III. Chap. I.

§. II. LE (a) *prémier Devoir Abſolu*, ou de chacun envers tout autre, c'eſt QU'IL NE FAUT FAIRE DU MAL A PERSON-NE. En effet, c'eſt le Devoir le plus général: car il n'y a perſonne qui ne puiſſe l'exiger, ou qui ne doive le pratiquer, préciſément entant qu'Homme. C'eſt auſſi le plus facile: car il conſiſte ſimplement à s'empêcher d'agir; ce qui ne coûte guéres, à moins qu'on ne ſe ſoit livré ſans retenue à des Paſſions violentes, qui réſiſtent aux lumiéres les plus pures du Bon-Sens. C'eſt enfin le plus néceſſaire: car ſans la pratique d'un tel Devoir il ne ſauroit y avoir de Société parmi les Hommes. En effet, quoi qu'on ne reçoive aucun bien d'une perſonne, & qu'elle ne daigne pas même faire avec nous une eſpéce d'échange des ſervices les plus communs, on ne laiſſe pas pour cela de pouvoir vivre paiſiblement avec elle, tant qu'il ne lui prend point envie de nous faire du mal en aucune maniére. C'eſt même tout ce qu'on exige ordinairement de la plûpart des Hommes; les commerces d'offices & de bienfaits ne s'étendent guéres qu'à un petit nombre de gens. Mais le moien de ne pas ſe brouiller avec ceux qui ne font point difficulté de nous nuire? Certainement l'Amour que la Nature inſpire à chacun, & pour lui-même, & pour ce qui lui

lui appartient, eft fi grand & fi invincible, qu'on ne fauroit s'empêcher de repouffer par toutes les voies imaginables quiconque entreprend de nous caufer du dommage ou en nôtre perfonne, ou en nos biens, ou en quelque autre chofe qui nous touche un peu de près.

§. III. CETTE Maxime tend donc à mettre en fûreté & à faire refpecter par les autres comme autant de chofes facrées, non feulement ce que nous tenons de la Nature mê-me, par exemple, nôtre Vie, nôtre Corps, nos Membres, nôtre Honneur, nôtre Liberté; mais encore tout ce que l'on a aquis en vertu de quelque Convention & de quelque Etabliffement humain. Ainfi, à quel titre qu'une chofe nous appartienne légitimement, quiconque nous l'enléve, la gâte, l'endommage, nous en ôte l'ufage ou en tout, ou en partie, péche contre le Droit Naturel, qui veut, *qu'on ne faffe du mal à perfonne.* Et par là font défendues tacitement toutes les Actions Criminelles par lefquelles on nuit à autrui, de quelque maniére que ce foit, comme le *Meurtre*, les *Coups*, les *Bleffûres*, les *Rapines*, les *Extorfions*, les *Brigandages*, les *Vols*, les *Larcins*, la *Fraude*, la *Violence*, directe ou indirecte, médiate ou immédiate, & autres chofes femblables.

§. IV. DE LA il s'enfuit, que, SI L'ON A FAIT DU MAL OU CAUSE' DU PRE'JUDI-CE

Etenduë & importance de cette Maxime.

Confé-quence qui en réfulte,

H

c'eſt que, ſi l'on a cauſé du Dommage, il faut le réparer.

CE A' AUTRUI DE QUELQUE MANIE'RE QUE CE SOIT QUI PUISSE LE'GITIMEMENT NOUS ETRE IMPUTE'E, ON DOIT LE RE'PARER, AUTANT QU'IL NOUS EST POSSIBLE. Autrement, en vain la Loi défendroit-elle toute inſulte & toute Action nuiſible au Prochain, ſi lors qu'on auroit actuellement reçû du tort ou du préjudice, il falloit le ſouffrir patiemment, & laiſſer l'Offenſeur en paiſible poſſeſſion du fruit de ſon injuſtice. D'ailleurs, ſans la néceſſité de réparer le Dommage, les Hommes, méchans comme ils ſont, ne s'abſtiendroient jamais de ſe faire du mal les uns aux autres; & tant que la perſonne lézée n'auroit point obtenu de réparation, elle ne pourroit guéres ſe réſoudre à vivre paiſiblement avec l'Auteur du Dommage.

Ce que c'eſt que DOMMA-GE.

§. V. LE mot de DOMMAGE, à proprement parler, ne ſe dit qu'à l'égard des biens, ou des choſes extérieures que l'on poſſéde. Mais nous prenons ici ce terme dans un ſens plus étendu, qui comprend *tout endommagement, dégât, altération, diminution, vol ou ſouſtraction de ce que l'on poſſéde actuellement: toute uſurpation de ce que l'on pouvoit prétendre en vertu d'un Droit Parfait, ſoit qu'on tienne ce droit de la Nature, ſoit qu'on l'aît acquis par quelque acte humain, ou par quelque Loi: toute omiſſion enfin ou tout refus de ce que quelcun devoit faire pour nous en conſéquence d'une*
Obli-

Obligation Parfaite. Je dis *en conséquence d'une Obligation Parfaite:* car il feroit ridicule de fe croire véritablement lézé, pour être fruſtré d'une choſe à quoi l'on n'a qu'un droit imparfait, ou de prétendre quelque dédommagement de ce que l'on ne pouvoit fe promettre que comme un effet de la Libéralité ou de la Bénéficence d'autrui, & qui par conféquent ne fauroit être regardé comme *nôtre* avant qu'on l'aît actuellement reçû de celui qui n'eſt point tenu à la rigueur de nous le donner.

§. VI. L'ESTIMATION du Dommage tombe non feulement fur la *choſe* même, qui nous appartenant, ou nous étant dûe, fe trouve endommagée, détruite, enlevée ou fouſtraite par quelcun; mais encore fur les *Fruits* qui en proviennent, foit qu'on les eût déja recueillis, ou que n'étant pas encore en nature, le Propriétaire eût lieu de s'attendre à les percevoir: bien entendu qu'on en déduiſe auparavant les frais qu'il a falu faire pour la recolte. Cette *eſtimation des Fruits* que l'on eſpéroit, doit être plus ou moins haute, felon qu'on étoit plus ou moins éloigné du dernier terme d'un revenu incertain.

Comment fe fait l'eſtimation du Dommage.

Tout le mal qui provient par une fuite naturelle & néceſſaire du Dommage que l'on a cauſé directement, eſt auſſi cenſé faire partie d'un feul & même Dommage.

§. VII. ON cauſe du Dommage, ou *par*

De ceux que l'on

doit tenir pour *Au- teurs du Dommage.*

par foi-même immédiatement, ou *par au- trui.*

On eſt reſponſable du Dommage cauſé directement & immédiatement *par autrui*, lors que l'on a contribué à l'Action d'où il provient, ou en faiſant ce que l'on ne de- voit pas faire, ou en ne faiſant pas ce qu'on devoit faire.

Lors que pluſieurs ont concouru à une Action nuiſible au Prochain, il y en a quel- quefois un qui eſt cenſé la *Cauſe Principale;* les autres par conſéquent ne tenant lieu alors que de *Cauſe Acceſſoire:* quelquefois auſſi *tous marchent de pas égal.*

Chacun de ces divers Agens eſt tenu à proportion de ce qu'il a fait, de réparer le Dommage, pourvû qu'il en aît été vérita- blement la Cauſe, c'eſt-à-dire, s'il y a con- tribué ou en tout, ou en partie. Mais lors qu'on n'a pas contribué par un concours réel & direct à l'acte même d'où provient le Dom- mage; ſans avoir d'ailleurs ni rien fait aupa- ravant pour ſolliciter ou encourager l'Agent, ou pour procurer autrement l'exécution; ni tiré ſa part enſuite du profit qui en revient: quand même on auroit commis quelque au- tre Péché à l'occaſion de cet acte, on n'eſt point abſolument tenu à réparation. Tels ſont ceux qui ſe réjouiſſent du malheur où quelcun eſt réduit par l'injuſtice d'autrui; ceux qui louent, qui excuſent, ou qui juſ- tifient une méchante Action déja commiſe;

ceux

ceux qui ont souhaitté simplement qu'elle se
fit, ou qui, pendant l'exécution, à laquelle
ils ne contribuent rien, en font bien aifes,
ou y applaudiffent.

§. VIII. LORS que plusieurs personnes
ont effectivement concouru à une Action
d'où il résulte du Dommage, voici l'ordre qn'il faut fuivre dans le dédommagement.

Comment & dans quel ordre chacun eft tenu de ré- parer le Dommage auquel il a concouru ?

Ceux qui par leur Autorité, ou de quelque autre maniére dans laquelle il entre de
la Néceffité ou de la Contrainte, ont pouffé
quelcun à faire le mal, en font refponfables
les prémiers. L'Auteur immédiat de l'Action, qui n'a pû refufer le miniftére de fon
bras, ne paffe alors que pour un fimple inftrument. Mais fi l'Agent s'eft déterminé
au Crime fans l'impulfion d'aucune force
majeure, il répondra le prémier du Dommage, & après lui tous les autres qui y ont
contribué quelque chofe : de telle forte pourtant que, fi les prémiers en ordre ont déja
réparé le Dommage, les autres feront quittes de toute Obligation à cet égard ; ce qui
ne va pas de même à l'égard de la Peine
portée par les Loix.

Que fi une méchante Action a été produite par un complot de plufieurs perfonnes
dont chacune y contribue également, autant qu'en elle eft ; alors tous en général,
& chacun en particulier, font tenus folidai-
rement pour les autres ; en forte que, fi on

H 3   les

les prend tous , chacun à la vérité ne doit paier que ce qu'il a fait pour fa part : mais fi on n'en attrappe qu'un feul , il doit paier pour tous , & quand quelcun de ceux qui ont été arrêtez fe trouve infolvable, fa portion fe rejette fur les autres plus accommodez. Mais fi, fans aucun complot, plufieurs ont concouru à l'Action, & qu'on puiffe bien difcerner la part que chacun y a; chacun ne fera tenu de réparer le Dommage qu'à proportion de ce qu'il y aura contribué en fon particulier. En l'un & en l'autre cas, & généralement dans toute réparation d'un Dommage auquel plufieurs ont concouru, lors qu'un feul a entiérement fatisfait , tous les autres font tenus quittes.

§. IX. On eft dans une Obligation indifpenfable de réparer le Dommage , non feulement lors qu'on l'a caufé *malicieufement & de propos délibéré*; mais encore lors qu'on l'a fait fans une intention directe, & par l'effet d'une *fimple Négligence*, où l'on pouvoit aifément ne pas tomber. En effet, c'eft un des principaux Devoirs de la Sociabilité, que de fe conduire avec tant de circonfpection, que nôtre commerce ne foit point infupportable ni dangereux à autrui : outre que fouvent on eft dans des engagemens particuliers de prendre à cet égard toutes les précautions poffibles. Une Faute très-légére peut même fuffire pour rendre refponfable du Dommage, pourvû que la nature de la cho-

Du Dommage caufé par l'effet d'une pure négligence.

chofe, dont il s'agit, permette d'apporter la derniére circonfpection: qu'il n'y ait pas plus de la faute de celui qui reçoit le Domm-mage, que de celui qui le caufe : & qu'un mouvement impétueux ou un grand trou-ble de l'Ame, ou quelque autre circonf-tance, n'empêche pas de bien prendre garde à ce qu'on fait ; comme, par exem-ple, fi en remuant fes armes dans la chaleur du Combat on bleffe quelcun qui fe trouve près de nous.

§. X. MAIS fi on fait du mal à quelcun *par un cas purement fortuit*, & fans qu'il y ait de nôtre faute; on n'eft obligé à aucune réparation.   Car alors celui qui caufe le Dommage n'en étant que l'occafion inno-cente, & n'y aiant contribué en aucune ma-niére dont il foit refponfable ; pourquoi de-vroit-il fupporter la perte, plûtôt que celui fur qui elle tombe par l'effet d'un pur Mal-heur ?

§. XI. LORS qu'une *perfonne qui nous ap-partient* fait du mal à autrui, fans qu'il y ait même de nôtre faute, l'Equité Naturelle veut ou qu'on répare le Dommage, ou qu'on en livre l'Auteur.   En effet l'Efclave étoit naturellement tenu par lui-même du Dommage qu'il a caufé.   Comme donc il n'a point de biens en propre, fur lefquels on puiffe fe dédommager, & que fa perfon-ne même appartient à fon Maître, il eft jufte que celui-ci ou paie pour lui ou nous

Du Dom-mage cau-fé par *un cas fortuit.*

Du Dom-mage cau-fé par un *Efclave.*

H 4   le

le remette en nous donnant pleine liberté d'en faire ce que nous jugerons à propos. Sans cela les Esclaves seroient comme autorisez à insulter impunément tout le monde ; puis qu'on ne pourroit tirer aucune réparation ni d'eux, qui n'ont rien en propre, pas même leur personne, ni de leurs Maîtres. Et quand même un Maître voudroit, pour ce sujet, faire fouetter ou mettre en prison son Esclave, cela ne suffiroit point pour satisfaire celui qui a reçû le Dommage.

§. XII. Il est juste aussi, que, si une *Béte* cause du Dommage à autrui, sans qu'il y ait de la faute du Propriétaire, & encore même qu'elle s'effarouche contre le panchant naturel & ordinaire de celles de son Espéce; le Maître ou répare le Dommage, ou livre sa Bête. La raison en est, que, quand on a souffert quelque dégât ou quelque blessûre de la part d'une Bête qui n'est en propre à personne, & qui jouit pleinement de sa liberté naturelle, on peut se dédommager sur elle d'une maniére ou d'autre, ou en la prenant, ou en la tuant : or il n'y a nulle apparence que l'établissement de la Propriété ait dépouillé de ce droit naturel tout autre que celui à qui la Bête appartient. D'ailleurs, le Maître de la Bête en retire du profit, & moi j'en ai reçû du Dommage : or la réparation du Dommage est un titre infiniment plus favorable, que la continuation du gain; donc je puis légitimement exiger du Pro-
prie-

*Du Dom-
mage cau-
sé par une
Bête appar-
tenante à
quelcun.*

priétaire, ou qu'il me dédommage, ou, s'il ne veut pas racheter ſa Bête à ce prix-là, qu'il me la livre.

§. XIII. AU RESTE, lors qu'on a cauſé du Dommage *ſans deſſein*, mais en ſorte qu'il y a de nôtre faute, il faut, dès qu'on s'en apperçoit, offrir de ſoi-même une entiére réparation à celui qui l'a reçû, & lui témoigner qu'on ne l'a point fait malicieuſement ; de peur que nous regardant comme un Ennemi, il ne ſe diſpoſe à exercer à ſon tour contre nous des actes d'hoſtilité. Mais ſi l'on a cauſé du Dommage *malicieuſement* & de propos délibéré, il ne ſuffit pas d'en offrir la réparation de ſon pur mouvement; il faut encore demander pardon à la perſonne offenſée, & lui témoigner un ſincére répentir des mauvais ſentimens qui nous ont porté à l'inſulter. Celle-ci, d'autre part, après avoir eû ſatisfaction, doit accorder de bonne grace à l'Offenſeur le pardon qu'il lui demande, & ſe réconcilier de bonne foi avec lui. Car . ie ſe contentant pas de la réparation du Dommage, & des marques de répentir qu'on a reçues de l'Offenſeur, on cherche encore à ſe venger à quelque prix que ce ſoit, & à rendre le mal pour le mal; on ne peut ſe propoſer par là que de ſatisfaire un reſſentiment implacable, & par conſéquent on trouble ſans aucune néceſſité la Paix que chacun doit maintenir, autant qu'il eſt poſſible avec tous les Hom-

Devoirs reciproques de celui qui a cauſé du Dommage, & de celui qui l'a reçu. Combien la pure Vengeance eſt vicieuſe.

H 5   mes

mes. De forte que la Loi Naturelle condamne fans contredit la *pure Vengeance*, par laquelle on a uniquement en vûe de caufer du
chagrin, ou de la douleur à ceux qui nous
ont offenfé, & de fe procurer à foi-même
un plaifir inhumain par la penfée de ce qu'ils
fouffrent. Chacun doit d'ailleurs être d'autant plus porté à pardonner les Injures que
violant lui-même tous les jours les Loix du
Créateur & du Maître commun des Hommes, il a befoin, auffi bien que les autres, d'obtenir de lui le pardon de fes Péchez.

CHAPITRE VII.

De l'Obligation où font tous les Hommes DE
SE REGARDER LES UNS LES AUTRES
COMME NATURELLEMENT E'GAUX.
*Second Devoir général de l'Homme par
rapport à autrui.*

Que tous les Hommes doivent fe regarder comme naturellement égaux. Second Devoir Abfolu.

§. I. L'HOMME a non feulement un très-
ardent défir de fe conferver, mais
encore une haute *Eftime de foi-même*; dont
il eft fi jaloux, qu'il ne fauroit en voir rien
rabattre à autrui, fans en être fouvent auffi
irrité, que s'il recevoit du Dommage en fes
biens, ou en fa propre perfonne. Le feul
mot d'*Homme* emporte, dans fon Efprit,
une idée de grandeur & de dignité; de forte
que

que, pour rabattre l'infolence d'une perfonne qui nous infulte avec mépris, on a
toûjours cette derniére reffource toute prête,
que l'on croit fournir d'ailleurs un argument
fans replique : *Après tout, je ne fuis pas un
Chien ; je fuis Homme, auffi bien que toi.*
Comme donc la Nature Humaine fe trouve
la même dans tous les Hommes ; & que
d'ailleurs perfonne ne voudroit ni ne pourroit vivre en fociété paifible avec un autre
qui ne le regarderoit pas du moins comme
participant à une nature commune ; (a) le
Second Devoir Abfolu que la Loi Naturelle
prefcrit aux Hommes par rapport à leurs
femblables, c'eft que CHACUN DOIT ESTI-
MER ET TRAITER LES AUTRES COMME
AUTANT DE CRÉATURES QUI LUI SONT
NATURELLEMENT ÉGALES, c'eft-à-dire,
qui font auffi bien Hommes, que lui.

(a) *Droit de la Nat. & des G.* Liv. III. Ch. II.

§. II. CETTE *Egalité Naturelle* confifte
non feulement en ce que les *Forces* des Hommes faits font à peu près égales, de forte
que le plus foible peut tuer le plus fort, ou
par rufe & par embûches, ou par adreffe,
ou avec le fecours d'une bonne arme; mais
encore en ce que, quelque avantage que les
uns puiffent avoir fur les autres par rapport
à diverfes Qualitez Naturelles du Corps ou
de l'Efprit, on n'eft pas moins tenu pour
cela de pratiquer les Maximes du Droit Naturel envers ceux qui nous font inférieurs à
cet égard, qu'ils ne doivent eux-mêmes les
ob-

En quoi confifte l'*Egalité Naturelle,* dont il s'a-git.

obſerver envers nous ; & l'on n'a pas plus de droit de leur faire des Injures, qu'il ne leur eſt permis de nous en faire à nous-mêmes. Au contraire les perſonnes les plus diſgraciées de la Nature ou de la Fortune, peuvent prétendre auſſi légitimement que les autres qui en ſont favoriſées, une jouïſſance paiſible & entiére des Droits communs à tous les Hommes. En un mot, toutes choſes d'ailleurs égales, il n'y a perſonne, de quelque condition qu'il ſoit, qui ne puiſſe attendre ou exiger raiſonnablement des autres ce qu'ils attendent ou qu'ils exigent de lui ; & qui ne doive au contraire leur accorder par rapport à ſoi le même droit qu'il s'attribue par rapport à eux. La raiſon en eſt, que les Loix de la Sociabilité étant fondées ſur la conſtitution de la Nature Humaine commune à tous les Hommes, impoſent auſſi à chacun une Obligation également forte & indiſpenſable ; de ſorte qu'il n'eſt pas plus permis à l'un de violer le Droit Naturel à l'égard des autres, que ceux-ci n'ont la liberté de le violer à ſon égard.

Il y a encore quelques raiſons populaires, très-propres à illuſtrer l'Egalité Naturelle des Hommes : par exemple, Que tout le Genre Humain eſt deſcendu d'une ſeule & même tige : Que nous naiſſons, croiſſons, ſubſiſtons, & mourons tous de la même maniére : Que Dieu n'aſſûre à perſonne en ce monde une condition ou une félicité perpétuelle

&

& invariable &c. La Religion Chrétienne nous enseigne aussi, que ce ne font pas les Richesses, la Noblesse, ou la Puissance, qui procurent la faveur de la Divinité, mais une Piété sincére, qui peut se trouver dans les Petits, aussi bien que dans les Grands.

§. III. DE ce principe de l'Egalité Natu-relle des Hommes, il s'ensuit, que *quiconque veut que les autres s'emploient à lui faire quelque plaisir, doit à son tour tâcher de leur être utile autant qu'il dépend de lui.* En effet, prétendre se dispenser de rendre aucun service aux autres, pendant qu'on en exige de leur part, c'est supposer qu'il y a entr'eux & nous de l'inégalité.

De plus, les gens les plus propres à la Société, ce sont sans contredit ceux qui accordent volontiers à autrui ce qu'ils se permettent à eux-mêmes. Ceux-là au contraire font entiérement insociables, qui se croiant au dessus des autres, prétendent être les seuls à qui tout soit permis; exigent insolemment de plus grands honneurs ou une plus grande déférence que le reste des Hommes; & veulent s'approprier la meilleure & la plus considérable portion des biens communs, où ils n'ont aucun droit particulier. Il faut donc mettre encore au rang des Devoirs généraux de la Loi Naturelle: *Que quiconque n'a pas aquis un droit particulier, en vertu duquel il puisse exiger quelque préférence, ne doit rien*

pré-

Consé-quences qui résul-tent de cette *Ega-lité.* 1. Elle doit *rendre les Hommes commodes & complai-sans* les uns envers les autres.

prétendre plus que les autres, mais les laisser
au contraire jouïr également des mêmes droits
qu'il s'attribue à lui-même.

2. Elle sert
à faire voir
comment
on doit s'y
prendre
dans le
réglement
des droits
de plusieurs
personnes.

§. IV. LA considération de l'Egalité Naturelle des Hommes sert encore à découvrir comment on doit s'y prendre dans le *régle-* *ment des droits entre plusieurs personnes;* c'est *de les traiter comme égales, & de ne* *favoriser pas l'une plus que l'autre, tant qu'au-* *cune d'elles n'a point de droit particulier qui* *lui donne quelque avantage.* En violant cette Maxime par une honteuse Acception de personnes, on fait en même tems une grande Injustice, & un Outrage sanglant à ceux que l'on rabaisse sans sujet au dessous des autres; puis qu'on ne leur rend pas ce qui leur est dû, & qu'on les dépouille d'ailleurs d'un honneur que la Nature elle-même leur donnoit.

De là il s'ensuit, qu'*une chose qui est en* *commun doit être distribuée par portions éga-* *les entre ceux qui y ont le même droit.* *Que* *si elle n'est pas susceptible de division,* tous *ceux qui y ont un droit égal doivent en jouïr* *en commun;* & cela autant que chacun voudra, supposé que la nature de la chose le permette: sinon, avec une certaine mesure réglée, & à proportion du nombre de ceux qui doivent y avoir part, car en ce cas-là il n'y a pas d'autre moien de conserver l'Egalité. *Mais si la chose ne peut ni se partager,* *ni être possédée en commun par indivis, il*

faut

faut ou que chacun en jouïſſe tour à tour; ou bien, s'il n'eſt pas poſſible d'en jouïr de cette maniére, ou qu'on ne trouve pas d'ailleurs dequoi faire une juſte compenſation par quelque équivalent capable de dédommager ceux qui feront exclus de la choſe à laquelle ils avoient un droit égal, il faut que le Sort en décide, & que celui à qui elle écherra la retienne pour lui ſeul. En effet, on ne ſauroit trouver alors d'expédient plus commode que le *Sort*, qui éloigne tout ſoupçon de Mépris & de Partialité, & qui ne diminue rien de l'Eſtime des perſonnes auxquelles il ne ſe trouve pas favorable.

§. V. La vûe de l'Egalité Naturelle des Hommes doit auſſi nous détourner de l'*Orgueil*, qui conſiſte à s'eſtimer ſoi-même plus que les autres, ou ſans aucune raiſon, ou ſans un ſujet ſuffiſant; & dans cette prévention, à les mépriſer comme étant au deſſous de nous. Je dis, *ſans aucun ſujet:* car lorſqu'on a légitimement aquis un droit qui nous donne quelque Prééminence par deſſus les autres, on peut le faire valoir & le maintenir, pourvû qu'on évite avec ſoin toute vaine Oſtentation, & tout Mépris de nos Inférieurs. Ceux-ci, d'autre part, ne doivent pas nous refuſer la Préférence & les Honneurs que nous pouvons légitimement exiger d'eux. Du reſte la véritable *Généroſité* ou Grandeur d'Ame eſt toûjours accompagnée

3. Elle eſt un préſervatif contre l'*Orgueil*.

pagnée d'une honnête *Humilité*, produite
par la réflexion que l'on fait fur la foibleffe
de nôtre nature, & fur les fautes que l'on
peut avoir commifes par le paffé, ou que
l'on peut commettre à l'avenir, qui ne font
pas moindres que celles que les autres peuvent commettre : Humilité qui fait qu'on ne
s'eftime pas plus que les autres, dans la
penfée qu'ils peuvent, auffi bien que nous,
faire un bon ufage de leur Libre Arbitre,
qui eft la feule chofe qui dépende de l'Homme, & pour laquelle par conféquent il ait
un jufte fujet de s'eftimer ou de fe méprifer
lui-même.

Au refte, l'*Orgueil* n'eft pas feulement
ridicule, & honteux pour celui qui en eft
entaché ; y aiant de la Folie à s'eftimer foi-
même fans aucun fondement : il eft encore
fort injurieux à autrui, puis qu'à moins que
de prendre le refte des Hommes pour des
Sots ou pour des Duppes, on ne fauroit s'i-
maginer qu'ils veuillent donner leur Eftime
à une perfonne qui ne la mérite en aucune
maniére.

§. VI. On bleffe beaucoup plus l'Egalité
Naturelle des Hommes, lors que l'on témoigne quelque *Mépris* pour autrui par
des Signes extérieurs, tels que font les termes choquans, les expreffions injurieufes,
les actions offenfantes, un air ou un rire
moqueur, & en général tout Affront & tout
Outrage. Ces fortes d'Infultes font d'autant
plus

4. Elle doit détourner de tout ce qui fent l'*Outrage* ou le *Mépris* d'au-trui.

plus criminelles, qu'elles irritent furieuſe-
ment ceux qui ſe voient ainſi mépriſez, &
qu'elles les enflamment d'un ardent déſir de
Vengeance; en ſorte qu'on voit bien des
gens qui rompent entiérement avec celui de
qui ils ont une fois reçû une telle Offenſe,
& qui ne font pas même difficulté d'expoſer leur vie aux plus grands périls, plûtôt
que de laiſſer l'Affront impuni. Et il ne
faut pas s'étonner que les Hommes ſoient
ordinairement ſi ſenſibles aux Outrages;
puiſque tout Outrage donne quelque atteinte à celui de tous les Biens dont l'Eſprit
Humain eſt le plus jaloux, & qui le flatte
le plus agréablement, je veux dire la Gloire, & l'Eſtime de ſoi-même.

CHAPITRE VIII.

Des OFFICES COMMUNS DE L'HUMA-
NITÉ. *Troiſiéme Devoir général de
l'Homme par rapport à autrui.*

§. I. LE *troiſiéme Devoir général* auquel chacun eſt tenu envers toute
autre perſonne conſidérée uniquement comme Membre de la Société Humaine, (*a*)
c'eſt que CHACUN DOIT CONTRIBUER, AU-
TANT QU'IL LE PEUT COMMODÉMENT, A

Chacun doit contribuer, autant qu'il le peut commodément, à l'Utilité d'autrui.

Troiſiéme Devoir Abſolu.

(*a*) *Droit de la Nat. & des Gens.* Liv. III. Chap. III.

I L'U-

L'UTILITÉ D'AUTRUI. (1) En effet, la Nature aiant établi une eſpéce de Parenté entre les Hommes, il ne ſuffit pas de ne ſe point faire de mal les uns aux autres, & de ne témoigner aucun Mépris pour perſonne: il faut encore exciter & entretenir une Bienveillance mutuelle par un commerce agréable de Services rendus dans l'occaſion à quiconque en a beſoin.

Or on peut *procurer l'avantage d'autrui* ou *d'une maniére indéterminée*; ou *d'une maniére déterminée*, & cela ou *ſans qu'il nous en coûte rien*, ou *en y contribuant quelque choſe du nôtre.*

§. II. ON procure l'avantage d'autrui *d'une maniére indéterminée*, en prenant ſoin de bien cultiver les Facultez de ſon Ame & de ſon Corps, pour ſe mettre en état d'être utile à la Société Humaine; ou en inventant, par ſon adreſſe & par ſon induſtrie, des choſes qui ſervent à augmenter les commoditez de la Vie. Ceux-là donc péchent manifeſtement contre la Loi Naturelle, qui n'embraſſent aucune Profeſſion honnête, & paſſent leur vie à ne rien faire, n'étant bons en ce monde qu'à boire & à manger, & à faire nombre. Il faut mettre au même rang ceux qui ſe contentant des biens qui leur viennent par ſucceſſion, croient qu'il leur eſt

Comment on procure l'avantage d'autrui d'une maniére indéterminée.

_____

(1) Ce Devoir n'impoſe qu'une *Obligation Imparfaite.* Voiez ci-deſſus, Chap. II. §. 14. Note 1.

eſt permis de s'abandonner à une lâche Oiſiveté, & de conſumer à leur aiſe ces fruits
du travail & de l'induſtrie d'autrui, qui leur
fourniſſent ſuffiſamment dequoi vivre.   On
peut dire la même choſe des gens, qui,
pourvû qu'ils aient dequoi paſſer à leur aiſe
le reſte de leur Vie, ne ſe mettent point en
peine de laiſſer quelque choſe à leurs Enfans ou à d'autres perſonnes avec qui ils
ont des liaiſons étroites : comme auſſi de
ceux qui, ſemblables aux Pourceaux, ne
font du plaiſir à perſonne que par leur mort :
en un mot de tous les autres de ce caractére, qui ne ſont que des poids inutiles de la
Terre, & que l'on doit regarder avec mépris, comme des Vaûriens.

§. III. MAIS pour ceux qui travaillent
de tout leur poſſible à ſe rendre utiles au
Genre Humain, perſonne ne doit concevoir
contr'eux une noire Envie, ni apporter le
moindre obſtacle au ſuccès d'un ſi louable
deſſein.   Que ſi on ne peut leur témoigner
autrement la Reconnoiſſance, il faut du
moins leur donner les louanges qu'ils méritent, & honorer leur mémoire ; car c'eſt la
principale Récompenſe des travaux de ceux
qui ſe conſacrent au ſervice du Public.

Quelle Reconnoiſſance on doit avoir pour ceux qui ſe rendent utiles au Public.

§. IV. ON procure l'avantage d'autrui
d'une maniére déterminée, lors que l'on
permet ou que l'on accorde à certaines perſonnes quelque choſe d'où il leur revient de
l'utilité.

Comment on procure l'avantage d'autrui d'une maniére déterminée, par les Offices d'une utilité innocente.

Cela se peut souvent *sans qu'il nous en coûte rien*, & sans que nous en recevions aucune incommodité, ou que nous prenions la moindre peine; & c'est ce qu'on appelle des *Services d'une utilité innocente*. Par exemple, de n'empêcher pas quelcun de boire ou de puiser dans une Eau courante: De laisser prendre du Feu au nôtre: De donner des Conseils sincéres à quiconque nous en demande: De remettre dans le bon chemin un Homme qui s'est égaré: & autres semblables Offices, d'où celui qui les reçoit retire quelque profit, sans que celui qui les rend en souffre le moins du monde. Ainsi, lors que l'on veut abandonner une chose qui se trouve ailleurs en grande abondance, ou que l'on ne peut plus garder commodément ; pourquoi aimeroit-on mieux la détruire ou la gâter, que de la laisser en état de servir à d'autres qui ne sont pas nos Ennemis? Il n'est pas permis non plus, après qu'on est bien rassasié, de dissiper les Vivres qui restent; ni d'ôter les Balises qui marquent les Ecueils & les Bancs de sable, ou les Mains qui montrent les Chemins sur terre, après s'en être servi soi-même pour se conduire. Il faut rapporter ici encore les petites Aumônes que les Riches font aux Pauvres: la courtoisie dont on use envers les Etrangers qui se trouvent dans nôtre Païs pour quelque sujet légitime, sur tout s'il leur est arrivé quelque malheur: &
autres

autres femblables Offices, qu'on ne fauroit refufer fans une déteftable Mefquinerie & une fouveraine Inhumanité.

§. V. MAIS il y a une maniére plus no- ble & plus glorieufe de rendre à autrui des Offices d'Humanité, qui confifte à faire gra- tuitement en faveur de quelcun, par une Bienveillance particuliére, quelque chofe qui demande de la dépenfe ou des foins pénibles, pour fubvenir à fes néceffitez; ou pour lui procurer un avantage confidérable. C'eft ce que l'on appelle des BIENFAITS par ex- cellence; dont l'exercice bien ménagé par une Grandeur d'Ame accompagnée de Pru- dence, fournit la plus belle matiére d'aqué- rir juftement de grandes Louanges. *Des Bien- faits pro- prement ainfi nom- mez.*

Or la fage difpenfation & la jufte mefure des Bienfaits dépend en général de l'état & de celui qui donne, & de celui qui reçoit. Sur quoi voici les principales Régles que l'on doit bien obferver. 1. *Il faut prendre garde qu'en croiant faire du bien à quelcun, on ne caufe du préjudice ou à lui-même, ou à d'autres.* 2. *On doit proportionner fes li- béralitez à fes facultez, & à fes forces.* 3. *Il faut rendre fervice à chacun, felon qu'il le mérite.* C'eft-à-dire, prémiérement à ceux de qui l'on a foi-même reçû quelque Bienfait: enfuite à ceux qui ont le plus be- foin de nôtre fecours: enfin à ceux qui ont avec nous des liaifons plus étroites. Il faut auffi avoir égard au plus preffant befoin de

I 3 cha-

chacun, & confidérer s'il peut fe paffer, ou non , de nôtre affiftance. 4. *La maniére d'exercer la Bénéficence & la Libéralité reléve beaucoup le prix des Bienfaits* , lors que l'on rend fervice d'un air joieux & empreffé, & avec des témoignages de Bienveillance.

§. VI. Les Bienfaits doivent naturellement produire dans le Cœur de celui qui les reçoit, des fentimens de Reconnoissance, qui le portent à témoigner avec plaifir qu'on l'a fenfiblement obligé, à intéreffer par cette raifon dans tout ce qui regarde fon Bienfaicteur; & à chercher les occafions de lui rendre la pareille, ou même davantage; finon, tout autant qu'il lui eft poffible. Je dis, *tout autant qu'il lui eft poffible:* car il n'eft point néceffaire de rendre précifément autant que l'on a reçû; mais la bonne volonté, & les efforts fincéres, quoi qu'impuiffans, peuvent nous aquitter d'une telle Obligation, & tenir lieu de compenfation fuffifante.

Mais on n'eft obligé à aucune Reconnoiffance, fi l'on a dequoi oppofer une exception raifonnable à ceux qui veulent mal-à-propos fe faire un mérite auprès de nous de certaines chofes. Car lors qu'un Homme, par exemple, m'a empêché de me noier, je ne lui en ai aucune obligation, fi c'étoit lui-même qui m'avoit jetté dans l'eau.

§. VII. Au reste, les Bienfaits étant par eux-mêmes très-capables de gagner le cœur des Hommes, cela nous engage d'autant plus
for-

fortement à la Reconnoiſſance : du moins qu'on a reçûs.
nous devons faire en ſorte que celui qui, comptant ſur nôtre honnêteté, nous a le prémier
obligez par quelque Service, ne s'en trouve
pas mal de nôtre côté; & que l'on ne reçoive jamais de Bienfait qu'avec intention de mettre
tout en œuvre pour empêcher que le Bienfaicteur n'aît lieu de ſe repentir de ce qu'il a fait
pour nous. En effet, ſi l'on ne veut pas a-
voir de l'obligation à quelcun, il ne tient
qu'à nous de refuſer ſes Services. Et au
fond, ſans la néceſſité indiſpenſable que la
Loi de la Reconnoiſſance impoſe à quiconque eſt en état de s'aquitter d'un ſi juſte Devoir, ce ſeroit pécher contre le Bon-Sens
que de jetter, pour ainſi dire, ſon bien au
hazard, & de répandre ſur des gen , de qui
l'on n'a jamais reçû aucun Service, des Bienfaits que l'on devroit regarder comme entiérement perdus, & comme n'engageans à
aucun retour. De ſorte que cela banniroit
du monde toute Confiance, toute Bienveillance, & par conſéquent toute Libéralité,
tout Service gratuit.

§.VIII. QUOI QUE l'*Ingratitude* ne renferme Combien l'*Ingratitu-de* eſt infa-me & o-dieuſe.
par elle-même aucune Injuſtice proprement
ainſi nommée ; le nom d'*Ingrat* renferme
néanmoins quelque choſe de plus odieux &
de plus infame, que celui d'*Injuſte*. La raiſon
en eſt, que l'on regarde comme l'effet d'une
Ame extrémement baſſe, de ſe déclarer ſoi-
même indigne par ſa conduite de l'opinion

avan-

avantageufe qu'un autre avoit conçue de nôtre Probité ; & de ne pouvoir être engagé
même par des Bienfaits, auxquels il n'y a
pas jufqu'aux Bêtes brutes qui ne foient fenfibles, à entrer dans des fentimens d'Humanité envers nos femblables.

Cependant on n'a pas pour l'ordinaire
action en Juftice pour une *fimple Ingratitude*,
c'eft-à-dire, contre ceux qui oublient fimplement les Services qu'ils ont reçûs, &
qui manquent de les reconnoître dans l'occafion. Car la meilleure partie du mérite du
Bienfait feroit perdue, fi l'on pouvoit pourfuivre un Ingrat, comme l'on pourfuit un
Débiteur ; & ce ne feroit plus un Bienfait,
mais un Commerce. D'ailleurs, la Reconnoiffance ne feroit plus fi belle & fi louable,
du moment qu'elle ne feroit plus libre. Enfin, tous les Tribunaux enfemble ne fuffiroient prefque pas pour connoître des Procès que produiroit cette feule Loi, qui donneroit action contre les Ingrats ; y aiant une
infinité de circonftances capables d'augmenter ou de diminuer le prix d'un Bienfait,
lefquelles par conféquent il feroit très-difficile de pefer avec quelque exactitude. A-
près tout, le but propre & naturel d'un Bienfait, c'eft d'un côté de fournir occafion à
celui qui le reçoit, de faire voir, par les effets d'une Reconnoiffance entiérement libre,
que ce n'eft pas pour éviter d'y être forcé,
ou par la crainte des Peines Humaines, qu'il
s'a-

s'aquitte de fon Devoir , mais uniquement
par un principe d'honneur , & par l'amour
de la Vertu : de l'autre , de montrer, en
n'exigeant rien de celui à qui l'on donne,
qu'on lui fait du bien uniquement pour remplir les Devoirs de l'Humanité, & non dans
aucune vûe d'intérêt.

Mais fi quelcun fe rend coupable d'une
Ingratitude compliquée, c'eſt-à-dire, fi l'Ingrat manque non feulement de Reconnoiſ-
fance , mais encore rend le mal pour le
bien , il mérite alors une punition d'autant
plus rigoureuſe , qu'il découvre un plus
grand fond de nôtre Malignité.

CHAPITRE IX.

*Des Devoirs de ceux qui entrent dans quel-
que* ENGAGEMENT *par des* PROMESSES,
ou par des CONVENTIONS.

§. I. DES *Devoirs Abſolus* de l'Homme
envers fes femblables, on paſſe
aux *Devoirs Conditionnels* par le moien des
ENGAGEMENS où l'on entre de foi-même
envers autrui. Car tous les Devoirs dont il
nous refte à parler, femblent fuppofer quelque Engagement volontaire, ou exprès, ou
tacite. (a) Il faut donc maintenant rechercher avec foin la nature & les Régles de ces
actes par lefquels on contracte de foi-même
quel-

Les *Enga-
gemens* où
l'on entre
de foi-mê-
me fervent
comme de
planche
pour paſſer
aux *De-
voirs Condi-
tionnels* par
rapport à
autrui.
(a) *Droit de
la* N. *& des*
G. Liv. III.
Chap. IV.

I 5

quelque Obligation où l'on n'étoit point auparavant.

§. II. Quoi que les Devoirs de l'*Humanité* ou de la *Charité* aient une grande étendue, on ne sauroit tirer de ce seul principe dequoi engager les Hommes à faire tout ce qu'ils peuvent les uns pour les autres. Tout le monde n'est pas assez généreux pour se porter à procurer, autant qu'il lui est possible, l'avantage d'autrui, par un pur motif d'Humanité, & sans être assûré de recevoir à son tour quelque chose d'équivalent. D'ailleurs, ce en quoi les autres peuvent nous accommoder est souvent de telle nature, qu'on n'oseroit l'exiger d'eux en pur don. Quelquefois aussi notre caractére ou nôtre condition ne nous permettent pas honnêtement d'avoir obligation à personne pour certaines choses. Ainsi il se trouve d'ordinaire ou que les autres ne sont pas en état de donner sans intérêt, ou que l'on ne veut pas recevoir d'eux sans une espéce d'échange. Outre que souvent ils ne savent pas même en quoi ils peuvent nous être utiles. Pour rendre donc plus fréquent, & en même tems plus régulier, ce commerce de services qui fait le lien & l'agrément de la Société, il étoit nécessaire que les Hommes traitassent ensemble au sujet des choses que les seules impressions des Loix de l'Humanité ne pouvoient pas toûjours leur faire attendre certainement les uns des autres.

Pour

Pour cet effet il falloit, que deux ou plufieurs perfonnes déterminaffent d'un commun accord ce que l'une feroit obligée de
faire en faveur de l'autre, & ce qu'elle devoit en attendre à fon tour, ou ce qu'elle
pourroit en exiger de plein droit. C'eft ce
qui fe fait par des CONVENTIONS, ou par
des PROMESSES.

§. III. LE Devoir général que la Loi Naturelle prefcrit ici, c'eft QUE CHACUN TIEN-
NE INVIOLABLEMENT SA PAROLE, ou qu'il
effectue ce à quoi il s'eft engagé par quelque Promeffe ou par quelque Convention.
En effet, fans cela on perdroit la plus grande partie de l'utilité qui revient au Genre
Humain d'un tel commerce de fervices.
D'ailleurs, fi l'on n'étoit dans une Obligation
indifpenfable de tenir ce qu'on a promis,
perfonne ne pourroit compter fur les fecours
d'autrui; on apprehenderoit toûjours un
manque de parole, qui auffi arriveroit très-
fouvent. Et de là il naîtroit mille fujets très-
legitimes de Querelles & de Guerres. Car
fi l'un des Contractans a déja effectué ce à
quoi il s'étoit engagé, & que l'autre ne
faffe pas de fon côté ce qu'il a promis; le
bien ou la peine du prémier eft entiérement
perdue pour lui. Que s'il n'y a rien encore
d'executé, il eft neanmoins fâcheux de voir
fes projets déconcertez & fes affaires en mauvais état, par l'Infidélité d'une perfonne à

On doit te-
nir inviola-
blement fa
parole.

qui

qui l'on s'étoit fié; car, fans cela, on auroit pû prendre d'autres mefures. Outre
qu'on a toûjours bien de la peine à digérer, d'être la duppe de quelcun, pour
l'avoir crû Honnête Homme.

Différence qu'il y a entre les Devoirs de l'Humanité, & ceux auxquels on eft tenu en vertu des *Promeffes* ou des *Conventions*.

§. IV. IL FAUT remarquer ici, que la
différence qu'il y a entre un fimple *Devoir d'Humanité*, & ceux auxquels on eft
tenu en vertu d'une *Convention*, ou d'une
Promeffe parfaite, confifte principalement
en ce que l'on n'a pas tort à la vérité
d'exiger les prémiers; & celui au contraire
qui ne les pratique pas dans l'occafion,
fait mal fans contredit : mais lors que
quelcun refufe de nous rendre de bonne
grace ces fortes de fervices, on n'eft pas
en droit de l'y contraindre ni par foi-même, ni par l'autorité d'un Superieur commun; on peut feulement fe plaindre de fa
Dureté, de fon Inhumanité, ou de fa Barbarie. Au lieu que, quand il s'agit de
ce qui eft dû en vertu d'une Promeffe
Parfaite ou d'ur.e Convention, on eft
pleinement autorifé à avoir recours, pcur
fe le faire rendre, aux voies de la Force
ou de la Juftice. Pour exprimer cela, on
dit que la derniére forte de chofes donne
un *Droit Parfait*, & l'autre un *Droit Imparfait*; à quoi répond, dans celui par rapport auquel on a quelque droit, une *Obligation* ou *Parfaite*, ou *Imparfaite.*

§. V.

§. V. ON (a) s'engage ou *par un acte obligatoire d'une part feulement*, ou *par un acte obligatoire des deux côtez.* C'est-à-dire que tantôt il n'y a qu'une feule perfonne qui entre dans quelque engagement envers une ou plufieurs autres: & tantôt deux ou plu-fieurs perfonnes s'engagent les unes envers les autres. Dans le prémier cas, c'eſt une *Promeffe Gratuite*; dans l'autre, une *Convention.*

Divifion génerale des Engagemens où l'on entre envers autrui.
(a) *Droit de la N. & des* G. Liv. III. Chap. V.

§. VI. LES *Promeffes* peuvent fe divifer en *Parfaites*, & *Imparfaites.*

Une *Promeffe Imparfaite*, c'eſt lors que l'on veut s'impofer à foi-même quelque O-bligation, fans prétendre néanmoins donner à celui envers qui l'on s'engage, aucun droit d'exiger à la rigueur ce qu'on lui a fait ef-pérer, ou de nous contraindre à tenir nô-tre parole. Par exemple, fi en promettant on s'exprime de cette maniére: *J'ai réfolu bien férieufement de faire en vôtre faveur telle ou telle chofe, & je vous prie de m'en croire:* le Promettant, en ce cas-là, femble être obligé à tenir fa parole plûtôt par les Loix de la *Véracité*, que par celles de la *Juſtice*, & il a voulu faire voir en s'engageant de cette maniére, qu'il prétend s'aquitter de fon Devoir par un pur principe d'honneur, & pour éviter un juſte reproche de Légéreté, fans avoir befoin d'être lié par l'Obli-gation indifpenfable qu'impofe le droit d'au-trui. Telles font les Promeffes des Grands,

Ce que c'eſt qu'une *Promeffe imparfaite.*

ou

ou de leurs Favoris, par lefquelles ils font efpérer, non en forme de compliment, mais avec des proteftations férieufes, de recommander quelcun ou d'intercéder pour lui auprès de quelque autre perfonne puiffante, de l'avancer dans les Emplois, ou de lui donner fon fuffrage dans quelque affaire : car ils n'entendent point que cet Homme-là ait droit d'exiger à la rigueur l'effet de leur parole, mais ils veulent qu'il en foit uniquement redevable à leur Sincérité & à leur Bonté; afin que la faveur étant plus libre, foit par là de plus grand prix.

§. VII. Mais une *Promeffe* eft *Parfaite*, lors qu'à l'Obligation que l'on s'impofe à foi-même on ajoûte un engagement plus étroit, par lequel on donne à celui, en faveur de qui l'on s'engage, un plein droit d'exiger à la rigueur l'effet de nôtre parole.

§. VIII. Il y a une chofe abfolument néceffaire pour rendre valables & obligatoires les Promeffes, auffi bien que les Conventions, c'eft le *Confentement volontaire des Parties.* (a) Car toute Promeffe & toute Convention aiant quelque chofe d'onéreux, par la néceffité qu'elle impofe de donner ou de faire ce à quoi l'on n'étoit point tenu, ou de s'abftenir de ce que l'on avoit droit de faire auparavant; on ne fauroit alléguer de raifon plus forte & plus immé-

Ce que c'eft qu'une Promeffe Parfaite.

Le Confentement eft abfolument néceffaire dans tous les Engagemens où l'on entre envers autrui.
(a) *Droit de la Nat. & des Gens.* Liv. III. Chap. VI.

médiate pour montrer que celui qui a promis ou traité n'a pas lieu de se plaindre de
la sujettion où il se trouve désormais à cet
égard, que de dire qu'il y a *consenti*, &
qu'il s'est mis volontairement lui-même dans
un Engagement qu'il ne tenoit qu'à lui de
ne pas contracter.

§. IX. CE *Consentement* se donne d'ordinaire à connoître par des *Signes*, tels que
sont les Ecrits, les Paroles, un mouvement
de tête ou quelque autre Geste expressif.
(a) Mais il y a des occasions, où, sans aucune de ces marques extérieures qui s'emploient ordinairement dans le commerce des
Hommes, on le déduit manifestement de
la nature même de la chose dont il s'agit,
& de diverses Circonstances. Quelquefois
même le *Silence*, considéré avec certaines
circonstances, passe pour une marque suffisante de Consentement. C'est le fondement
des *Conventions tacites*, qui se trouvent souvent jointes à une *Convention principale &
formelle* ; comme aussi des *Exceptions* &
des *Conditions tacites*, qui sont renfermées
& sousentendues dans la plûpart des Conventions.

§. X. POUR donner un Consentement
véritable & valide, il faut 1. *Avoir l'usage
libre de la Raison*, en sorte qu'on sache ce
que l'on fait, & qu'après avoir examiné si
la chose, à quoi l'on s'engage, n'est ni contraire à nôtre Devoir ou à nos intérêts, ni

Comment ou donne à connoître ce *Consentement.* Des *Conventions tacites.*

(a) *Droit de la Nat. & des Gens,* Liv. III. Chap. VL. 6.

Pour donner un véritable *Consentement*, il faut 1. *Avoir l'usage libre de la Raison.*

Des Pro-
meſſes
d'un *Im-
bécille*,
d'un *In-
ſenſé*, &
d'une *per-
ſonne yvre*.

au deſſus de nos forces, on ſoit en état de déclarer ſa volonté par des Signes ſuffi-ſans.

De là il s'enſuit, que les Promeſſes & les Conventions d'un *Enfant*, d'un *Imbé-cille*, & d'un *Inſenſé*, ſont entiérement nul-les: bien entendu, à l'égard de l'*Inſenſé*, que, s'il a des intervalles lucides, il peut s'engager valablement pendant tout le tems que ſa Démence lui laiſſe de relâ-che.

Les Promeſſes & les Conventions faites dans le Vin, ne ſont pas non plus valides, ſi l'*Yvreſſe* eſt telle, qu'on ne ſache plus ce que l'on fait. Car on ne peut point regar-der comme une marque de véritable Con-ſentement les mouvemens extérieurs, d'un Homme qui eſt pouſſé par une impétuoſité momentanée & entiérement aveugle, ou qui dans le tems que ſon Eſprit eſt, pour ainſi dire, détraqué, laiſſe échapper machi-nalement quelques ſignes qui marqueroient une libre détermination de ſa Volonté, s'il agiſſoit de ſang froid. Et il faudroit être bien impertinent, pour exiger l'accompliſ-ſement des Promeſſes faites par un homme en cet état-là, ſur tout ſi elles l'engageoient à quelque choſe de fort onéreux ou de fort incommode. Que ſi connoiſſant ſa facilité, on a cherché l'occaſion de le faire enyvrer, pour tirer enſuite de lui une telle Promeſſe, on ſe rendra de plus manifeſtement coupable

de

de Mauvaise Foi & de Tromperie. Cela
n'empêche pas que si, après que les fumées
du Vin ont été dissipées, cet Homme venant à apprendre ce qu'il a dit, le confirme
positivement, il ne soit obligé alors de tenir sa Promesse, non pas tant à cause de la
parole qu'il avoit donnée étant yvre, qu'à
cause de la ratification qu'il en fait de sens
rassis.

§. XI. P<small>OUR</small> ce qui est des *Enfans*;
comme les uns ont le Jugement formé plûtôt que les autres, on ne sauroit établir, par
le Droit Naturel, aucune Régle générale
qui fixe au juste la durée de l'Age où ils
sont incapables de contracter quelque Engagement; mais il faut, pour le connoître,
examiner avec soin les Actions & les démarches ordinaires de chaque Enfant en particulier. Les Loix Civiles de la plûpart des
Etats y suppléent en quelque maniére par
une détermination fixe d'un certain terme,
au delà duquel tous les Enfans sont censez
en Age de Discrétion. Il y a même plusieurs Païs, où, par un établissement très-
sage & très-utile, les Jeunes Gens ne peuvent point contracter d'Engagement valide,
sans l'approbation de quelque personne prudente, qui a soin de leur conduite & de
leurs affaires, jusques à ce qu'on aît lieu de
présumer que le feu de la Jeunesse soit passé. En effet, la Jeunesse, lors même qu'elle est en état de savoir ce qu'elle fait, & de

*Des Pro-
messes
d'un En-
fant, &
d'un Jeune
Homme.*

K   se

se déterminer avec connoissance, est fort sujette à se laisser emporter à des mouvemens impétueux & inconsidérez, facile à promettre, pleine d'Espérance, sensible à la réputation de Libéralité, empressée à se faire des Amis & à les cultiver par des actes éclattans de Générosité, peu susceptible enfin de Soupçons & de Défiance. Ainsi il y a presque toûjours beaucoup de Mauvaise Foi dans le procédé de ceux qui se prévalant de la facilité d'un Jeune Homme, veulent s'enrichir à ses dépens, par une stipulation d'où il résulte, à son préjudice, une Lézion que la foiblesse de son Jugement ne lui permet pas de prévoir, ou du moins de comprendre dans toute son étendue.

2. Pour consentir véritablement, il faut avoir les Connoissances nécessaires. Effet de l'Erreur en matiére de Promesses & de Conventions.

§. XII. Tout *Consentement* véritable suppose encore 2. *Que l'on ait les Connoissances nécessaires dans l'affaire dont il s'agit.* Ainsi l'*Erreur* exclut le Consentement requis dans les Conventions & dans les Promesses; sur quoi voici trois Régles dont il faut bien se souvenir.

I. *Lors que, dans une Promesse, on a supposé quelque chose, sans quoi on ne se seroit point déterminé à promettre; l'Engagement est entiérement nul par le Droit Naturel.* Car, en ce cas-là, on n'a point donné sa parole absolument, mais sous condition : ainsi du moment que la Condition supposée ne se vérifie pas, la Promesse ne peut que tomber & s'anéantir d'elle-même.

2. *Si*

2. *Si l'on a été porté par quelque Erreur* (1) *à faire une Convention ou un Contract, & que l'on s'en apperçoive pendant que la chose est encore en son entier, ou qu'il n'y a rien d'exécuté de part ni d'autre; il est juste sans contredit qu'on ait la liberté de se dédire;* sur tout lors qu'en traitant on a donné à entendre la raison qui nous y obligeoit, & que d'ailleurs l'autre Contractant ne reçoit par là aucun Dommage, ou que, s'il y en a, on est tout prêt de le réparer. *Mais si la chose n'est plus en son entier, & que l'Erreur se découvre seulement après que la Convention est déja accomplie ou en tout, ou en partie; celui qui s'est trompé ne peut plus rompre l'accord,* à moins que l'autre

Par-

§. XII. (1) Bien entendu que l'Erreur regarde quelque chose d'essentiel à la Convention, c'est-à-dire, qui ait une liaison nécessaire avec la nature même de l'affaire dont il s'agit, ou avec l'intention de l'un des Contractans notifiée dans le tems de l'Engagement, & reconnue de l'un & de l'autre comme une raison sans laquelle on ne conclurroit pas le marché: autrement, comme l'Erreur n'influe point sur le Contract, elle ne le rend point nul, soit qu'il y ait quelque chose d'exécuté, ou non. Par exemple, si croiant avoir perdu mon Cheval, j'en achéte un autre, que je n'autois point acheté sans cela; lors que je viens ensuite à retrouver le mien, je ne puis point obliger celui qui m'a vendu l'autre, à le reprendre, quand même il n'auroit ni délivré le Cheval, ni reçû le prix convenu: à moins qu'en concluant le marché je n'aie stipulé formellement, & non pas dit seulement par forme de conversation, que je n'achetois ce Cheval qu'en suppolant que le mien fût perdu. Voiez ce que j'ai dit sur le *Droit de la Nat. & des Gens;* Liv. III. Chap. VI. §. 7. Not. 2.

Partie n'y confente par pure honnêteté.

3. *Si l'Erreur fe trouve dans la chofe
même au fujet de laquelle on a traité; la
Convention eft nulle, non pas tant à caufe de cette Erreur, que* (2) *parce que
l'autre Contractant n'a point fatisfait aux
conditions de l'accord.* Car comme, dans
toute Convention, la chofe au fujet de laquelle on traite doit être connue, avec fes
qualitez; là où cette connoiffance manque
on ne fauroit concevoir qu'il y aît un véritable Confentement. Ainfi, du moment
qu'on s'eft apperçû de quelque défaut, celui qui fe trouveroit lézé par là peut (3) ou
rompre fon Engagement; ou obliger l'autre
Contractant à réparer le défaut; ou même,
s'il y a quelque fraude ou fimplement de la
faute de fa part, exiger de lui les Dommages & Intérêts.

Effet du
Dol ou de
la Fraude.

§. XIII. Mais lors qu'il y entre du *Dol,*
c'eft-à-dire, que l'on a été porté à traiter
par un effet de la *Fraude* & de la Mauvaife
foi

(2) Cette raifon eft, comme on voit, une fuite de
la prémiére. Ainfi il ne falloit pas les oppofer l'une
à l'autre.
(3) L'Engagement eft nul, lors que celui qui s'eft
trompé a eu principalement en vûe la chofe en quoi
il fe trouve de la méprife. Mais s'il n'a pas eu principalement en vûe cette qualité, quoi qu'il eût mieux
aimé qu'elle s'y rencontrât; la Convention fubfifte en
fon entier: il eft feulement en droit de demander un
dédommagement du défaut auquel il ne s'étoit point
attendu. Voiez ce que j'ai dit fur le *Droit de la Nat.
& des Gens.* Liv. III. Chap. VI. §. 7. *Not.* 4, 5.

foi d'autrui, voici les Régles par où l'on peut juger de ces fortes d'Engagemens.

1. *Si le Dol vient d'un tiers, fans qu'il y ait aucune collufion entre ce tiers & l'autre Contractant, l'affaire fubfifte en* (1) *fon entier;* fauf à la Partie lézée de pourfuivre l'Auteur de la tromperie, & de l'obliger à lui paier les Dommages & Intérêts.

2. *Si c'eft par le Dol de l'une des Parties que l'autre s'eft déterminée à promettre ou à traiter ; la Promeffe ou la Convention n'obligent alors en aucune maniere.*

3. *Si après s'être déterminé à traiter volontairement & avec une pleine délibération, on découvre enfuite du Dol en ce qui regarde l'affaire même, c'eft-à-dire, à l'égard de la chofe au fujet de laquelle on traite, ou de fes Qualitez, ou de fon Prix; la Convention eft nulle, en forte que l'on peut ou la rompre entiérement, ou, fi on le juge à propos, exiger un dédommagement du préjudice que l'on reçoit par cette tromperie.*

4. *Tout ce qui n'influe point fur l'effence de l'affaire, & dont on n'a pas fait mention expreffe dans le marché, n'annulle point une Convention d'ailleurs dans les formes;*

quand

§. XIII. (1) Bien entendu que le motif, qui par un effet du *Dol* de ce tiers, nous porte à promettre ou à traiter, n'ait aucune liaifon néceffaire avec le fond même de l'Engagement.

quand même on auroit tacitement compté
là-deſſus dans le tems de l'accord, ou
que l'on auroit été adroitement entretenu
dans cette penſée par l'autre Contractant
juſques à la concluſion entiére du Contract.

3. Pour
donner un
véritable
Conſente-
ment, il
faut *agir*
avec une
entiére li-
berté. Si la
crainte
d'être
trompé an-
nulle l'En-
gagement?

§. XIV. 3. ENFIN, pour *conſentir* véritablement, il faut *agir avec une entiére liberté*,
& par conſéquent n'être point porté à promettre ou à traiter par la *Crainte* de quelque
Mal.

Il y a ici deux ſortes de *Crainte*. L'une
formée par des ſoupçons fort apparens, fondez ſur une diſpoſition vicieuſe de l'autre
Contractant, ou ſur des témoignages actuels
& manifeſtes de ſa mauvaiſe volonté à nôtre
égard, qui nous font vraiſemblablement appréhender de ſa part quelque deſſein de nous
tromper. L'autre qui conſiſte dans une fraieur extrême, produite par l'appréhenſion
d'un grand Mal dont on eſt menacé, ſi l'on
ne ſe réſout à promettre ou à traiter. Voici
ce qu'il faut dire au ſujet de la prémiére ſorte
de Crainte.

I. *Quiconque ſe fie aux Promeſſes ou aux*
Conventions d'une perſonne qu'il ſait ne faire
aucun ſcrupule de manquer de foi en quoi que
ce ſoit, & de violer les Engagemens les plus ſa-
crez, agit à la vérité avec beaucoup d'impru-
dence; mais cette raiſon ſeule ne ſuffit pas pour
faire que l'Engagement ſoit nul & de nul effet.

2. *Si, lors que tout eſt conclu & arrêté,*
on n'a aucun nouvel indice qui nous donne
lieu

lieu de craindre quelque tromperie de la part de l'autre Contractant ; on ne peut point se dédire sous prétexte de quelques défauts que l'on connoissoit en lui avant que de s'engager. Car puis que cette raison n'a point été suffisante pour nous empêcher de lui donner nôtre parole , elle ne sauroit non plus suffire pour nous dispenser de la tenir.

3. *Mais si, après la conclusion entiére de l'accord, on découvre par des indices certains, que l'autre Contractant ne pense qu'à se moquer de nous, lors que nous aurons effectué ce que nous nous étions engagez de faire en sa faveur ; il ne pourra pas nous y contraindre, qu'il ne nous ait donné auparavant de bonnes sûretez contre ce juste sujet de défiance.*

§. XV. A L'E'GARD de l'autre sorte de Crainte , il faut établir les Maximes suivantes.

De la Crainte d'un grand Mal.

1. *Lors que l'on s'est engagé à quelque chose envers une personne, pour se garantir d'un Mal fâcheux dont on étoit menacé de la part d'un tiers, sans que celui-ci fût sollicité par l'autre , ou qu'il y eût entr'eux de la collusion; l'Engagement est valide sans contredit.* En effet celui à qui l'on s'est engagé , n'a rien, en ce cas-là. qui le rende incapable d'aquérir quelque droit par rapport à nous: bien loin de là , il pourroit légitimement prétendre, indépendamment même de toute Convention, qu'on reconnût le service

K 4
qu'il

qu'il nous a rendu en nous délivrant du péril.

2. *Les Conventions faites par la crainte ou le reſpeɩ d'une Autorité légitime, ou par déférence pour quelque perſonne à qui l'on a de grandes obligations, ou à qui l'on eſt entiérement dévoué; ces Conventions, dis-je, ſubſiſtent auſſi dans toute leur force.*

3. *Mais toute Promeſſe & toute Convention à laquelle on eſt forcé par une Violence injuſte de celui-là même à qui l'on s'engage, eſt toûjours entiérement invalide.* Car alors l'injuſtice de l'autre Contraɩant le rend incapable d'aquérir par cet aɩe extorqué aucun droit par rapport à nous. D'ailleurs, chacun étant tenu de réparer le Dommage qu'il a cauſé; (1) celui à qui l'on paieroit ce qu'on lui a promis par force, devroit nous le rendre inceſſamment : ainſi nôtre Engagement eſt cenſé aboli de lui-même par une eſpéce de Compenſation.

§. XVI. Nous venons d'expliquer les conditions requiſes pour former un véritable Conſentement en matiére de Promeſſes & de Conventions. Mais cela ne ſuffit point pour

Le Conſentement d'une Partie ne lui impoſe actuellement aucune Obligation, ſans l'Acceptation ou le Conſentement réciproque de l'autre.

§. XV. (1) Cette fiɩion de droit n'eſt point néceſſaire. Le défaut de liberté dans celui qui a promis, & l'incapacité où eſt celui qui a fait promettre, d'aquérir aucun droit par un tel Engagement, ſuffiſent pour en faire voir invinciblement la nullité. Voiez ce que j'ai dit ſur le *Droit de la N. & des G.* Liv. III. Chap. VI. §. 10. *Note* 5. & §. 11. *Note* 6.

pour impofer actuellement quelque Obligation à l'une ou a l'autre des Parties: il faut
encore qu'il y aît un *Confentement mutuel*,
& de celui qui s'engage, & de celui en faveur
de qui il s'engage; en forte que, tant qu'il
n'y a point d'*Acceptation* de la part du dernier, la chofe promife demeure toûjours en
la difpofition de l'autre. En effet, lors qu'on
offre fon bien à quelcun, on ne veut ni le
lui faire prendre par force, ni l'abandonner
dès ce moment-là.   Si donc celui, envers
qui l'on veut s'engager, n'accepte point nos
offres, on ne perd rien du droit que l'on
avoit fur la chofe qu'il refufe. Il eft vrai que
quand la Promeffe a été précédée d'une demande de celui à qui l'on promet, la demande fubfifte, à moins qu'elle n'aît été
expreffément révoquée. Ainfi, en ce cas-là,
on eft cenfé, fans autre figne, avoir accepté par avance la Promeffe; bien entendu qu'elle réponde exactement à la demande: car s'il y a de 'la différence, il faut a-
lors une acceptation expreffe, parce que
fouvent une partie de ce que l'on demande ne fuffiroit pas pour fournir à nos befoins.

§. XVII. VOIONS maintenant quelle eft
(a) la *matiére* des Promeffes & des Conventions, c'eft-à-dire, quelles font les chofes auxquelles on peut s'engager valablement.

Il faut en général *que ce à quoi l'on s'en-*
gage

Des Enga-
gemens qui
regardent
quelque
chofe
d'*Impoffi-*
ble.
(a) *Droit*
de la Nat.
& des Gens,
Liv. III.
Chap. VII.

K 5

gage ne foit pas au deffus de nos forces, &
qu'il ne fe trouve d'ailleurs défendu par aucune Loi. Autrement, la Promeſſe eſt ou folle,
ou criminelle.

Perſonne ne peut donc s'engager à l'*Impoſſible*. Que ſi la choſe, que l'on regardoit
comme poſſible dans le tems de l'Engagement, devient enfuite impoſſible par quelque accident imprévû, fans qu'il y aît de
nôtre faute, la Convention devient nulle,
fuppoſé que la choſe foit encore en ſon entier. Mais lors que l'un des Contractans a
déja exécuté quelque choſe de ce à quoi il
étoit tenu, il faut lui rendre ce qu'il a
donné, ou l'équivalent. Que ſi cela ne ſe
peut, on doit du moins faire tous ſes efforts pour le dédommager d'une maniére
ou d'autre. Car, dans toute Convention,
on ſe propoſe prémiérement ce dont on
eſt convenu; &, au défaut de cela, quelque choſe d'équivalent; ou tout au moins
on entend de ne recevoir aucun Dommage.

Mais lors que de propos délibéré, ou par
l'effet d'une grande Négligence on s'eſt mis
foi-même hors d'état de tenir ſa parole,
on doit faire tous les efforts poſſibles pour
ſe délivrer de cette impuiſſance; & l'on peut,
outre cela, comme pour y fuppléer, être
légitimement condamné à quelque Peine.

§. XVIII. IL EST clair encore, que perſonne ne peut s'engager valablement à une *choſe
Illicite*. En effet, la force d'un Engagement
eſt

*De ceux
qui roulent
fur des cho-
ſes Illicites.*

eſt proportionnée à l'étendue du pouvoir qu'on a de faire ce à quoi l'on s'engage. Or un Légiſlateur, en défendant certaines choſes, ôte le pouvoir de les faire, & par conſéquent auſſi de s'engager à les faire. Car il implique contradiction de dire, que l'on ſoit indiſpenſablement obligé, en vertu d'un Engagement autoriſé par les Loix, à faire une choſe que ces mêmes Loix défendent. Ainſi c'eſt pécher que de s'engager à une choſe illicite; mais c'eſt pécher doublement, que de la tenir.

D'où il s'enſuit, qu'il ne faut pas tenir les Promeſſes, dont l'accompliſſement tourneroit au préjudice de celui en faveur de qui on les a faites. Car la Loi Naturelle défend de nuire à perſonne, quand même quelcun ſeroit aſſez ſot pour y conſentir.

De là il s'enſuit encore, que, quand on a fait une Convention qui roule ſur une choſe Illicite, aucune des Parties n'eſt obligée de tenir ſa parole. Lors même que l'un des Contractans a exécuté l'Action Criminelle à laquelle il s'étoit engagé, l'autre n'eſt point tenu de lui paier le Salaire qu'il lui avoit promis. On ne peut pourtant pas (1) redemander ce que l'on a déja donné pour

un

§. XVIII. (1) Cette déciſion n'eſt pas tout-à-fait juſte; puis qu'ici celui qui avoit donné ſon bien, s'en étoit dépouillé par un acte invalide & de nul effet. Voiez ce que l'on a dit ſur le *Droit de la N. & des Gens*, Liv. III. Chap. VII. §. 9. *Note* 1.

un tel fujet; à moins qu'il n'y aît eû de la tromperie de la part de celui qui a reçu, ou qu'il ne nous en revienne à nous-mêmes un Dommage exorbitant.

§. XIX. Il n'est pas moins certain, que l'on ne fauroit promettre ou traiter valide-ment au fujet de *ce qui appartient à autrui*, & qui n'eft point en nôtre difpofition. Que fi l'on promet *de faire en forte qu'un tiers*, à qui, comme on le fuppofe, on ne peut rien prefcrire d'autorité, *faffe telle ou telle chofe:* on s'engage par là feulement à ne rien négliger de tout ce qui eft moralement poffible, (c'eft-à-dire, autant que l'au-tre Partie peut l'exiger de nous honnête-ment, & autant que le permet la confti-tution de la Vie Civile) pour porter le tiers à faire ce que l'on donne lieu d'efpérer de fa part.

Lors qu'une perfonne a déja aquis quel-que droit fur nôtre Bien, ou fur quelcune de nos Actions, on ne peut non plus rien promettre là-deffus validement à un tiers, fi ce n'eft au cas qu'elle vienne à renoncer à fes prétenfions, ou qu'elle n'y en aît plus pour quelque autre raifon. En effet, lors que l'on s'eft une fois dépouillé de fon droit en fa-veur de quelcun, par une Promeffe ou par une Convention, il ne refte plus rien à cet égard que l'on puiffe légitimement transfé-rer à un autre. Et il n'y auroit point d'En-gagement qu'il ne fût très-facile d'éluder,

s'il

Des Enga-gemens au fujet de *ce qui appar-tient à au-trui*, ou de *ce qui eft déja engagé à quelque autre per-fonne.*

s'il étoit permis d'en faire un autre qui le détruisît, ou qui fût tel qu'on ne pût les accomplir tous deux en même tems. C'eſt le fondement de la Maxime commune: *Le prémier en datte, a le meilleur droit.*

§. XX. AU RESTE, il y a des *Engage-* *mens Abſolus,* (a) & des *Engagemens Con-* *ditionels*; c'eſt-à-dire, que l'on s'engage ou abſolument & ſans reſerve, ou en ſorte que l'on attache l'effet & la validité de l'Engagement à quelque événement, qui eſt ou purement fortuit, ou dépendant de la volonté humaine; ce qui a lieu ſur tout en matiére de ſimples Promeſſes.

Des Enga-
gemens con-
ditionnels.
(a) *Droit de
la Nat. &
des Gens,*
Liv. III.
Chap. VIII.

On diſtingue deux ſortes de *Conditions*; les unes *Poſſibles,* & les autres *Impoſſibles.* Les prémiéres ſe ſubdiviſent en *Caſuelles* ou *Fortuïtes,* dont l'exiſtence ne dépend point de nous; *Arbitraires,* dont l'effet dépend de celui-là même qui s'engage; & *Mixtes,* dont l'accompliſſement dépend en partie de la volonté de celui envers qui l'on s'engage, & en partie du hazard.

Les *Conditions Impoſſibles* ſont telles ou *phyſiquement,* ou *moralement parlant*; c'eſt-à-dire, qu'elles renferment des choſes qui ou ne ſauroient ſe faire naturellement, ou ſont défendues par les Loix & par les Régles de l'Honnête. Ces ſortes de Conditions, priſes dans le ſens le plus ſimple & le plus naturel, rendent négative la Propoſition qui ſemble renfermer une Promeſſe. Mais les
Loix

158   *Les Devoirs de l'Homme*

Loix Civiles peuvent établir, que, s'il s'agit de quelque affaire férieufe, elles foient cenfées n'avoir point été appofées; de peur qu'on ne fe moque des gens mal-à-propos par des actes qui ne doivent avoir aucun effet.

§. XXI. ENFIN, (a) on s'engage non feulement *par foi-même*, mais encore *par l'entremife d'un tiers*, que l'on établit pour interprète de nôtre volonté auprès de ceux à qui l'on promet, ou avec qui l'on traite. Lors qu'un tel Entremetteur ou Procureur a exécuté de bonne foi la Commiffion qu'on lui avoit donnée, on entre par là dans un Engagement valide envers l'autre Partie, qui l'a regardé comme agiffant en nôtre nom & par nôtre ordre.

Des Engagemens contractez par procureur.
(a) Droit de la N. & des Gens, Liv. III. Chap. IX.

§. XXII. IL NE nous refte plus rien à dire ni fur les *Devoirs Abfolus* des Hommes les uns par rapport aux autres: ni fur ceux qui fervent comme de planche pour paffer aux DEVOIRS CONDITIONNELS. Ceux-ci fuppofent, comme nous l'avons déja dit, quelque *Etabliffement Humain* fondé fur une Convention générale; ou bien quelque *Condition* ou quelque *état* particulier. Les principaux de ces établiffemens font, l'USAGE DE LA PAROLE, la PROPRIE'TE' DES BIENS, le PRIX DES CHOSES, & le GOUVERNEMENT HUMAIN. Parlons maintenant de chacun en particulier, & des Devoirs qui en réfultent.

Combien il y a d'Etabliffemens Humains, fur lefquels font fondez les Devoirs Conditionnels de l'Homme par rapport à autrui.

CHA-

CHAPITRE X.

Des Devoirs qui concernent L'USAGE DE LA PAROLE.

§. I. TOut le monde ſait combien la PAROLE eſt utile & néceſſaire pour le commerce de la Vie; & pluſieurs ont même conclu de la ſeule conſidération de cette Faculté dont l'Homme eſt enrichi, que la Nature le deſtine à vivre en ſociété avec ſes ſemblables. Afin donc que cet admirable inſtrument ſoit rapporté à ſon légitime uſage, & au deſſein du Créateur, on doit tenir pour une Maxime inviolable du Droit Naturel, DE NE TROMPER JAMAIS PERSONNE PAR DES PAROLES, NI PAR AUCUN AUTRE SIGNE E´TABLI POUR EXPRIMER NOS PENSE´ES.

On ne doit tromper perſonne par aucun des Signes établis pour exprimer nos Penſées.

§. II. POUR mieux (a) connoître la nature & les propriétez de la Parole, il faut remarquer, que, ſoit qu'on parle de vive voix ou par écrit, il y a ici deux Obligations diſtinctes. L'une, par laquelle ceux qui parlent la même Langue ſont tenus d'emploier les Termes ſelon le ſens qu'ils ont dans l'Uſage reçû. Car les Mots & les figures des Lettres ne ſignifiant pas naturellement telle ou telle choſe; autrement les ſons & les caractéres de toutes les Langues de-

*Prémier Devoir, concernant l'uſage de la Parole.
(a) Droit de la Nat. & des Gens, Liv. IV. Chap. I.*

devroient être parfaitement femblables: il faut de toute néceffité qu'entre ceux qui parlent une même Langue il y aît une (1) Convention tacite de fe fervir conftamment de certains Termes pour défigner certaines chofes; fans quoi il feroit impoffible de connoître par ce moien les Penfées les uns des autres. Et de là il s'enfuit, qu'encore que les Paroles puiffent ne pas répondre aux Penfées; cependant, dans le commerce de la Vie Humaine, chacun doit être cenfé vouloir ce qui eft renfermé dans le fens naturel des Termes dont il fe fert. Car comme on ne fauroit connoître que par des Signes extérieurs, ce qui fe paffe dans le Cœur d'autrui; la Parole deviendroit abfolument inutile, s'il étoit permis d'éluder la fignification commune des Termes, fous prétexte qu'ils ne s'accorderoient pas avec les Penfées, que chacun pourroit fuppofer telles que bon lui fembleroit.

Second Devoir. §. III. L'AUTRE Obligation, par rapport à l'ufage de la Parole, confifte à manifefter fes Penfées, en forte que ceux à qui l'on parle, puiffent les connoître clairement. Car chacun aiant la Faculté & de parler & de fe taire; & perfonne n'étant tenu de découvrir toûjours à tout le monde ce qu'il a dans

§. II. (1) Il vaut mieux dire, un Confentement tacite, où il n'entre rien d'obligatoire, à le confidérer en lui-même. Voiez fur le *Droit de la Nat. & des Gens*, Liv. IV. Chap. I. §. 5. *Note* 1.

dans l'Efprit: il faut qu'il y aît quelque O-
bligation particuliére, qui nous impofe une
néceffité indifpenfable & de parler, & de
nous exprimer de telle maniére, que celui
à qui l'on parle fache ce que nous penfons.
Or cette Obligation eft fondée ou fur *une
Convention particuliére*; ou fur quelque *Loi
générale du Droit Naturel*; ou fur *la nature même de l'affaire* au fujet de laquelle on
traite ou de vive voix, ou par écrit. En
effet, on exige fouvent de quelcun, par
une ftipulation expreffe, qu'il nous découvre fes Penfées en matiére de certaines chofes, comme, par exemple, quand un Profeffeur fe charge d'enfeigner une Science à
fes Difciples. Souvent auffi on eft obligé,
en vertu de quelque Maxime générale de la
Loi Naturelle, de communiquer aux autres
ce que l'on fait, foit pour leur procurer po-
fitivement quelque avantage, foit pour ne
pas leur caufer du mal ni directement ni par
occafion, ou pour détourner celui qui les
menace d'ailleurs. Quelquefois enfin l'affaire, dont il s'agit, eft de telle nature,
qu'on ne fauroit rien conclurre validement,
fi l'on ne découvre avec fincérité à l'autre
Partie ce que l'on penfe là-deffus; & c'eft
ce qui a lieu dans tous les Contracts.

§. IV. MAIS comme on ne fe trouve pas
toûjours engagé par quelcune de ces raifons
à découvrir aux autres tout ce que l'on a
dans l'Efprit; il eft clair qu'on n'eft tenu

On n'eft
pas toû-
jours tenu
de parler.

L   de

de parler ou de s'expliquer que quand il s'a-
git d'une chofe fur laquelle quelcun a un
droit ou *parfait* ou *imparfait* d'exiger qu'on
lui apprenne ce qu'on en fait. Ainfi chacun peut taire innocemment, quelques
queftions qu'on lui faffe, tout ce fur quoi
perfonne n'a droit de l'obliger à rompre le
filence, & qu'il n'eft pas d'ailleurs tenu
de découvrir lui-même de fon propre mouvement.

Il y a une
*Diffimula-
tion* inno-
cente.

§. V. BIEN PLUS: l'ufage de la Parole
aiant été établi non feulement pour l'avantage d'autrui, mais encore pour le nôtre; (1)
lors que la Diffimulation peut nous procurer quelque utilité, fans donner d'ailleurs
aucune atteinte aux droits de perfonne, on
peut fans fcrupule compofer fes difcours de
telle maniére, qu'ils donnent à entendre
toute autre chofe que ce qu'on a dans l'Efprit.

La *Feinte*
& les *Fic-
tions* font
quelque-
fois per-
mifes.

§. VI. ENFIN, comme ceux à qui l'on
parle fe trouvent quelquefois difpofez de telle maniére, que fi on leur difoit les chofes
telles qu'elles font, cela leur cauferoit du
préjudice, & nous mettroit hors d'état de
venir à bout d'une Fin légitime que l'on fe
propofe pour leur bien: en ces cas-là on
peut avoir recours à des Fictions, ou à des
dif-

§. V. (1) Voiez ce que j'ai dit fur le *Droit de la
Nat. & des Gens*, Liv. IV Chap. I. §. 7. dans une grande Note, que je pourrai défendre aifément, quand
je le jugerai à propos.

discours qui ne repréfentent pas directement à ceux qui nous écoutent nos penfées & nôtre intention. Car lors que l'on veut & que l'on doit rendre fervice à quelcun, on n'eft pas obligé de prendre pour cet effet une voie par laquelle on ne fauroit réuffir.

§. VII. C E S principes pofez, il eft aifé de fe faire une idée jufte & précife de la VERITE', ou de la *Véracité*, pour laquelle les Honnêtes Gens ont un attachement fi inviolable. Cette Vertu confifte donc à *faire en forte que nos Paroles repréfentent fidélement nos Penfées à ceux qui ont droit de les connoître, & auxquels nous fommes tenus de les découvrir en vertu d'une Obligation ou Parfaite ou Imparfaite; & cela, foit pour leur procurer quelque avantage qui leur eft dû, foit pour ne pas leur caufer injuftement du Dommage.*

En quoi confifte la *Vérité* que tout le monde eft tenu de dire.

§. VIII. LE MENSONGE, au contraire, confifte *à s'exprimer, de propos délibéré, d'une maniére qui ne réponde pas à ce que l'on a dans l'Efprit, quoi que celui à qui l'on parle aît droit de connoître nos Penfées, & que l'on foit obligé de lui en fournir les moiens, autant qu'il dépend de nous.*

Ce que c'eft que le Menfonge.

D'où il paroit, pour le dire en paffant, que l'on ne *ment* pas toutes les fois qu'on parle, même de propos délibéré, d'une maniére qui n'eft pas conforme ou aux chofes,

ou à nos propres penſées; & qu'ainſi la *Vé-*
rité Logique, qui conſiſte dans une ſimple
conformité des paroles avec les choſes, ne
répond pas toûjours à la *Vérité Morale*.

Exemples
de Fictions
innocen-
tes.

§. IX. SUR ce pied-là, il ne faut point
accuſer de *Menſonge*, ceux qui ſe ſervent
de fictions & de Fables, pour inſtruire les
Enfans, ou autres perſonnes qui ne ſont
pas en état de goûter la Vérité toute nuë:
ni ceux qui inventent quelque choſe de faux
pour une bonne fin, à laquelle ils ne ſauroient parvenir ſans cela; pour mettre à couvert, par exemple, l'Innocence d'une perſonne; pour appaiſer un Homme en colére;
pour conſoler les Affligez; pour relever le
courage abbattu d'une perſonne effraiée;
pour faire prendre quelque reméde à un Malade; pour vaincre l'Opiniâtreté de quelcun;
pour faire échouer les mauvais deſſeins d'autrui; pour cacher les ſecrets de l'Etat, &
les entrepriſes dont il importe de dérober la
connoiſſance au Public, & pour faire di-
verſion à l'importune Curioſité de certaines
gens; pour tromper par quelque Stratagê-
me un Ennemi contre qui l'on a plein
droit d'agir à force ouverte; & autres cas
ſemblables, dans leſquels on peut ſe procurer à ſoi-même ou procurer à autrui, une
utilité entiérement innocente.

Toute E-
quivoque
& toute
Reſtriction

§. X. MAIS toutes les fois que l'on eſt
dans une Obligation indiſpenſable de découvrir ſes Penſées à autrui fidélement &
ſans

fans détour; on ne fauroit, fans crime, ni ſupprimer une partie de la Vérité, ni uſer d'*Equivoques*, ou de *Reſtriſtions men-tales.*

CHAPITRE XI.

Des Devoirs de ceux qui uſent du SERMENT.

§. I. LE (*a*) SERMENT eſt regardé com-me une eſpéce de ſûreté, qui don-ne beaucoup de poids & de créance à nos Diſcours, & à tous les actes où la Parole intervient. Car c'eſt *un acte religieux par lequel on aſſûre une choſe en prenant Dieu à témoin, & déclarant que l'on renonce à ſa Miſéricorde, ou que l'on ſe ſoûmet aux ef-fets de ſa Vengeance, en cas que l'on ne di-ſe pas la vérité.* Or quand quelcun atteſ-te & conſent d'avoir pour Juge & pour Vengeur de ſon Menſonge ou de ſa Perfi-die, cet Etre Souverain qui peut tout & qui voit tout; il réſulte de là une forte préſom-tion de ſa Sincérité, fondée ſur ce qu'on ne croit pas d'ordinaire, ſans de très-grandes raiſons, qu'une perſonne ſoit aſſez impie pour oſer ſi inſolemment braver la Divini-té, & provoquer ſa Vengeance.

Le Devoir général que la Loi Naturelle preſcrit ici, c'eſt DE NE JURER QUE LE

Définition du *Serment*; & Devoir général de ceux qui font cet acte reli-gieux.
(*a*) *Droit de la Nat. & des Gens,* Liv. IV. Chap. II.

MOINS QU'ON PEUT , ET AVEC BEAUCOUP
DE CIRCONSPECTION ET DE RESPECT ; MAIS
DE TENIR INVIOLABLEMENT CE A' QUOI
L'ON S'EST ENGAGE' AVEC SERMENT.

Quel est le but & l'usage du Serment.

§. II. LE *but* & l'*usage* du Serment consiste principalement en ce qu'il a été établi afin que ceux, sur qui la crainte des Hommes ne paroîtroit pas capable de faire assez d'impression, soit à cause qu'ils seroient en état de braver ou d'éluder leurs forces, soit parce qu'ils pourroient se flatter d'échapper à leur connoissance ; fussent plus étroitement engagez à dire la vérité, ou à tenir leur parole, par la crainte d'une Divinité, qui peut tout & qui voit tout, & à la Vengeance de laquelle ils se soûmettent eux-mêmes, s'il se trouve qu'ils mentent ou qu'ils faussent leur Promesse de propos délibéré.

Le Serment doit toûjours se terminer à la Divinité.

§. III. COMME il n'y a que la Divinité qui aît une Connoissance & une Puissance infinies ; il est clair *qu'on ne sauroit, sans une absurdité manifeste, jurer par quelque Etre que l'on ne conçoit pas comme Dieu.* Que si, dans les Sermens, on fait souvent mention de certaines choses distinctes de la Divinité, par lesquelles on déclare que l'on jure ; cela veut dire seulement que l'on prie Dieu, au cas qu'on vienne à se parjurer, de déploier sa Vengeance sur ces sortes de choses, comme celles qui nous sont les plus chéres, ou dont on fait le plus de cas.

§. IV.

§. IV. MAIS, de quelque formule qu'on se serve pour prendre a témoin la Divinité, & se soûmettre aux effets de sa vengeance, en cas que l'on jure à faux; *le Serment doit toûjours être réputé conforme à la Religion de celui qui le prête.* Car en vain feroit-on jurer quelcun par une Divinité qu'il ne reconnoit point, & qu'il ne craint point par conséquent. Personne aussi ne croit faire un véritable Serment, si les paroles dont on se sert pour lui en dicter la formule sont conçues d'une autre maniére, ou rapportées à la Divinité sous un autre nom, que ne le prescrit sa Religion, c'est-à-dire, selon lui, la seule vraie. Un Idolatre est obligé au contraire de tenir les *Sermens faits par ses faux Dieux*, mais qui dans sa pensée sont de véritables Dieux; &, s'il y manque, il commet certainement un Parjure. Car, quelque idée chimérique qu'il puisse se forger, il a toûjours devant les yeux l'idée générale de la Divinité: lors donc qu'il se parjure de propos délibéré, il viole, entant qu'en lui est, le respect que l'on doit à la Majesté Divine.

Il faut expliquer le Serment d'une maniére conforme à la Religion de celui qui jure.

§. V. AFIN qu'un Serment oblige en conscience, il faut encore *que l'on ait eû dessein de prendre véritablement à témoin la Divinité.* Ainsi l'on ne doit point être censé prêter Serment, lors que, sans avoir aucune intention de jurer, *on prononce une formule de Serment*, soit qu'on la recite

De l'intention de celui qui prête Serment.

L 4   sim-

fimplement, ou qu'on la dicte à un autre
en s'enonçant à la prémiére perfonne. Mais
toutes les fois que l'on témoigne un deffein
férieux de jurer, on eft lié par fon Serment,
quelque vaine échappatoire que l'on ait eû
dans l'Efprit pendant qu'on faifoit en apparence tout ce que peut faire une perfonne
qui jure. En effet, le Serment, & généralement toute autre maniére de s'engager à
autrui par quelque Signe extérieur, ne feroit
plus d'aucun ufage dans la Vie, fi, par une
Intention cachée, on pouvoit empêcher les
effets d'un acte qui a été établi pour produire
quelque Obligation.

§. VI. Le Serment, de fa nature, ne
produit point de nouvelle Obligation, propre & particuliére: il eft feulement ajoûté,
comme *un lien ou un motif acceffoire*, pour
rendre plus fort un Engagement déja valable par lui-même. En effet, toutes les fois
qu'on jure de faire une certaine chofe, on
fuppofe qu'en agiffant autrement on s'attireroit les châtimens de la Vengeance Divine. Or cela feroit ridicule, s'il n'étoit illicite d'agir autrement, (1) & par conféquent

(marginal note) Le Serment ne produit point de nouvelle Obligation, diftincte de l'Engagement même où l'on entre.

§. VI. (1) Cette raifon ne paroit pas bien jufte: car
le plus fouvent on jure & l'on s'engage en même tems
à quelque chofe, en forte que les paroles même de la
Promeffe renferment le Serment, comme quand on dit
*Je vous promets devant Dieu que je ferai cela ou cela en
vôtre faveur*: ainfi on ne fauroit alors conçevoir une
Obligation antécédente au Serment, & valable indépendamment de cet acte religieux. Mais voici la raifon
véritable & précife du fentiment de nôtre Auteur, que
je

quent fi l'on n'étoit déja obligé d'ailleurs de faire ou de ne pas faire ce à quoi l'on s'engage avec Serment.

D'où il s'enfuit, que nul acte accompagné de quelque vice qui le rend incapable de produire aucune Obligation, ne devient jamais obligatoire par l'interpofition du Serment: comme, d'autre côté, un Serment poftérieur n'annulle pas un Engagement valide, ni ne détruit point par conféquent le droit que cet Engagement avoit aquis à autrui. L'on a beau jurer par exemple, de ne pas paier une Dette, on n'eft pas pour cela quitte envers le Créancier.

On eft donc difpenfé de tenir fon Serment, lors que l'on a manifeftement fuppofé un fait qui ne fe trouve pas tel qu'on l'a crû; en forte que, fi l'on eût fû la chofe com-

je crois très-conforme à la Vérité: c'eft que, quoi que l'on prête Serment & que l'on contracte quelque Obligation en même tems, le Serment eft par rapport a l'Obligation ce que font les Modes ou les Accidens par rapport à la Subftance, fans laquelle ils ne fauroient fubfifter. En effet le Serment ne peut être regardé que comme un acceffoire, emploié pour la confirmation de l'engagement où l'on témoigne entrer. On ne promet rien à Dieu en le prenant à témoin: autrement il n'y auroit point de différence entre un Voeu & un Serment; & comment s'affûreroit-on que Dieu agrée & accepte de telles Promeffes? Ainfi du moment que l'Engagement, dont on avoit, pour ainfi dire, pris Dieu pour garant renferme quelque chofe qui le rend nul en lui-même; le Serment perd toute fa force: fur tout lors que l'on n'a juré que de bouche, comme il arrive apparemment à ceux de qui on extorque une Promeffe avec Serment, par la crainte de la Mort ou de quelque grand péril.

comme elle eſt , on ſe ſeroit abſtenu de jurer: ce qui a lieu ſur tout lors que celui, à
qui l'on juroit, nous a lui-même malicieuſement jetté dans l'Erreur. A plus forte raiſon
celui qui a extorqué un Serment par une
Crainte injuſte, n'aquiert aucun droit d'exiger ce à quoi l'on s'eſt engagé par force. Un
Serment eſt auſſi nul, lors que ce que l'on
a juré de faire, eſt Illicite ; & même lors
que l'on a juré de s'abſtenir d'une choſe
preſcrite par quelque Loi Divine , ou Humaine.

Enfin, le Serment ne change en aucune
maniére la nature & le fond des Promeſſes
ou des Conventions auxquelles il eſt ajoûté.
Ainſi les Sermens qui regardent quelque
choſe d'Impoſſible , n'obligent point. Une
Promeſſe Conditionelle ne devient pas Abſolue, pour être confirmée par Serment. Et
dans les Promeſſes faites avec Serment il
faut une Acceptation de la part de celui, à
qui l'on jure, tout de même que dans une
ſimple Promeſſe.

§. VII. MAIS voici quelle eſt la force propre & particuliére de l'interpoſition du Serment ; c'eſt que la violation du Reſpect que
chacun doit à la Majeſté Divine, qui ne ſauroit être ni trompée , ni impunément mo-
quée, fait regarder comme ſujets à une plus
rigoureuſe Peine ceux qui ſe rendent coupables d'une Infidélité accompagnée de Parjure, que ceux qui manquent ſimplement à
leur

En quoi conſiſte la force parti- culiére du Serment que l'on ajoûte à un Engage- ment, qui ſans cela ne laiſſe- roit pas d'être in- diſpenſa- ble.

leur parole. D'ailleurs, le Serment (1) exclut de l'interprétation des actes où il intervient, toute Chicane & toute vaine Subtilité.

§. VIII. IL ne faut pourtant pas toûjours donner aux paroles du Serment un sens aussi étendu qu'elles peuvent le recevoir ; mais on doit (1) quelquefois le restreindre, lorsque la nature même de la chose le demande: comme, par exemple, si le Serment a été fait par un principe de Haine ou d'Animosité; & si l'Engagement, pour la confirmation duquel on l'emploie, n'est pas tant une Promesse, qu'une Menace. Le Serment n'exclut pas non plus les Conditions & les Restrictions tacites, qui suivent de la nature même de la chose. Si l'on a juré, par exemple, d'accorder à quelcun tout ce qu'il souhaitteroit, & que là-dessus il nous demande des choses injustes, ou absurdes; on n'est point obligé de tenir un tel Serment. Car quand on fait une Promesse illimitée, comme celle-là, on suppose que celui, en faveur de qui l'on s'engage, demandera des choses honnêtes, ou moralement possibles, & non pas des choses extravagantes, ni

Le Serment n'exclut pas les restrictions & les conditions, qui suivent de la nature même de la chose.

---

§. VII. (1) Cela n'est pas particulier au Serment: quoi qu'il y aît plus de Crime à chercher des Chicanes & de vaines subtilitez dans un acte où l'on a fait intervenir le saint Nom de Dieu.

§. VIII. (1) Cela a lieu aussi dans les simples Promesses & les simples Conventions. Voiez les Notes sur le *Droit de la Nat. & des Gens.* Liv. IV. Chap. II. §. 13.

ni qui doivent être pernicieuſes ou à lui-même, ou à d'autres.

Les paro-
les du Ser-
ment doi-
vent être
entendues
au ſens que
les prend
celui qui le
défére.
§. IX. UNE autre Remarque qu'il y a à
faire ici, c'eſt que *les paroles du Serment,
priſes toutes enſemble, doivent être expliquées
dans le ſens que celui, qui défére le Serment, ou à qui l'on jure, a témoigné les entendre.* En effet, c'eſt ſur tout en ſa faveur
que ſe prête le Serment, & non pas en faveur de celui qui jure. C'eſt auſſi à lui à
preſcrire la formule du Serment, en termes
auſſi clairs qu'il eſt poſſible, déclarant ſans
équivoque de quelle maniére il les entend:
comme, d'autre côté, celui qui jure doit
aquieſcer à ce ſens bien compris, & l'exprimer ſi clairement, qu'il ne puiſſe l'éluder
par aucune vaine ſubtilité.

Diviſion
des Ser-
mens.
§. X. ON peut diſtinguer diverſes ſortes
de *Sermens,* ſelon leur différent uſage dans
la Vie Commune. Car on les ajoûte quelquefois aux Promeſſes & aux Conventions,
(1) pour les rendre plus ſacrées & plus in-
violables. Quelquefois on jure pour confir-
mer ce que l'on avance touchant un fait qui
n'eſt pas encore bien avéré, & qui ne ſauroit être éclairci par une autre voie plus commode : tel eſt le Serment qu'on exige des
Témoins, c'eſt-à-dire, de ceux que l'on pré-
ſume ſavoir la vérité ſur un certain fait ou
une

§. X. (1) Ceux-là s'appellent des *Sermens Obligatoires* (*Juramenta Promiſſoria*) & les autres des *Sermens
Affirmatifs* (*Aſſertoria*).

une Action d'autrui. Quelquefois auſſi une
perſonne qui a quelque différent ou quelque
Procès , jure elle - même pour le terminer,
ou par ordre du Juge , ou à la requiſition de
l'autre Partie,

CHAPITRE XII.

Des Devoirs qui concernent L'AQUISITION DE LA PROPRIÉTÉ DES BIENS.

§. I. TELLE eſt la conſtitution du
Corps Humain, qu'il a beſoin
de diverſes Choſes Extérieures pour ſe
nourrir , & pour ſe mettre à couvert de
ce qui pourroit détruire la liaiſon & le bon
état de ſes parties. Il y a même une infinité de Choſes Extérieures , qui ſervent à
rendre la Vie plus commode & plus douce; de ſorte que, ſi elles ne ſont pas abſolument néceſſaires, elles ſont du moins très-
utiles. (a) De là on peut conclurre ſûrement, que c'eſt avec le bon-plaiſir de Dieu
que l'Homme ſe ſert des autres Créatures,
juſques à en conſumer & en détruire pluſieurs. Ce qui a lieu non ſeulement à l'é-
gard des *Végétaux* , & des autres choſes deſ-
tituées de ſentiment, mais encore à l'égard
des Animaux, ſans en excepter même ceux
qui ne nous font aucun mal : car, quoi
qu'ils ſouffrent de la douleur lors qu'on leur
ôte

Fondement du droit que l'Homme a ſur les autres Créatures, tant Animées, qu'Inanimées.

(a) Droit de la N. & des G. Liv. IV. Chap. III.

ôte la vie, ce n'eſt pas un Crime que de les
tuer & de les manger.

De la Com-
munauté
primitive,
& de l'in-
troduction
de la Pro-
prieté des
Biens.

(a) *Droit*
de la N.
& des G.
Liv. IV.
Chap. IV.

§. II. ON CONÇOIT que *d'abord Dieu*
donna tout en commun aux Hommes, en
ſorte que rien n'appartenoit à l'un plûtôt
qu'à l'autre ; quoi que d'ailleurs ils dûſſent
regler entr'eux l'uſage de ces biens communs, ſelon que le demandoit la conſtitution du Genre Humain, l'ordre de la Société, & le bien de la Paix. (a) Ainſi, tant
que le Genre Humain fût réduit à peu de
perſonnes, on ſe contenta d'établir, (1) *que*
dès que quelcun ſe feroit ſaiſi d'une choſe, à
deſſein de la faire ſervir à ſes beſoins, aucun
autre ne pourroit l'en dépoſſéder ; en ſorte
pourtant que le fond ou la ſubſtance même des
choſes, qui en produiſent d'autres, demeure-
roit toûjours en commun. Mais quand les
Hommes ſe furent multipliez, & que l'on
eût commencé à cultiver les choſes d'où l'on
tire dequoi ſe nourrir & ſe vêtir; alors pour
prévenir les conteſtations, & pour mettre
un bon ordre dans le commerce de la Vie, *on*
aſſigna en propre à chacun le fond & la
ſubſtance même de certaines choſes; laiſſant
du

§. II. (1) Il n'étoit point néceſſaire pour cela d'une
Convention, ni expreſſe, ni tacite. Le droit du Prémier Occupant eſt une ſuite néceſſaire de l'intention
de celui qui donne une choſe en commun à pluſieurs:
bien entendu qu'en s'emparant de ce qui n'eſt en propre à perſonne, on en laiſſe aſſez pour les beſoins des
autres. Voiez ce que j'ai dit ſur le *Droit de la Nat. &*
des Gens; Liv. IV. Chap. IV. §. 4. *Note* I.

du reste au prémier occupant tout ce qui ne
seroit point entré dans ce prémier partage.
Voilà de quelle maniére la PROPRIE'TE'
DES BIENS s'introduifit, avec l'approbation
de Dieu, par un effet du confentement des
Hommes , & de quelque Convention, du
moins tacite.

§. III. LA PROPRIETE' n'eft donc autre
chofe qu'*un droit, en vertu duquel le fond*
& la fubftance d'une chofe appartient à
quelcun de telle forte , qu'elle n'appartient
point entiérement de la même maniére à
aucun autre. D'où il s'enfuit, que chacun
peut difpofer à fa fantaifie de ce qui eft à
lui en propre , & en défendre l'ufage à
toute autre perfonne ; à moins qu'il n'aît
lui-même donné à autrui un droit particulier fur fon Bien par quelque Convention.
Dans les Sociétez Civiles néanmoins ce droit
de Propriété eft fouvent borné à l'égard de
certaines perfonnes, ou par les Loix & par
la volonté du Souverain , ou par un effet des difpofitions & des Conventions des
Hommes.

Mais lors qu'une feule & même chofe
appartient également & de la même maniére
à plufieurs par indivis , on dit qu'elle eft
commune par rapport à eux.

§. IV. COMME l'établiffement de la Propriété des Biens ne s'eft pas fait tout-à-la
fois, mais peu à peu, felon que le demandoit l'avantage du Genre Humain: il n'a pas
été

[marginal notes:]
Ce que c'eft que la Propriété.

Il y a des chofes qui font de-meurées commu-nes.

été non plus néceſſaire que toutes les choſes du monde généralement fuſſent aſſignées en propre à quelcun ; mais, ſans troubler la paix du Genre Humain, *quelques-unes ont pû, & d'autres ont dû néceſſairemen: être laiſſées dans la communauté primitive.* (a)

(a) *Droit de la Nat. & des Gens,* Liv. IV. Chap. V.

En effet, quelque utile que ſoit une choſe, ſi elle ſe trouve *inépuiſable,* en ſorte que tout le monde puiſſe s'en ſervir, ſans que pour cela chacun en aît moins, il ſeroit également ſuperflu & ridicule de vouloir ſe l'approprier, ou la faire entrer en partage. Telle eſt la *lumiére* & la *chaleur du Soleil,* l'*Air,* les *Eaux courantes,* & autres choſes ſemblables. On rapporte encore ici le *vaſte Ocean,* qui environne les grands Continens, conſidéré à l'égard des endroits qui ſont fort éloignez des Rivages. Car non ſeulement il eſt plus que ſuffiſant pour les beſoins de tout le monde, mais encore *la garde en eſt moralement impoſſible* à un ſeul Peuple: or quand une choſe ſe trouve de telle nature, qu'on ne ſauroit en aucune maniére empêcher les autres d'en jouïr auſſi bien que nous, il eſt inutile de vouloir la partager ou ſe l'approprier; & cela ne feroit que donner lieu à de vaines & de frivoles conteſtations.

Diviſion des différentes maniéres d'acquérir la Propriété.

§. V. Il y a différentes *maniéres d'aquérir la Propriété,* leſquelles ſe réduiſent à deux ſortes, les unes *Primitives,* & les autres *Dérivées.* Les prémiéres, ce ſont celles

les par lefquelles une chofe qui n'étoit à perfonne commence à appartenir en propre à
quelcun.   Les autres, ce font celles qui
font paffer d'une perfonne à l'autre la Propriété déja établie fur une certaine chofe.
L'*Aquifition Primitive* eft encore ou *fimple*
& abfolue, qui confifte à aquérir la Propriété du fond & de la fubftance même des chofes: ou *primitive à quelque égard feulement*,
lors qu'on aquiert un fimple accroiffement
furvenu dans une chofe qui nous appartenoit déja.

§. VI. APRE's l'établiffement de la Pro- *De l'Aqui-*
priété des biens, les Hommes, comme *fition par*
nous l'avons déja dit, convinrent entr'eux, *droit de*
Prémier
que tout ce qui n'étoit point entré dans le *Occupant.*
prémier partage, feroit laiffé au prémier occupant, c'eft-à-dire, à celui qui s'empare-
roit avant tout autre de quelcune de ces chofes communes, par un acte (1) corporel,
& avec intention de fe les approprier.   De
forte que LA PRISE DE POSSESSION PAR
DROIT DE PRE'MIER OCCUPANT (*a*) eft *(a) Droit*
aujour- *de la Nat.*
& des Gens

§. VI. (1) Ce qui fonde proprement le droit du Liv. IV.
Prémier Occupant, c'eft qu'il a donné à connoître Chap. VI.
avant tout autre le deffein qu'il avoit de s'emparer de
telle ou telle chofe. Si donc il témoigne fon intention par quelque autre acte auffi fignificatif, ou que
les autres aient manifeftement renoncé, en fa faveur,
au droit qu'ils avoient auffi bien que lui fur une chofe: il peut alors aquérir la Propriété Originaire de cette chofe, fans aucune prife de poffeffion actuelle. Voiez
ce que l'on a dit dans les Notes fur le *Droit de 'a Nat.*
& des Gens. Liv. IV. Chap. VI. §. 2, 8, 9.

M

aujourd'hui la feule maniére d'aquérir originairement la Propriété du fond & de la fubftance même des chofes.

C'eft ainfi que l'on fe rend maître des
Païs déferts, que perfonne ne s'étoit encore
appropriez; car ils commencent à appartenir au prémier qui y met le pied avec intention de les poſſéder, & qui pour cet effet
les cultive, & y plante ou y établit des bornes, par lefquelles il diftingue ce dont il
s'empare d'avec ce qu'il laiſſe en commun.
Que fi plufieurs à la fois s'emparent enfemble d'une certaine Contrée, le plus ordinaire eft d'affigner à chacun une certaine portion de terre, & de regarder celles qui ref-
tent comme appartenantes à tout le Corps
en général.

On aquiert auffi par droit de Prémier Occupant, les Bêtes Sauvages, les Oifeaux,
les Poiſſons de la Mer, des Riviéres, des
Lacs ou des Etangs; & les Perles ou autres
chofes femblables que la Mer jette d'ordinaire fur le Rivage en certains endroits:
bien entendu que le Souverain n'aît pas expreſſément defendu aux Particuliers de prendre de ces fortes de chofes, ou qu'il n'en
aît pas refervé le privilége à certaines perfonnes. Mais lors que cela eft permis à tout
le monde, une chofe n'appartient à quelcun
par droit de Prémier Occupant, que quand
il en a pris poſſeſſion par un acte corporel,
& qu'il l'a réduite en fa puiſſance.

On

On peut même aquérir par droit de Prémier Occupant une chose qui a déja eû un maître, pourvû que le droit de celui-ci aît été entiérement éteint: comme lors que le Propriétaire d'une chose l'a jettée ou abandonnée avec un dessein formel de ne plus la tenir pour sienne; ou lors que l'aiant perdue malgré lui, il la regarde ensuite comme ne lui appartenant plus, & ne pense point à la recouvrer. Il faut rapporter ici ce que l'on appelle un *Tréfor*, c'est-à-dire, un argent dont on ignore le maître; car il est au prémier qui le trouve, à moins que les Loix Civiles n'en disposent autrement.

§. VII. VOILA' en quoi consiste l'*Aquisition Primitive*, simple & absolue: parlons maintenant de celle qui n'est telle *qu'à quelque égard seulement*. (a)

La plûpart des choses, qui entrent en Propriété, ne demeurent pas toûjours dans le même état. Il y en a dont *la matiére se dilate intérieurement*, & grossit par ce moien leur substance. D'autres reçoivent des *accroissemens extérieurs*. D'autres produisent des *Fruits* ou des *Revenus* de différente nature. Plusieurs enfin aquiérent, par un effet de l'Industrie Humaine, une *nouvelle forme* qui leur donne un plus grand prix. Tout cela peut être compris sous le nom général d'ACCESSOIRES, qui se divisent en deux sortes: la prémiére, de ceux qui proviennent uniquement de la na-

De l'Aquisition des Accessoires.

(a) *Droit de la Nat. & des Gens,* Liv. IV. Chap. VII.

ture

ture même des chofes, fans que les Hommes aient aucune part à leur production: l'autre, de ceux qui doivent leur origine ou en tout, ou en partie, à quelque acte, à quelque travail, ou à quelque Induftrie Humaine. La Régle générale que l'on doit établir ici, (1) c'eft que *les Acceffoires, & en général tout émolument provenu d'une chofe, appartient au maître de cette chofe; & que quiconque a produit une nouvelle forme dans une matiére qui étoit à lui, eft légitime Propriétaire de l'Ouvrage ou du Compofé qui en réfulte.*

§. VIII.

§. VII. (1) Cette Régle ne regarde que les cas où l'Acceffoire provient, ou fimplement par un effet naturel & comme un fruit de la chofe même ; ou par le fait & le travail de celui à qui appartient la chofe. Mais lors que l'Acceffoire eft ou en tout, ou en partie, à une autre perfonne, ou qu'il furvient par un effet du travail & de l'induftrie d'autrui : il fe forme par là une efpéce de communauté entre le maître de la chofe, & l'Auteur de l'Acceffoire ; en forte que fi le Tout, qui en réfulte, ne peut être ni partagé, ni poffédé en commun par indivis, il faut qu'il demeure à l'un des deux, ou par un accord mutuel des Parties, ou felon les réglemens des Loix : bien entendu que celui qui garde la chofe entiére, paie à l'autre ce à quoi peut fe monter la valeur de fon bien ou de fon travail, qui fe trouve ainfi confondu avec le bien d'autrui. Or pour ne point pécher contre l'Equité Naturelle en ajugeant la chofe à l'un des deux, il faut avoir égard aux Circonftances: confidérer, par exemple, fi la chofe même vaut plus ou moins que l'Acceffoire ; fi le maître en a grand befoin, ou non; fi c'eft de bonne foi, ou de mauvaife foi, qu'on a mêlé fon bien avec celui d'autrui &c. Voiez fur tout ceci l'explication que nôtre Auteur donne de divers cas particuliers, dans le Chapitre de fon gros Ouvrage que j'ai cité à la marge de ce paragraphe.

§. VIII. QUOI QUE la Propriété, comme nous l'avons dit, donne par elle-même
au maître un plein droit de difpofer lui-feul
à fon gré, & de la chofe, & de tout ce qui
en provient; il arrive néanmoins affez fouvent que l'on aquiert ou par une Convention, ou par quelque autre voie, le droit
de tirer certain profit, certaine utilité, ou
certaine commodité, d'une chofe appartenante à autrui, ou d'empêcher que le Propriétaire n'en difpofe abfolument à tous
égards.   (*a*) Ces fortes de droits s'appellent des SERVITUDES; & on les divife en
Servitudes Perfonnelles, dont l'effet & le
privilége eft attaché immédiatement à la
Perfonne qui peut fe fervir du bien d'autrui; & *Servitudes Réelles*, en vertu def-
quelles on tire quelque utilité du bien d'autrui à la faveur d'une chofe qui nous appartient, & à laquelle ce droit eft infeparable-
ment attaché.   On compte quatre fortes de
Servitudes Perfonnelles, favoir, l'*Ufufruit*,
le droit d'*Ufage*, le droit d'*Habitation*, &
le *Service des Efclaves ou des Domeftiques*.
Les *Servitudes Réelles* fe divifent en *Servitudes des Héritages de la Ville*, & *Servitudes des Héritages de la Campagne*. Les
prémiéres renferment, par exemple, le
droit d'Appui; les Servitudes *pour les Fours,
& pour les Vûes*; les Servitudes *pour les
Gouttiéres* &c. Les autres font, par exemple, un droit de *Paffage*, ou pour les

Des Servi-
tudes.

(a) *Droit de
la Nat. &
des G.* Liv.
IV. Chap.
VIII.

M 3   per-

perſonnes ſeulement, ou pour les Bêtes & pour le charroi; les *Aqueducs*; le droit de *puiſer de l'Eau*; le droit d'*abreuver ſon Bétail*, ou de le *mener paître* &c. Ces Servitudes ont été preſque toutes établies à l'occaſion du Voiſinage.

Combien il y a de différentes ſortes d'*Aquiſitions Dérivées*.

§. IX. IL y a deux différentes ſortes d'*Aquiſitions Dérivées:* les unes, qui font paſſer les choſes d'une perſonne à l'autre *en vertu des diſpoſitions de quelque Loi:* les autres, qui font fondées ſur une *volonté expreſſe de l'ancien Propriétaire.* Les unes & les autres ſont ou *Univerſelles*, ou *Particuliéres*, ſelon que l'on aquiert ou tous les Biens d'une perſonne, ou ſeulement une partie.

Des Succeſſions abinteſtat.
(a) *Droit de la Nat. & des Gens,* Liv. IV. Chap. XI.

§. X. L'AQUISITION *Univerſelle* des Biens d'une perſonne *en vertu de la Loi*, a lieu dans les (*a*) SUCCESSIONS ABINTESTAT, dont voici le fondement.

Il ſeroit également contraire & à l'inclination générale des Hommes, & au repos du Genre Humain, que les Biens qu'on a aquis avec tant de peine, fuſſent regardez comme ſans maître après la mort de chacun, & laiſſez en proie au prémier occupant. C'eſt pour cela que parmi tous les Peuples on a établi, en ſuivant les lumiéres de la Raiſon, que ſi quelcun venoit à mourir ſans avoir diſpoſé de ſes Biens, ils paſſeroient aux perſonnes que l'on préſumeroit avoir été les plus chéres au Défunt, à en

juger

juger par les fentimens naturels des Hommes.   Or tels font pour l'ordinaire nos
Defcendans, & enfuite nos autres Parens,
chacun felon le degré de proximité où il eft
par rapport à nous.   Car quoi qu'il y aît
des gens qui, à caufe de quelque Bienfait
confidérable qu'ils ont reçû, ou par une
Inclination particuliére, aiment mieux un
certain Etranger, qu'aucun de leurs Parens;
le bien de la Paix vouloit, que, fans avoir
égard aux préfomtions apparentes de la volonté finguliére d'un petit nombre de gens,
on fe réglât fur la difpofition commune &
ordinaire des Hommes, & qu'on fuivît,
en affignant les Succeffions, la voie la plus
facile, & la moins fujette à produire des
conteftations embrouillées, comme il en
naîtroit fi les Bienfaicteurs & les Amis
pouvoient concourir à la Succeffion avec
les Parens.   Et d'ailleurs, fi quelcun veut
abfolument préférer un Bienfaicteur ou un
Ami à fes propres Parens, il ne tient qu'à
lui de déclarer expreffément fa volonté là-
deffus; de forte que, s'il ne le fait pas,
on a lieu de croire qu'il ne s'en foucioit
guéres.

§. XI. LES plus proches Héritiers d'une **Ordre des**
perfonne, qui n'a point difpofé autrement de **Succeffions**
fes Biens avant que de mourir, ce font donc *abinteftat.*
les *Enfans*, dont la Nourriture & l'Education eft fortement recommandée aux Péres
& Méres par la Nature même, & en faveur

def-

defquels la tendreffe naturelle donne lieu de préfumer qu'un Pére & une Mére veulent toûjours les mettre à leur aife autant qu'il eft poffible, & leur laiffer par conféquent, préférablement à tout autre, le bien qui leur refte en mourant. Or on entend fur tout ici les Enfans nez d'un Mariage Légitime, auxquels les Loix des Peuples civilifez, l'ordre de la Société Civile, & la Raifon même, font plus favorables, qu'aux Enfans Naturels ou Bàtards. Et l'on comprend auffi fous le nom d'*Enfans*, les Petits-Fils, de degré en degré: car comme le Grand-Pére eft obligé de les nourrir après la mort de fon Fils ou de fa Fille; il eft jufte qu'ils concourent à fa Succeffion avec leurs oncles Paternels & Maternels, pour ne pas recevoir un furcroit de malheur en perdant, après avoir été privez de leur Pére par une mort prématurée, les Biens même qui lui devoient revenir, s'il eût vêcu plus long tems. Au refte il y a deux cas où un Enfant ne doit pas fuccéder *abinteftat* aux Biens du Mari de fa Mére: l'un, c'eft lors que le Mari, par des raifons fuffifantes, n'a pas voulu reconnoître pour fien le Fils de fa Femme: l'autre, c'eft lors qu'un Pére a chaffé & deshérité fon Enfant, à caufe de quelque Crime énorme ou d'une Vie entiérement dereglée.

Au défaut de Defcendans, il eft jufte que les Biens retournent au *Pére* & à la *Mére*, ou aux *Aieux*. Si le Défunt ne laiffe ni Pére ni

ni Mére, ni Enfans, les *Fréres* doivent fuccéder, & à leur défaut les autres *Collatéraux*,
felon le degré de proximité. Mais pour prévenir les difputes & les procès qui peuvent
naître là-deffus tous les jours, & pour mettre les chofes fur un pied conforme au Bien
Public; dans la plûpart des Etats on régle
exactement l'ordre des Succeffions *abintef-*
tat; & le plus fûr eft pour les Particuliers de
fuivre cet ordre, à moins que l'on n'aît de
fortes raifons de s'en éloigner.

§. XII. UNE autre forte d'*Aquifition Dé-*
rivée, *faite en vertu de quelque Loi*, c'eft
la PRESCRIPTION, (a) par laquelle, pour
avoir joüi long tems fans oppofition & fans
interruption d'une chofe appartenante à autrui, mais que l'on poffède de bonne foi &
à jufte titre, on eft cenfé en avoir aquis enfin la pleine & entiére Propriété, en forte
que déformais l'ancien Propriétaire peut être
debouté, s'il vouloit la réclamer. La raifon
pourquoi on a établi ce droit, c'eft en partie
parce qu'un Propriétaire, qui a négligé pendant long tems de réclamer fon bien, eft
cenfé l'avoir abandonné, y aiant beaucoup
d'apparence que dans un efpace de tems
confidérable on ne manque guéres d'occafion pour cela: en partie à caufe que le bien
de la Paix demandoit qu'un Poffeffeur de
bonne foi ne fût pas toûjours expofé à fe
voir enlever ce qu'il a aquis à jufte titre;
d'autant mieux qu'il eft incomparablement

De la Pref-
cription.

(a) *Droit*
de la Nat.
& des Gens,
Liv. IV.
Chap. XII.

M 5   plus

plus fâcheux d'être dépouillé d'une chose a-
près l'avoir poffédée de bonne foi, que de
fe réfoudre à ne recouvrer jamais une chofe
dont on s'eft paffé long tems, & de la perte
de laquelle on étoit déja tout confolé. Les
Régles de l'Equité Naturelle attentivement
envifagées, fuffifent pour fixer fans peine,
dans chaque cas particulier, les juftes bornes du tems de la Prefcription. Mais, dans
un Etat, il vaut mieux, pour abréger les
Procès, marquer en général certains termes
fixes pour chaque forte de chofes, felon que
le demande l'intérêt public.

Des Tefta-
mens.

§. XIII. Les *Aquifitions Dérivées faites*
en vertu d'un acte formel de l'ancien Pro-
priétaire ont lieu ou *en cas de mort*, ou *en-*
tre vifs.

On aquiert l'univerfalité des Biens d'une
perfonne, après fa mort, en vertu du Tes-
TAMENT, (a) par lequel elle en a difpofé
en nôtre faveur. Parmi la plûpart des Peuples on a établi, comme pour fe confoler
en quelque maniére de la néceffité de mourir
à laquelle tous les Hommes font fujets, que
chacun pourroit, pendant fa vie, transférer
fes biens, en cas de mort, aux perfonnes
qu'il aimeroit le plus. Dans l'Antiquité la
plus reculée, l'ufage femble avoir été de
nommer foi-même fes Héritiers, lors qu'on
fe fentoit fur le point de mourir, & de leur
remettre, pour ainfi dire, fes Biens de la
main à la main. Mais dans la fuite on aima
mieux

(a) *Droit de*
la N. &
des Gens,
Liv. IV.
Chap. X.

mieux, en plufieurs Païs, une autre forte
de Teftament, qui confifte à déclarer (1)
en quel tems que ce foit, ou en préfence de
Témoins, ou par un Ecrit clos, fes derniéres volontez , que l'on peut néanmoins révoquer après cela toutes fois & quantes
qu'on veut, & qui ne donnent aucun droit
aux Héritiers nommez ou inftituez, que
quand le Teftateur vient à mourir. Ces derniéres difpofitions font fans doute d'un grand
poids: mais il faut les modérer & les régler,
felon que le demandent les liaifons de la
Parenté, & l'intérêt de l'Etat. Auffi voions-
nous que les Loix Civiles prefcrivent pour
l'ordinaire certaines bornes & certaines formalitez aux Teftamens; &, en ce cas-là,
fi quelcun contrevient à leurs réglemens, il
ne fauroit fe plaindre avec raifon de ce que
fa volonté n'eft pas fuivie.

§. XIV. LE tranfport de Propriété *entre* Du tranf-
vifs fe fait ou *gratuïtement*, & c'eft ce que port de Pro-
l'on appelle une (1) *Donation*, ou *par Con-* priété *entre*
tract, dequoi nous traitterons en un autre en- *vifs.*
droit.

§. XV. QUELQUEFOIS auffi on aquiert Des Aqui-
une chofe *contre la volonté du Propriétaire*; fitions qui
ce qui arrive, dans un Etat, lors qu'un Cri- fe font con-
                                             tre la vo-
                                        mi- lonté du
                                             Propriétai-
                                             re.

§. XIII. (1) Cela eft de Droit Naturel. Voiez ce que
j'ai dit fur le paragraphe 4. du Chapitre du gros Ouvrage, que j'ai cité à la marge.
§. XIV. (1) Voiez le *Droit de la N. & des Gens*, Liv.
V. Chap. IV. §. 1. *Note* I.

minel eſt dépouillé de tous ſes Biens, ou du moins d'une partie, applicables ou au Tréſor public, ou à la perſonne lézée. De même à la Guerre (a) on devient maître de ce que l'on prend ſur l'Ennemi ; lequel néanmoins ne perd pas pour cela le droit d'uſer de la même violence pour recouvrer ſon bien, juſques à ce que, par un Traité de Paix, il ait renoncé à toutes ſes prétenſions.

(a) Voiez le *Droit de la Nat. & des Gens,* Liv. IV. Chap. VI. §. 14. & ce que l'on dira ci-deſſous, Liv. II. Ch. XVI. §. 13.

C H A P I T R E XIII.

Des DEVOIRS QUI REʹSULTENT DE LA PROPRIEʹTEʹ DES BIENS *conſidérée en elle-même*, & *ſur tout de ce à quoi eſt tenu* UN POSSESSEUR DE BONNE FOI DU BIEN D'AUTRUI.

On doit s'abſtenir religieuſement du bien d'autrui.

(a) *Droit de la Nat. & des Gens.* Liv. IV. Chap.XIII.

§. I. VOICI maintenant les (1) *Devoirs qui réſultent de la nature même de la Propriété des Biens*, établie parmi les Hommes.

I. CHACUN EST INDISPENSABLEMENT TENU ENVERS TOUT AUTRE QUI N'EST PAS SON ENNEMI, DE LE LAISSER JOUÏR PAISIBLEMENT DE SES BIENS, ET DE NE POINT LES ENDOMMAGER, FAIRE PEʹRIR, PRENDRE, OU ATTIRER AʹSOI, NI PAR VIOLENCE, NI PAR FRAUDE, NI DIRECTEMENT, NI INDIRECTEMENT. Par là ſont défendus le *Larcin*, le *Vol*, les *Rapines*, les *Extorſions, fions*, & autres Crimes semblables qui donnent quelque atteinte aux droits que chacun a sur son Bien.

§. II. 2. QUE SI LE BIEN D'AUTRUI EST TOMBÉ ENTRE NOS MAINS SANS QU'IL Y AÎT DE LA MAUVAISE FOI OU AUCUN CRIME DE NÔTRE PART, ET QUE LA CHOSE SOIT ENCORE EN NATURE; IL FAUT FAIRE EN SORTE, ENTANT QU'EN NOUS EST, QU'ELLE RETOURNE À SON LÉGITIME MAÎTRE. Ce n'est pas que, quand on a aquis une chose de bonne foi & par un titre légitime, on doive sans aucun sujet se former à soi-même des doutes sur la validité de son droit, & publier, pour ainsi dire, à son de trompe, que l'on est en possession de telle ou telle chose, afin que, si par hazard elle appartient à quelque autre, il vienne la réclamer. Mais il suffit qu'aussi-tôt qu'on apprend qu'elle est à autrui, on fasse savoir au Propriétaire, que l'on a son bien entre les mains, & qu'il ne tiendra pas à nous qu'il ne le recouvre. Et alors non seulement on n'est pas non plus obligé de restituer en sorte qu'il nous en coûte; mais encore si l'on a fait quelques frais pour garder ou entretenir ce que l'on doit rendre, on peut s'en faire rembourser, ou retenir la chose comme en gage jusques à ce que l'on ait été paié. Au reste, le Devoir, dont il s'agit, est d'une nécessité si indispensable, qu'il l'emporte sur tous les Engagemens des Con-

tracts

A quoi est tenu celui qui a encore entre les mains le bien d'autrui qu'il possédoit de bonne foi?

tracts particuliers , & qu'il forme une exception au droit qui en réfulte d'ailleurs. Si un Voleur, par exemple, m'a donné en dépôt une chofe que je ne favois pas être volée , & que je découvre enfuite à qui elle appartient; je dois la rendre non au Voleur, mais au véritable Propriétaire.

§. III. 3. Mais si le bien d'autrui, dont on e'toit en possession de bonne foi , n'est plus en nature, il ne faut rendre au veritable maître que la valeur du profit qu'on en a fait; c'eft-à-dire, autant qu'il eft néceffaire pour ne pas s'enrichir au détriment d'un autre qui ne l'a point mérité.

§. IV. De ces principes il naît plufieurs conféquences, qui nous fourniffent la folution de diverfes Queftions particuliéres.

Je dis donc 1. *Qu'un Poffeffeur de bonne foi n'eft obligé à aucune reftitution, fi la chofe a péri ou s'eft perdue :* car, en ce cas-là, il n'a ni la chofe, ni le profit.

2. *Un Poffeffeur de bonne foi doit rendre non feulement la chofe, mais encore les Fruits qui fe trouvent encore en nature.* Car il eft certain, que les Fruits d'une chofe reviennent naturellement à fon maître. Mais le Poffeffeur de bonne foi peut déduire de là toutes les dépenfes qu'il a faites pour avoir ou pour cultiver le bien d'autrui, & il peut auffi fe faire paier fa peine.

3. *Un Poffeffeur de bonne foi eft tenu de*
ren-

Devoir général du *Poffeffeur de bonne foi,*lors que la chofe, qui appartenoit à autrui, n'eft plus en nature.

Régles fur divers cas particuliers.

rendre & la chose, & la valeur même des Fruits consumez, s'il y a lieu de croire que sans cela il n'auroit pas laissé d'en consumer tout autant de semblables, & que d'ailleurs il puisse se dédommager par une action de Garentie contre celui de qui il tenoit la chose: car en ce cas-là il a épargné son propre Bien en consumant celui d'autrui.

4. *Un Possesseur de bonne foi n'est point obligé de rendre la valeur des Fruits qu'il a négligé de recueillir ou de faire venir en nature:* car alors il n'a ni la chose même, ni rien qui en tienne lieu.

5. *Si un Possesseur de bonne foi aiant reçû la chose en présent, l'a ensuite donnée lui-même à quelque autre, il n'est point tenu de la rendre; à moins que sans cela il n'en eût donné une autre de même prix, pour satisfaire à quelque Devoir;* car en ce cas-là il profite en ce qu'il a épargné son propre Bien.

6. *Si un Possesseur de bonne foi, après avoir aquis la chose par un titre onéreux, l'a depuis aliénée de quelque maniére que ce soit; il ne doit rendre que le gain qu'il a fait par là.*

7. *Un Possesseur de bonne foi doit rendre même ce qu'il a aquis par un titre onéreux, sans pouvoir redemander ce qu'il a déboursé au véritable maître de la chose, mais seulement à celui de qui il la tient;* à moins que le maître n'eût eû vraisemblablement quelque dépense à faire pour recouvrer son Bien,

ou

ou qu'il n'aît de lui-même promis quelque récompenſe à celui qui l'auroit trouvé.

Devoir de celui qui a trouvé quelque choſe,dont il ne connoît pas le maître.

§. V. *Lors que l'on a trouvé une choſe qu'il y a lieu de croire avoir été perdue au grand regret de celui à qui elle appartient ; on ne doit pas la prendre à deſſein de la cacher au Propriétaire même, s'il venoit nous en demander des nouvelles. Mais tant que le maître ne ſe montre pas, on peut innocemment la garder pour ſoi.*

CHAPITRE XIV.

Du PRIX *des Choſes, & des Actions.*

Ce que c'eſt que le Prix des choſes, & des Actions.

§. I. COMME toutes les Choſes qui entrent en Propriété ne ſont ni de même nature, ni d'un même uſage; & que chacun n'a pas toûjours tout ce qu'il lui faut : les Hommes s'aviſérent bien tôt de pourvoir à leurs beſoins mutuels & de s'accommoder les uns les autres par des *Echanges*. Mais on reconnut depuis en cela même un inconvénient conſidérable; c'eſt que, les Choſes étant de diverſe nature & de différent uſage, il arrivoit très-ſouvent qu'on ne pouvoit pas ſi bien les aſſortir, que l'un ou l'autre de ceux qui troquoient enſemble ne reçût moins qu'il ne donnoit. On jugea donc néceſſaire d'attacher aux Choſes, par quel-

quelque Convention, une *Quantité Morale,* ou une certaine idée à la faveur de laquelle on pût comparer enfemble & réduire à une jufte égalité, non feulement les Chofes, mais encore les Actions qui entrent en commerce, & que l'on ne veut pas faire gratuïtement pour autrui. (a) C'eft à cette Quantité ou mefure commune qu'on donne le nom de PRIX.

(a) *Droit de la N. & des G. L. V.* Ch. I.

§. II. ON peut divifer le Prix en *Prix propre ou intrinféque,* & *Prix virtuel ou éminent.* Le prémier, c'eft celui que l'on conçoit dans les *Chofes mêmes* ou dans les *Actions* qui entrent en commerce, felon qu'elles font plus ou moins capables de fervir à nos befoins, ou à nos commoditez & à nos plaifirs. L'autre, c'eft celui qui eft attaché à la *Monnoie,* & à tout ce qui en tient lieu, entant qu'elle renferme virtuellement la valeur de toutes ces fortes de Chofes ou d'Actions, & qu'elle fert de Régle commune pour comparer & ajufter enfemble la variété infinie de degrez d'Eftimation dont elles font fufceptibles.

Combien il y a de fortes de Prix.

§. III. LE *fondement intérieur du Prix propre & intrinféque,* c'eft (1) l'aptitude qu'ont

Fondement intérieur du *Prix propre & intrinféque.* Quelles font les chofes auxquelles on n'a attaché aucun Prix ?

§. III. (1) Cette raifon n'eft pas fuffifante. Les chofes fufceptibles de Prix, doivent être non feulement *de quelque ufage,* finon véritablement, du moins felon l'opinion des gens & par un effet de la paffion qu'on a pour elles; mais encore de telle nature, *qu'elles ne fuffifent pas aux befoins de tout le monde.* Plus une chofe eft *utile* ou *rare* en ce fens-là, & plus fon *Prix propre*

N

qu'ont les Chofes ou les Actions à fervir, foit médiatement, foit immédiatement, aux befoins, aux commoditez, ou aux plaifirs de la Vie. De là vient que, dans le langage ordinaire tout ce qui n'eft d'aucun ufage, eft dit *ne rien valoir*, ou *être de nul prix*.

Il faut bien remarquer néanmoins, qu'il y a des Chofes très-utiles à la Vie, auxquelles on n'a pourtant attaché aucun Prix, foit parce qu'elles font & doivent être communes; foit parce qu'elles ne fauroient être échangées, ni par conféquent entrer dans le Commerce; foit parce qu'on ne les regarde jamais que comme de fimples dépendances de quelque autre chofe, qu'elles fuivent toûjours, à quel maitre qu'elle paffe. Ainfi *la haute région de l'Air*, le *Ciel*, les *Corps céleftes*, & *le vafte Océan*, n'étant point fufceptibles de Propriété, on ne peut pas légitimement les mettre à prix. Une *Perfonne Libre* ne reçoit non plus aucune eftimation; n'y aiant que les Efclaves qui entrent en commerce. Un *beau Soleil*, un *Air pur*, une *Vûe agréable*, le *Vent*, l'*Ombre*, & autres chofes femblables, confidérées féparément & en elles-mêmes, ne peuvent point être évaluées, parce qu'on n'en fauroit joüir fans les parties de la Terre, qu'elles accompagnent

ou intrinféque hauffe, ou baiffe. L'*Eau*, qui eft une chofe fi utile, n'eft point mife à prix, excepté en certains lieux & en certaines circonftances particuliéres, où elle fe trouve rare.

pagnent toûjours: quoi que d'ailleurs elles contribuent beaucoup à augmenter ou diminuer le Prix des Païs, des Terres, & des autres Héritages.

Il y a aussi des Actions dont les Loix Divines ou Humaines défendent de trafiquer, & qui par là étant mises hors de tout Commerce, sont rendues incapables de recevoir légitimement aucun Prix. Ainsi il n'est pas permis d'exercer pour de l'argent ces actes religieux, qui, par un effet particulier de l'Institution Divine, se trouvent accompagnez de quelque effet Moral; & quiconque le fait, se rend coupable de *Simonie*. Un Juge, qui vend la Justice, commet aussi sans contredit un grand Crime.

§. IV. MAIS il y a diverses *causes extérieures qui augmentent ou diminuent le Prix d'une seule & même chose*, & qui font préférer une chose à l'autre, quoi que celle-ci paroisse d'un égal ou même d'un plus grand usage dans la Vie. Car bien loin que le besoin qu'on a d'une chose, & l'excellence des usages qu'on en tire, décide toûjours de son Prix; on voit au contraire, que les choses, dont la Vie Humaine ne sauroit absolument se passer, sont celles qui se donnent à meilleur marché; la Providence Divine les faisant croître abondamment par tout.

Causes extérieures qui augmentent ou diminuent en général le Prix des choses.

Ce qui contribue donc le plus à augmenter le Prix des Choses, c'est leur *Rareté*;

sur

fur tout fi étant rares, elles viennent outre cela de bien loin. De là vient que le Luxe & la Vanité des Hommes leur fait acheter fi cher une infinité de chofes dont la Vie Humaine peut fe paffer très-facilement, comme, par exemple, les *Perles*, & les *Pierres précieufes*. A l'égard des Chofes qui font d'un ufage ordinaire & continuel, c'eft le befoin ou la néceffité, jointe à la rareté, qui en augmente le plus le Prix. Pour les Ouvrages de l'Art, outre la rareté, on confidére ici beaucoup la délicateffe & la beauté du travail, quelquefois auffi la réputation de l'Ouvrier, la difficulté de l'Ouvrage, le petit nombre ou la difette d'Ouvriers, & autres chofes femblables.

Il y a auffi diverfes circonftances qui augmentent le Prix du travail & de toutes les Actions qui entrent en commerce, par exemple, la peine que l'on eft obligé de prendre, & les difficultez que l'on a à furmonter; l'habileté & l'adreffe qu'il faut pour bien réuffir; l'utilité que l'on procure par là; la néceffité de ceux en faveur de qui l'on emploie fes foins; le petit nombre, le caractére ou la dignité de celui qui agit, comme auffi la liberté où il étoit de s'en difpenfer; le cas qu'on fait dans le monde de l'Art ou de la Profeffion, dont on exerce les fonctions &c.

Quelquefois enfin une perfonne eftime beaucoup certaines chofes par quelque raifon

fon particuliére, qui les lui fait aimer & pri-
fer plus que ne feroit tout autre; & c'eſt ce
que l'on appelle *Prix d'inclination:* comme, par exemple, ſi l'on eſt accoûtumé à
une choſe; ſi on la tient de quelque perſonne pour qui l'on a beaucoup de conſidération, ou qui nous l'a donnée comme un
gage de ſon Amour; ſi elle nous a ſervi à
éviter un grand péril, ou ſi elle eſt un mo-
nument de quelque événement remarqua-
ble; ſi on l'a faite ſoi-même &c.

§. V. Voila en général ce qui augmente ordinairement le Prix des choſes; & par
conſéquent les circonſtances contraires le
diminuent.   Mais quand il s'agit de *déterminer le Prix de telle ou telle choſe en particulier*, on ſe régle outre cela ſur d'autres
conſidérations.

Dans l'indépendance de l'*Etat de Nature*, les Conventions particuliéres décident
abſolument du Prix de chaque choſe.   Car
là il eſt libre à chacun de vendre ou d'acheter ce qu'il veut, & ſur le pied qu'il lui
plaît; & il n'y a point de Maître commun
qui puiſſe établir des Loix de Commerce.

Mais, dans une *Société Civile*, le Prix
des choſes ſe régle de deux maniéres, ou
par l'Ordonnance du Magiſtrat, & par les
Loix; ou par l'eſtimation commune des
Particuliers, accompagnée du conſentement
mutuel des Contractans.   La prémiére ſor-

*Du Prix
réglé par
les Loix.*

N 3   te

te de Prix eft appellée par quelques uns *Prix Légitime*, & l'autre *Prix commun*, ou *Prix courant*.

Lors qu'on a taxé le Prix, par autorité publique, en faveur des Acheteurs, comme c'eft le plus ordinaire; les Vendeurs ne fauroient légitimement rien exiger au delà: quoi que, s'ils veulent, il ne leur foit pas défendu d'en rabattre quelque chofe. De même, fi le falaire des Ouvriers eft réglé en faveur de ceux qui les louent, un Ouvrier ne peut pas demander davantage, quoi qu'il lui foit libre de fe contenter de moins.

Du Prix courant.

§. VI. Il n'en eft pas de même du *Prix courant*, qui n'eft point réglé par les Loix; car il a quelque étendue, en forte que l'on peut prendre & donner quelque chofe de plus ou de moins. Cela fe pratique en effet tous les jours, felon que les Contractans en conviennent: mais pour l'ordinaire on doit fuivre le cours du marché, ou l'ufage du Commerce. Et voici, à peu près, quelles en font les Loix en général.

1. On met d'abord en ligne de compte la peine que prennent les Marchands, & les dépenfes qu'ils font ordinairement pour tranfporter, garder, & débiter leurs Marchandifes.

2. Ceux qui vendent en détail, peuvent mettre un plus haut Prix à leurs Marchandifes, que les Marchands en gros.

3. Le

3. Le Prix courant baiſſe ou hauſſe quel-quefois tout d'un coup, ſelon que quelque cas particulier vient à augmenter ou dimi-nuer le nombre des Acheteurs, & la quan-tité d'Argent, ou de Marchandiſes.

4. Le Prix diminue, lors que la Mar-chandiſe cherche marchand, comme on parle. On met au contraire une choſe à plus haut prix, lors qu'on ne la vend que pour faire plaiſir à une perſonne qui nous en prie, & à qui on ne l'auroit pas vendue ſans cela.

5. Enfin on fait paier plus cher ce que l'on vend à crédit, que ce qu'on donne ar-gent comptant: car le tems du Paiement eſt une partie du Prix.

§. VII. DEPUIS QUE les Hommes eu-rent renoncé à la ſimplicité des prémiers ſié-cles, & introduit diverſes ſortes de Mêtiers & de Négoces; on remarqua bien tôt que le *Prix propre & intrinſéque*, dont nous venons de traiter, tant *Prix courant*, que *Légitime*, ne ſuffiſoit pas pour toutes les affaires qu'on pouvoit avoir enſemble, & pour la facilité du Commerce, qui devenoit tous les jours plus étendu & plus floriſſant. Car il n'y avoit pas moien alors de trafiquer que par des Echanges; & quand un Hom-me avoit travaillé pour un autre, il falloit que celui-ci ou travaillât pour lui à ſon tour, ou lui donnât en revanche quelque choſe de ſes Biens. Or comme la Curioſité, le Lu-

Origine & Uſage du Prix émi-nent, ou de la Mon-noie.

xe,

xe, la Senſualité, & les autres Paſſions, multiplioient de jour en jour à l'infini les beſoins ou plûtôt les déſirs des Hommes; il étoit difficile que chacun eût des Marchandiſes que les autres vouluſſent prendre en troc pour celles qu'il ſouhaittoit, ou qui fuſſent d'égale valeur. D'ailleurs, dans les Etats civiliſez, où il y a divers Ordres de Citoiens & diverſes Profeſſions, bien des gens ne trouveroient pas dequoi ſubſiſter, ou du moins qu'avec beaucoup de peine, ſi l'on ne pouvoit ſe pourvoir de ce dont on a beſoin qu'en donnant choſe pour choſe, ou travail pour travail. La plûpart des Peuples qui cherchoient à augmenter les douceurs & les commoditez de la Vie, jugérent donc à propos d'attacher, par une Convention générale, à une certaine choſe un *Prix éminent*, par lequel on meſurât le *Prix propre & intrinſéque* de toutes les autres, & qui renfermât virtuellement la valeur de chacune; en ſorte qu'à la faveur de cette choſe, que l'on appelle MONNOIE, on pût ſe pourvoir de tout ce qui ſeroit à vendre, & faire commodément toutes ſortes de Commerces & de Contracts.

Dequoi eſt faite la Monnoie. §. VIII. POUR cet effet, on n'a point trouvé de meilleur expédient que de ſe ſervir des *Métaux* les plus eſtimez, & les moins communs. Car outre que, leur ſubſtance étant fort compacte & fort ſolide, ils peuvent être diviſez en petites parties,

ſans

fans s'ufer néanmoins que très-peu & qu'à la longue; ils font d'une matiére propre à être gardée & maniée aifément, & qui à caufe de fa rareté peut égaler & ajufter les Prix de plufieurs autres chofes. Cependant la néceflité a obligé quelquefois de fe fervir de quelque autre matiére en forme de Monnoie, & il y a même des Peuples qui le font ordinairement, faute de Métaux.

§. IX. Dans une Société Civile, c'eft au Souverain à régler la *valeur des efpéces*; & c'eft pour cela qu'on les marque au coin de l'Etat. Il faut pourtant avoir égard en cela à l'eftimation commune des Peuples voifins, ou de ceux avec qui l'on négocie. Autrement, fi on fixe trop haut la valeur des efpéces, ou fi l'on n'y fait pas emploier de bon alloi; on détruira le Commerce des Citoiens hors du Païs, & on les réduira à ne pouvoir trafiquer avec les Etrangers qu'en troquant marchandife pour marchandife. Par la même raifon il ne faut rien changer à la valeur des efpéces, que dans un grand befoin de l'Etat. Mais, à mefure que la quantité d'Or & d'Argent augmente dans un Païs, la valeur intrinféque de la Monnoie diminue d'elle-même infenfiblement, en comparaifon du Prix des Terres, & des autres chofes qui en dépendent.

De la valeur des Monnoies.

N 5   Cha-

CHAPITRE XV.

Des CONTRACTS, *qui fuppofent la Pro-*
priété des biens & le Prix des chofes;
& des Devoirs auxquels ils engagent.

Différence
qu'il y a
entre un
Contraît,
& une *fim-*
ple Conven-
tion.
(a) *Droit de*
la N. & des
Gens, Liv.
V. Chap.
II.

§. I. ON donne en général le nom de
Convention à tout *accord de deux*
ou de plufieurs perfonnes. (a) Mais on diftingue fouvent entre une *fimple Convention,*
& un *Contraît*; & voici, ce me femble, le
principal fondement de cette diftinction.
C'eft qu'on entend par CONTRACT ces
fortes d'accords que l'on fait au fujet des
Chofes & des Actions qui entrent en commerce, & qui fuppofent l'établiffement du
Prix & de la Propriété des biens; & par
SIMPLES CONVENTIONS, ceux que l'on
fait fur tout le refte: quoi que l'ufage donne indifféremment à quelques-uns des derniers, le nom de *Contraît* ou de *Conven-*
tion.

Divifion
générale
des *Con-*
traîts.

§. II. LES *Contraîts* peuvent être divifez
en *Bienfaifans* ou gratuits, & *Onéreux.*
Les prémiers procurent quelque avantage
purement gratuit à l'un des Contractans.
Les autres affujettiffent chacun des Contractans à quelque charge ou quelque condition
également onéreufe qu'ils s'impofent l'un à
l'autre: car ici on ne fait & l'on ne donne
rien

sien que pour en recevoir autant.

§. III. IL y a trois principales sortes de CONTRACTS GRATUITS, savoir le *Mandement* ou la Commission; le *Prêt à usage*; & le *Dépôt* (a).

Le MANDEMENT ou la Commission consiste *à se charger, sans intérêt & de pure bonne volonté, des affaires de quelcun qui nous en prie*; & cela ou en nous prescrivant la maniére dont il faut s'y prendre, ou en laissant le tout à nôtre Prudence & à nôtre Habileté.

OR, comme on ne confie guéres le soin de ses affaires qu'à un Ami, ou à une personne de la probité de qui l'on a très-bonne opinion; quiconque prend une Commission doit l'exécuter avec la derniére fidélité & la derniére exactitude. D'autre côté, celui qui a donné la Commission, est tenu de rembourser toutes les dépenses qu'on a faites pour l'exécuter, & de dédommager aussi le Procureur des pertes survenues par un effet propre & direct des affaires auxquelles il a vaqué en sa faveur.

§. IV. LORS que *l'on accorde à autrui gratuïtement l'usage d'une chose qui nous appartient*, c'est ce qui s'appelle PRÊT A USAGE. Et voici, en général les Régles de ce Contract.

1. On doit garder & entretenir avec tout le soin & toute la circonspection possible, la chose qu'on a d'emprunt.

Des Contracts Bienfaisans, & 1. Du Mandement ou de la Commission.

(a) *Droit de la N. & des G.* Liv. V. Chap. IV.

2. Du *Prêt à usage.*

2. Il

2. Il ne faut pas s'en fervir à d'autres ufages, ni plus long tems que le Propriétaire
ne nous l'a permis.

3. Il faut la rendre en fon entier, & telle qu'on l'a reçûe, ou du moins fans autre
détérioration que celle qui eft un effet inévitable de l'ufage ordinaire.

4. Si, après avoir emprunté une chofe
pour un certain tems, le Propriétaire vient
à en avoir befoin lui-même avant le terme
convenu, par un accident auquel on n'avoit
point penfé dans le tems de l'accord; on
doit la rendre fans différer, auffi-tôt qu'elle nous eft redemandée.

5. Lors que la chofe prêtée vient à périr
par quelque cas fortuit & imprévû, fans
qu'il y aît de nôtre faute, on n'eft pas obligé de la paier, s'il y a lieu de croire qu'elle
n'auroit pas laiffé de périr entre les mains du
Propriétaire. Mais fi elle eût pû fe conferver, il eft jufte d'en reftituer la valeur; (1)
autrement il en coûteroit trop cher à celui
qui fe prive foi-même de l'ufage de fon bien
pour faire plaifir à autrui.

Tout ce à quoi eft tenu celui qui a prêté
une chofe, c'eft de rembourfer les dépenfes
utiles ou néceffaires qu'on peut avoir faites
pour

§. IV. (1) Il y a prefque toûjours ici une Convention tacite, en vertu de laquelle celui qui emprunte
s'engage à rendre ou la chofe même, ou la valeur,
Voiez ce que j'ai dit fur le *Droit de la N. & des Gens.*
Liv. V. Chap. IV. §. 6. *Note* 11.

pour l'entretenir, au delà de celles que demande l'usage ordinaire.

§. V.   LA troisiéme & derniére sorte de
Contract Bienfaisant, c'est le DE'PÔT, par
lequel *on donne en garde à quelcun, qui s'en
charge gratuitement, une chose qui nous appartient, ou à laquelle nous avons intérêt de
quelque maniére que ce soit.* De là il est aisé
de déduire les Engagemens du Dépositaire.

3. DU DÉ-
pôt.

1. Il doit garder avec soin la chose qu'on
a mise entre les mains; & ne point s'en servir sans le consentement du Propriétaire,
pour peu qu'elle soit de nature à être deté-
riorée par l'usage, ou que le Propriétaire ait
intérêt de la tenir cachée. Et s'il s'émancipe
à le faire, il est responsable de tous les accidens auxquels la chose déposée pourra être
exposée par cet usage.   Il n'est pas même
permis de la décacheter, ni de la dépaque-
ter, ni de la tirer d'un Coffre ou de quelque
autre endroit fermé où elle étoit, lors que
celui à qui elle appartient, nous l'a mise entre les mains.

2. Il faut rendre incessamment le dépôt,
aussi tôt que celui, qui nous l'avoit confié,
nous le redemande; à moins qu'on ne pût
le lui restituer dans ce moment sans causer
du préjudice ou à lui-même, ou à d'autres.
Mais c'est une grande infamie, & un Crime plus énorme que le Larcin même, de
nier ou de s'approprier une chose que l'on
avoit reçue en garde; sur tout s'il s'agit d'un
triste

trifte dépôt que la néceffité a obligé de confier à quelcun dans un Incendie, dans la
Ruïne d'un Bâtiment, dans une Sédition
&c.

Le maître du dépôt doit, de fon côté,
rembourfer au Dépofitaire les frais qu'il a été
obligé de faire pour la chofe dépofée.

§. VI. Tous les *Contracts purement oné-*
reux, fur tout ceux qui fe font dans un E-
tat où le Prix des chofes eft réglé ou par les
Loix, ou par le cours du marché & l'ufage
du Commerce; (a) ont ceci de commun
entr'eux, qu'il doit y avoir une jufte *égali-*
té: c'eft-à-dire, qu'il faut que chacun des
Contractans reçoive autant qu'il donne;
& que fi l'un d'eux fe trouve avoir moins,
il eft en droit ou de fe faire dédommager de
ce qui lui manque, ou de rompre entiérement le Contract.

Pour découvrir & pour déterminer d'un
commun accord cette Egalité requife il
faut, avant que de rien conclurre, QUE
L'UN ET L'AUTRE DES CONTRACTANS AÎT
UNE E'GALE CONNOISSANCE ET DE LA CHO-
SE MEME, AU SUJET DE LAQUELLE ILS
TRAITENT, ET DE TOUTES LES QUALITEZ
DE LA CHOSE QUI ONT QUELQUE RAPPORT
A' L'AFFAIRE DONT IL S'AGIT. Ainfi quiconque veut fe défaire d'une chofe en faveur
de quelque autre par voie de Contract, eft
indifpenfablement tenu de lui découvrir de
bonne foi non feulement ce qui eft capable
de

Il doit y a-
voir de l'é-
galité dans
les *Con-*
tracts Oné-
reux; &
pour cet
effet on
doit décla-
rer les dé-
fauts ca-
chez de la
chofe fur
quoi on
traite.
(a) *Droit de*
la N. & des
G. Liv. V.
Chap. III.

de la faire valoir, mais encore les défauts qu'il y connoît ; sans quoi il n'y auroit pas moien de régler le juste Prix. Mais il n'est pas nécessaire de parler des circonstances extérieures qui ne regardent pas le fond même de la chose ; non plus que des défauts connus de part & d'autre. Et lors que le sachant on a acheté quelque chose de mal conditionné, on ne sauroit s'en prendre qu'à soi-même.

§. VII. L'EGALITE', dont nous venons de parler, est si fort nécessaire, que quand même on n'auroit rien dissimulé de ce que l'on savoit, ni rien exigé au delà de ce qu'on croioit de bonne foi nous être dû ; cependant SI L'ON DECOUVRE ENSUITE DE L'INE'GA-LITE' DANS LA CHOSE MEME, SANS QU'ELLE VIENNE DE LA FAUTE DES CONTRAC-TANS, COMME, PAR EXEMPLE, S'IL Y A-VOIT QUELQUE DE'FAUT CACHE', OU SI L'ON S'EST TROMPE' A' L'E'GARD DU PRIX ; IL FAUT REDRESSER CELA, en ôtant à l'un des Contractans ce qu'il a de trop, & donnant à l'autre ce qui lui manque. Mais, pour éviter la multitude des Procès, les Loix Civiles ne donnent guéres action en Justice que quand il y a une Lézion énorme; laissant du reste à chacun à prendre bien garde de ne pas se laisser tromper.

Il faut redresser l'inégalité qui se trouve dans un Contract après la conclusion du marché.

§. VIII. LE PLUS ancien des *Contracts Onéreux*, & celui auquel se réduisoit tout le Commerce avant l'invention de la Monnoie,

Des Contracts Onéreux, & 1. de l'Echan- ge.

(a) *Droit de la Nat. & des Gens,* Liv. V. Chap.V. §. 1.,

noie, c'eſt (a) l'ECHANGE, par lequel *on donne de part & d'autre une choſe de même valeur.* Aujourd'hui même il y a une eſpéce d'Echange fort en uſage, ſur tout parmi les Marchands, qui conſiſte à eſtimer les choſes qu'on veut troquer, ſur le pied de ce qu'elles pourroient valoir étant achetées, & à ſe les donner enſuite l'un à l'autre au lieu d'argent, après avoir comparé leur valeur reſpective.

Mais il ne faut pas confondre avec l'Echange, une *Donation réciproque*, dans laquelle il n'eſt nullement néceſſaire que chacun donne une choſe d'égale valeur à celle qu'il reçoit.

2. Du Contract de Vente.

§.IX. LES autres ſortes de *Contracts Onéreux* ſont le Contract de *Vente*; le Contract de *Louage*; le *Prêt à conſomption*; le Contract de *Société*; & les *Contracts où il entre du hazard.*

(a) *Droit de la Nat. & des Gens,* Liv. V. Chap. V. §.2, & ſuiv.

La VENTE (a) eſt un Contract, par lequel, *moiennant une certaine ſomme d'argent que l'on donne au Vendeur, on aquiert de lui la Propriété d'une choſe, ou quelque autre droit équivalent.*

La maniére la plus ſimple & la plus naturelle d'acheter & de vendre, c'eſt qu'auſſi-tôt qu'on eſt convenu du Prix l'Acheteur paie la Marchandiſe, & le Vendeur la lui délivre. Mais rien n'eſt plus commun que de *vendre à crédit*, c'eſt-à-dire, à condition que la Marchandiſe ne ſera

sera paiée que dans un certain tems a-près la Délivrance. Quelquefois aussi, a-près avoir conclu le marché, on convient que la Chose ou la Marchandise sera dé-livrée au bout d'un certain tems. En ce cas-là, l'Equité veut que, si la chose vient à périr avant le terme expiré, ce soit pour le compte du Vendeur : mais que si, après le tems convenu, l'Acheteur est en demeure de la retirer, la perte tombe déformais sur lui.

On ajoûte souvent au Contract de Vente diverses clauses particuliéres qui le modi-fient en différentes façons. Par exemple, lors qu'on vend une chose *à la charge que, si dans un certain tems on en trouve davantage, il nous sera permis de la ven-dre à un autre.* Il y a aussi quelquefois une *Clause Commissoire* ou résolutoire, en vertu de laquelle, si l'Acheteur ne paie pas au terme marqué, la Vente est nulle. On ajoûte d'autres fois une *Clause de Re-trait conventionnel*, qui peut être conçue en différentes maniéres: car ou l'on con-vient, que, si le Vendeur rend l'argent qu'il a reçû, ou dans un certain tems, ou toutes les fois que bon lui semblera, l'A-cheteur sera tenu de lui rendre la chose vendue; ou l'on stipule, que si l'Acheteur ne s'accommode pas de la Marchandise, le Vendeur la reprendra en lui rendant son argent; ou enfin il est porté, qu'en

O cas

cas que l'Acheteur veuille de son pur mouvement revendre la chose qu'il a achetée, celui qui la lui a vendue sera préféré, pourvû qu'il la paie sur le pied de ce qu'un autre en donneroit, & c'est ce que l'on appelle *Droit de Préférence*. Il arrive aussi souvent, qu'en vendant un Héritage, on s'en reserve quelque petit coin, ou du moins un certain usage.

Il y a une sorte de Vente que l'on appelle *Vente en bloc*, c'est-à-dire, lors que l'on vend en gros & comme en un tas confus plusieurs choses de différens Prix.

La Loi des *Encans* est, que l'on ajuge la chose qui se crie, au plus offrant & dernier enchérisseur.

Enfin, on achéte quelquefois non pas une certaine chose déterminée, mais seulement une espérance probable, où il entre un peu de hazard; en sorte que l'Acheteur n'a pas sujet de se plaindre s'il lui échet moins qu'il ne s'étoit flatté; ni le Vendeur, si la Fortune favorise l'autre fort au delà de son attente.

Du Contract de Louage.
(a) *Droit de la Nat. & des Gens*, Liv. V. Chap. VI.

X. DANS le (a) Contract de LOUAGE, *on donne à autrui, moiennant un certain Salaire, l'usage d'une chose, ou sa peine & son travail.*

I. C'est l'ordinaire de régler auparavant le Loier ou le Salaire. Mais si l'on n'a point fait de marché, on présume que le Bailleur, c'est-à-dire, celui qui s'est loué ou qui a

loué

loué fon Bien, a prétendu être paié fur le
pied de ce qui fe donne ordinairement, ou
qu'il s'en eft remis à l'équité du Preneur.

2. Le Bailleur eft tenu de mettre la chofe
louée en état de fervir; & il doit auffi faire
les réparations & les dépenfes néceffaires.
Le Preneur, d'autre côté, doit jouir en bon
Père de Famille de ce qu'il tient à loier ; &
il eft refponfable de ce qui fe perd ou qui
périt par fa faute. Par la même raifon
l'Entrepreneur d'un Ouvrage, doit auffi répondre de ce qui s'eft gâté ou détérioré par
fa faute.

3. Si l'on a fait marché avec quelcun
pour une chofe qui ne l'attache pas continuellement à nôtre fervice, on n'eft pas tenu de le paier, lors qu'il lui arrive quelque
accident qui l'empêche de nous fournir
l'ouvrage ou le travail auquel il s'eft engagé. Mais fi une perfonne, qui eft à nos
gages, devient, par une Maladie ou par
quelque autre accident, hors d'état de faire
les fonctions pour un peu de tems; il y auroit de l'inhumanité à lui ôter pour cela
fon emploi, ou à retrancher quelque chofe
de fes gages.

4. Lors que ce qui avoit été loué vient à
périr entiérement, le Loier ne court plus
dès ce moment-là. Que fi une chofe louée,
dont on doit tirer un certain ufage connu &
déterminé que le Bailleur eft tenu de nous
procurer & de maintenir, devient moins

O 2

com-

commode & moins propre à cet ufage par
quelque cas fortuit; il faut que le Bailleur ra-
batte alors du Loier à proportion de ce que
la Maifon, par exemple, eft déformais
moins logeable. Mais quand il s'agit de
chofes dont le revenu eft incertain, & où il
entre un peu de hazard; comme le profit
extraordinaire eft pour le Preneur, la perte
qui furvient par une diminution des revenus
ordinaires tombe auffi fur lui, en forte qu'à
la rigueur le Bailleur n'eft point tenu de rien
relâcher de la rente; d'autant mieux que la
ftérilité d'une année eft ordinairement com-
penfée par l'abondance d'une autre. Il faut
pourtant excepter ici les pertes qui arrivent
par l'effet de quelque malheur fort rare, &
dont il n'y a pas lieu de préfumer que le Preneur ou le Fermier aît voulu prendre fur foi
les rifques; car en ce cas-là l'Equité veut
que l'on diminue ou que l'on quitte entiérement le Loier.

§. XI. Le (a) Contract de Pret a' con-
somption fe fait, lors que *l'on donne à
quelcun une chofe fufceptible de fonction ou
de remplacement, à la charge de nous rendre
dans un certain tems autant qu'il a reçu, de
la même efpéce, & de pareille qualité.*

Les chofes que l'on prête à confomption,
font dites *fufceptibles de fonction* ou de remplacement, parce que chacune tient lieu de
toute autre de même efpéce, en forte que
quiconque reçoit autant qu'il avoit donné,
de

Du Prêt à
Confomp-
tion.
(a) Droit de
la Nat. &
des Gens,
Liv. V.
Chap. VII.

de la même forte, & de pareille qualité, eft
cenfé recouvrer la même chofe précifément.
Elles fe donnent au poids , au nombre, &
à la mefure, qui fervent à déterminer & fpé-
cifier ce qu'il faut rendre : & c'eft pour cela
qu'on les défigne par le nom de quelque
Quantité; au lieu que les autres font appellées des *Chofes en efpéce.*

Au refte, on prête ou fans intérêt, en
forte que l'on ne prétend rien redemander
au delà de ce qu'on donne; ou en ftipulant
du Débiteur quelque profit, qui fe nomme
Ufure ou *Intérêt.* Ce Prêt à ufure n'a rien
de contraire au Droit Naturel , lors que
ceux qui empruntent ne font pas des gens
pauvres , envers lefquels le Prêt doit tenir
lieu d'Aumône; & pourvû que d'ailleurs l'Intérêt qu'on exige foit modique , & n'excéde pas la perte qu'on fait pour fe paffer
de fon Bien pendant un certain tems, & le
profit que le Débiteur retire de nôtre argent ou de toute autre chofe qu'on lui prête, comme auffi celui qu'on auroit pû en
tirer foi-même.

§. XII. ON fait un (a) CONTRACT DE
SOCIETE', lors que *deux ou plufieurs per-*
fonnes mettent en commun leur Argent, leurs
Biens, ou leur Travail, à la charge de par-
tager entr'eux le Gain & de fupporter les
Pertes qui en arriveront, chacun à propor-
tion de ce qu'il contribue du fien.

1. Les Affociez fe doivent réciproque-

Du Con-
tract de So-
ciété.
(a) *Droit de*
la Nat. &
des Gens.
Liv. V.
Chap. VIII.

ment

ment une entiére fidélité, & une grande application à ménager les affaires communes. Et quoi qu'on ne soit pas obligé de demeurer toûjours dans une Société où l'on est une fois entré, il ne faut point la rompre à contretems, & d'une maniére qui tourne au préjudice des autres Associez.

2. Quand on vient à se séparer, si les Associez n'ont mis en commun que de l'argent ou des effets, chacun retire à proportion de ce qu'il a donné, après le calcul fait du profit ou de la perte qui revient à chacun. Mais si l'un a donné son argent ou son bien, & l'autre sa peine, il faut voir sur quel pied ils s'étoient associez. Car lors que celui qui fournit sa peine ne fait que vendre les Marchandises ou faire valoir l'Argent de l'autre, il partage seulement avec lui le profit qui revient de cet Argent ou de ces Marchandises, à proportion de la valeur de sa peine: du reste si le Capital ou le Fonds se conserve ou vient à se perdre, c'est pour le compte de celui à qui il appartient. Mais lors que la peine de l'un des Associez est emploiée à travailler & mettre en œuvre les effets brutes & informes de l'autre; le prémier a sa part aux Ouvrages même ou aux Marchandises qu'il en fabrique, à proportion de ce que vaut son travail.

3. On contracte quelquefois Société de tous biens généralement; & alors comme chacun des Associez doit faire entrer fidéle-

ment

ment dans le Fonds commun tout ce qu'il gagne, il peut aussi prendre de là dequoi s'entretenir honnêtement selon sa condition. Que s'il leur prend envie de se séparer, les parts se réglent à proportion des Biens que chacun avoit apportez dans le Fonds commun, sans assigner à chacun en particulier la Perte ou le Gain que ses Biens ont produit par eux-mêmes; à moins qu'il n'en ait été autrement convenu,

§. XIII. Il y a diverses sortes de Contracts où il entre du Hazard. (a) Telles sont 1. Les *Gageures*, par lesquelles deux personnes, dont l'une affirme, & l'autre nie l'existence d'un événement ou quelque autre fait qui n'est (1) pas encore bien connu à aucune d'elles, déposent ou promettent de part & d'autre une certaine somme, que doit gagner celui dont l'assertion se trouvera conforme à la vérité.

2. Tous les *Jeux* où l'on joue quelque chose, renferment aussi une Convention, où il entre plus ou moins de (2) Hazard,

Des Contracts où il entre du hazard. (a) *Droit de la Nat. & des Gens,* Liv. V. Chap. IX.

O 4 se-

§. XIII. (1) La Gageure ne laisse pas d'être bonne, quand même l'un des Gageurs sauroit certainement la vérité du fait : à moins qu'il n'ait fait semblant de l'ignorer ou d'en douter, pour engager l'autre à parier. Voiez ce que j'ai dit sur le Chapitre du grec Ouvrage cité en marge, §. 4. *Note* 1.

(2) Pour rendre légitimes les Jeux & les autres Contracts où il entre du Hazard, il faut non seulement que ce que l'on risque de perdre de part & d'autre soit égal; mais encore que le danger de perdre, & l'espérance de gagner aient de part & d'autre une juste proportion avec la chose que l'on joue. Voiez le

ſelon la diverſité des Jeux. Il y en a le moins dans ceux qui demandent de l'Eſprit, de l'Adreſſe, ou de la Force. En d'autres le Hazard a autant de part, que l'Adreſſe. En d'autres tout dépend preſque du Hazard. Comme ces ſortes de Contraɛts ſont ſujets à de grands inconvéniens, c'eſt au Souverain à voir juſqu'où il doit les permettre, ſelon l'intérêt de l'Etat ou des Particuliers.

3. Il faut rapporter encore ici les *Loteries*, qui ſe font, lors que pluſieurs perſonnes achétent en commun une choſe, pour tirer enſuite au ſort, à qui l'aura toute entiére: comme auſſi la *Blanque*, par laquelle, après avoir mis dans un Vaſe un certain nombre de Billets, dont les uns ſont blancs & les autres noirs, on vend à qui veut l'achéter, la permiſſion d'en tirer quelquesuns, en ſorte que s'il s'y en trouve de noirs, on doit donner à celui à qui ils ſont tombez en partage, ce qui ſe trouve écrit ou marqué deſſus.

4. Un autre Contraɛt, qui a beaucoup de rapport avec ceux dont nous venons de parler, c'eſt le *Contraɛt d'Aſſûrance*, (3) par lequel, moiennant une certaine ſomme, on

aſſûre

le *Droit de la* N. *& des Gens*, au même Chap. qui vient d'être cité.

(3) L'Aſſûreur peut exiger plus ou moins, ſelon qu'il y a plus ou moins de péril. Mais le Contraɛt eſt nul, s'il ſe trouve que l'Aſſûreur ſavoit que les Marchandiſes étoient déja arrivées à bon port; ou ſi le maître des Marchandiſes avoit reçû avis de leur perte.

aſſûre des Marchandiſes qui doivent être tranſportées, ſur tout par mer; en ſorte que, ſi elles viennent à périr, on eſt obligé de les paier à celui à qui elles appartiennent.

§. XIV. VOILA` quelles ſont les principales ſortes de Contracts Onéreux. On y ajoûte ſouvent, pour plus grande ſûreté, une *Caution*, ou quelque *Gage*.

§. XIV. *Des Cautions.*

La CAUTION (a) eſt *une perſonne, qui, avec l'approbation du Créancier, prend ſur ſoi ſubſidiairement l'obligation du Débiteur principal*, en ſorte que ſi celui-ci ne ſatisfait pas, elle ſe met à ſa place, & eſt tenue de paier; ſauf à elle à avoir ſon recours contre le Débiteur principal, pour ſe faire rendre ce qu'elle a donné.

(a) *Droit de la Nat. & des Gens,* Liv. V. Ch. X. §. 9, *& ſuiv.*

Il eſt clair, qu'une Caution ne ſauroit être obligée à paier plus que ne doit le Débiteur principal. Mais rien n'empêche qu'elle n'entre dans un Engagement plus fort & plus étroit, que le Débiteur principal, ſur qui le Créancier compte moins, & auquel il n'auroit pas prêté, ſi elle ne lui eût répondu de la Dette. Cependant il eſt naturel, que le Créancier s'adreſſe au Débiteur principal, avant que de s'en prendre à la Caution; à moins que ce ne ſoit une (b) *Caution ſolidaire*, c'eſt-à-dire, qui s'eſt chargée entiérement & en ſon propre nom des Engagemens de celui qui étoit auparavant le Débiteur principal.

(b) *Expromiſſor.*

O 5   Lors

Lors que plusieurs personnes se sont rendues Caution pour un seul & même Débiteur, sans que chacune se soit obligée solidairement; on ne peut demander à chacune que ce à quoi se monte sa portion: à moins que quelcune d'entr'elles ne soit devenuë insolvable, ou qu'il n'y ait pas moien de la poursuivre; car en ce cas-là sa portion se rejette sur tous les autres.

§. XV. L'AUTRE sorte d'accessoire ajouté à un Contract, (a) c'est *lors que le Débiteur met entre les mains du Créancier ou lui affecte, pour sûreté de la Dette, une certaine chose, nommée* GAGE *ou* HYPOTHEQUE, dont le Créancier ne se dessaisit point jusqu'à ce qu'il ait été paié. Or on prend cette précaution, non seulement afin que le Débiteur tâche de s'aquitter au plûtôt pour ravoir ce qu'il a donné en gage ; mais encore afin que le Créancier ait en main dequoi se paier, si on ne le satisfait pas: & de là vient qu'ordinairement le Gage vaut plus que ce que l'on prête , ou du moins autant.

Les choses que l'on donne en Gage, sont ou *stériles*, ou *de quelque revenu*. L'engagement des derniéres est souvent accompagné d'une *Clause d'Antichrése*, par laquelle on convient, que le Créancier, pour l'intérêt de son argent , tirera les Revenus de la chose qu'il a en Gage. Pour les choses stériles, on les engage aussi souvent sous une

Des Gages, & des Hypotheques. (a) Droit de la Nat. & des Gens, Liv. V. Ch. X. §. 13, & suiv.

une *Claufe Commiffoire*, en vertu de laquelle, fi l'on ne retire le Gage dans un
certain tems, il demeure au Créancier. En
quoi il n'y a rien de contraire au Droit
Naturel, fi la valeur de la chofe engagée
n'excéde pas la Somme prêtée, & les Intérêts du tems limité; ou que le Créancier rende le furplus au Débiteur.

Du refte, il faut que le Créancier rende
le Gage, auffi-tôt qu'on l'a fatisfait : & tant
qu'il le tient entre fes mains, il doit en
prendre autant de foin que de fes propres
Biens. Si c'eft même une chofe qui foit de
nature à être détériorée par l'ufage, ou que
le Débiteur aît intérêt en quelque autre maniére qu'on ne s'en ferve pas ; le Créancier
ne fauroit le faire légitimement fans le confentement de celui qui la lui a donnée en
gage.

L'*Hypothéque* différe du *Gage* proprement
ainfi nommé, en ce que celui-ci regarde des
chofes qu'on délivre actuellement au Créancier : au lieu que l'autre confifte à lui affigner & lui affecter feulement un certain
Bien, fur tout Immeubl par le moien duquel il puiffe fe dédommager, au cas que le
Débiteur ne le paie pas.

§. XVI. AU RESTE les Devoirs de ces
Contracts, auffi bien que de tous les autres, fe déduifent aifément de la nature &
du but des Engagemens où l'on entre.

Source gé-
nérale des
Devoirs
des Con-
tractans.

CHA-

CHAPITRE XVI.

Comment FINISSENT LES ENGAGEMENS *où l'on étoit entré par quelque Convention ou par quelque Promesse.*

Les Enga-
gemens où
l'on étoit
entré *finis-*
sent en dif-
férentes
maniéres.
Et 1. Par
l'exécution
de ce qu'on
a promis.
(a) *Droit*
de la N.
& des G.
Liv. V.
Chap. XI.

§. I. ON (a) est DE'GAGE' en différentes maniéres DES ENGAGEMENS où l'on étoit entré par quelque Convention, & par conséquent des Devoirs qui en résultoient.

1. La plus naturelle, c'est sans contredit *d'effectuer ce dont on étoit convenu.* Cela se fait ordinairement par la personne même qui s'étoit engagée : mais si quelque autre veut bien l'exécuter pour elle, avec declaration expresse que c'est en son nom & à sa place qu'il agit; elle n'est pas moins quitte par là que si elle avoit satisfait elle-même, & l'autre Contractant doit s'en contenter; pourvû qu'il lui soit indifférent de la part de qui il reçoive ce qui lui est dû. Bien entendu d'ailleurs que celui qui paie sans avoir intention de faire la faveur toute entière ou de satisfaire gratuïtement pour le Débiteur, peut lui demander ensuite ce qu'il a donné pour le dégager.

Il faut paier à celui envers qui l'on s'est engagé, ou à ceux qui ont charge de sa part de recevoir le Paiement en son nom.

Enfin, on doit exécuter ou paier précisément

ment ce dont on est convenu, & non pas
quelque autre chose d'équivalent. Il faut
paier le tout, & non pas une partie seulement, ni une chose tronquée ou divisée. Il
faut aussi paier au lieu & au terme réglé par
la Convention. Souvent néanmoins l'Humanité du Créancier, ou l'impuissance du
Débiteur, obligent à prolonger le terme du
Paiement; ou à consentir que le Débiteur
prenne plusieurs termes pour s'aquitter de
ce qu'il ne pourroit paier tout à la fois;
ou même à se contenter de quelque autre
chose qui tienne lieu de ce qui étoit dû.

§. II. 2. ON se dégage souvent par une
Compensation, ou un aquit réciproque de
deux personnes qui se trouvent Débiteurs
l'un de l'autre d'une chose de même espece
& de même valeur, en sorte que la Dette
soit liquide de part & d'autre. Car comme
une quantité égale à une autre est censée la
même, sur tout en matiére de choses susceptibles de fonction ou de remplacement; &
que les Débiteurs mutuels seroient obligez
de rendre d'abord ce qu'ils auroient reçû
l'un de l'autre: pour éviter ce circuit inutile
de plusieurs Paiemens, le meilleur est que
chacun retienne ce qu'il doit en compensa-
tion de ce qui lui est dû.

Or il est clair, que cette Compensation
ne sauroit se faire avant le terme du Paiement échû; & qu'elle n'a lieu proprement
qu'en matiére de choses susceptibles de

fonction

2. Par une *Compensa-tion.*

fonction ou de remplacement, & qui font de même forte : à moins que, du confentement des Débiteurs réciproques, les chofes de différente nature qu'ils fe doivent l'un à l'autre n'aient été eftimées à prix d'argent; car, en ce cas-là, c'eft leur valeur que l'on compenfe.

§. III.   3. L'ENGAGEMENT finit fans doute, lors que celui en faveur de qui l'on s'eft engagé, & qui a intérêt qu'on effectue ce que l'on a promis, veut bien nous en *tenir quittes*. Or cette *Décharge* eft ou *expreffe*, comme quand on rend le Billet d'Obligation, ou qu'on le déchire, ou (a) que l'on fait quittance de ce qu'on n'a point reçû &c. ou *tacite*, lors que celui envers qui l'on s'eft engagé de faire quelque chofe, empêche lui-même de l'exécuter, ou eft caufe du moins qu'on ne fauroit le faire.

§. IV.   4. LES Engagemens réciproques fe réfolvent par un *Dédit mutuel* des Parties, lors qu'il n'y a encore rien d'exécuté de part ni d'autre ; à moins qu'il ne s'agiffe d'une Convention à l'égard de laquelle quelque Loi Pofitive défende de rompre le marché une fois fait. Mais fi l'un des Contractans a déja effectué quelque chofe, il faut ou qu'il tienne quitte l'autre de ce qu'il devoit faire à fon tour, ou que celui-ci le dédommage de quelque maniére.

§. V.   5. LORS que l'un des Contractans ne tient pas fa parole, cette *Infidélité* dégage

3. Lors que celui, à qui l'on s'eft engagé, nous tient quittes.

(a) Acceptilatio.

4. Par un Dédit mutuel des Parties.

5. Par l'Infidélité de l'un des Contractans.

gage l'autre de la sienne , & anéantit ou plûtôt rompt son Engagement. Car, dans toute Convention, on ne promet qu'en vûe de ce à quoi l'autre Contractant s'engage envers nous; & les Engagemens respectifs des Parties sont renfermez l'un dans l'autre en forme de condition tacite, comme si l'on avoit dit formellement : *Je ferai telle ou telle chose* , *pourvû que de vôtre côté vous fassiez ce dont nous sommes convenus.*

§. VI. 6. LES Engagemens qui étoient uniquement fondez sur un certain *état des Personnes*, s'évanoüissent dès le moment que cet état ne subsiste plus, ou par rapport à la personne même engagée, ou par rapport à celui envers qui elle étoit engagée.

6. Par le changement de l'état sur lequel les Engagemens étoient fondez.

§. VII. 7. LE *tems* seul anéantit les Engagemens , dont la durée dépendoit d'un certain terme fixe ; à moins que les Contractans ne prolongent ce terme par une nouvelle Convention , expresse ou tacite. Bien entendu que, pendant l'espace de tems convenu , on ait été en état d'exiger l'effet de ce à quoi l'autre Partie s'étoit engagée envers nous.

7. Par le tems.

§. VIII. 8. ON substitue quelquefois un tiers, qui étant nôtre Débiteur s'oblige pour nous envers un de nos Créanciers, promettant de lui paier ce qu'il nous devoit; & c'est ce que l'on appelle *Délégation*. Le consentement du Créancier est ici absolument nécessaire , mais non pas celui du tiers Débiteur:

8. Par une Délégation.

biteur : car, quand on doit, il n'import
à qui l'on paie; mais un Créancier a grand
intérêt de ne pas recevoir toute forte de Dé
biteurs qu'on voudroit fubftituer.

§. IX.   9. ENFIN, la *Mort* anéantit les
Engagemens purement perfonnels, dont elle
rend l'exécution impoffible ; càr les Accidens ou les Modes ne fauroient fubfifter
hors de leur Sujet.   Souvent néanmoins les
Engagemens d'un Défunt paffent à quelques-uns de ceux qui lui furvivent : & cela
ou parce qu'ils s'en font chargez eux-mêmes volontairement,   foit par l'affection
qu'ils portoient au Défunt,   foit pour faire
honneur à fa mémoire,   foit pour quelque
autre raifon; ou parce qu'ils fuccédent à fes
Biens,   auxquels l'Obligation étoit naturellement comme attachée,   & dont ils ne fauroient par conféquent hériter fans les en a-
voir auparavant déchargez.

9. Par la mort.

CHAPITRE XVII.

De la MANIE´RE *d'*INTERPRE´TER *les Conventions, & les Loix.*

§. I.   COMME tout ordre donné par un
Supérieur, n'oblige à rien au delà
de ce que le Supérieur veut & entend : de
même,   dans tout Engagement volontaire,
on n'eft tenu qu'à ce à quoi l'on a prétendu
s'en-

Néceffité qu'il y a de bien inter-préter les Conven-tions, & les Loix.

s'engager. Mais perſonne ne poûvant connoître la volonté d'un autre Homme que
par des actes & des indices extérieurs , qui
tombent ſous les ſens, *chacun eſt cenſé obligé, devant le Tribunal Humain, à ce qui
ſuit d'une droite & naturelle interprétation de
ces Signes, & à rien davantage.* Pour bien
entendre donc & les Loix, & les Conventions, & pour s'aquitter des Devoirs qui en
réſultent , il faut néceſſairement ſavoir les
(a) RÉGLES D'UNE BONNE INTERPRÉ-
TATION, ſur tout à l'égard des *Paroles,* qui
ſont le Signe le plus général & le plus ordinaire.

§. II. IL Y A de deux ſortes de *Termes:*
les uns , qui ſont *d'un uſage commun & connu à tout le monde;* les autres qui ſont *particuliers aux Arts & aux Sciences.*

A l'égard des prémiers , il faut établir
pour Régle , que , *tant qu'il n'y a point
d'ailleurs de conjecture ſuffiſante qui oblige
de les entendre dans un ſens nouveau &
particulier , on doit leur donner celui qui
leur eſt propre, non ſelon l'Analogie ou l'E-
tymologie Grammaticale, mais ſelon l'Uſage
commun du Peuple,* qui eſt le maître abſolu
des Langues.

§. III. POUR les *Termes de l'Art,* il
faut les expliquer *ſelon la définition* (1)
qu'en

(a) *Droit
de la Nat.
& des Gens,*
Liv. V.
Chap. XII.

Comment
il faut en-
tendre les
Termes
d'un uſage
commun.

DesTermes
de l'Art.

§. III. (1) A moins que celui qui parle, n'entende
ni l'Art, ni les Termes: car alors il faut juger par la
P   ſuite

qu'en donnent les perſonnes verſées & habiles dans chaque Art & dans chaque Science. Mais (2) ſi un terme eſt diverſement
défini par les Maîtres de l'Art, on doit
alors, pour prévenir les conteſtations, exprimer en termes communs le ſens qu'on
lui donne dans l'affaire dont il s'agit.

Lors qu'il y a quelque *Ambiguité* dans un diſcours, il faut recourir aux *Conjectures.*

§. IV. LORS qu'un Terme, une Phraſe,
ou une Période, ſont *équivoques*, ou qu'*il
paroît y avoir quelque contradiction* entre les
parties d'un Diſcours, qui peuvent néanmoins être conciliées par une droite explication & en aidant un peu à la lettre; il faut
alors avoir recours aux *Conjectures*, pour
démêler l'ambiguité ou la contradiction apparente. Je dis *apparente:* car ſi la contradiction eſt manifeſte, les derniers actes & les derniers articles dérogent aux prémiers.

Ces Con-
jectures ſe
tirent 1.
De la *natu-
re même de
l'affaire*
dont il s'a-
git.

§. V. CES *Conjectures* ſe tirent ou de *la
nature même de l'affaire*, dont il s'agit; ou
*des effets & des ſuites qui réſulteroient d'un
certain ſens*; ou de *la liaiſon & de la conformité des Termes avec d'autres emploiez
dans la ſuite du diſcours, ou en pareilles circonſtances.*

I. A

ſuite du diſcours ou par d'autres Circonſtances, quel
ſens il peut avoir eû dans l'Eſprit.

(2) C'eſt ici une réflexion hors de propos; car
il ne s'agit pas de la maniére dont on doit s'exprimer, pour donner clairement à connoître ſa volonté;
mais ſeulement des Régles qu'il faut ſuivre pour découvrir celle d'autrui, lors qu'elle eſt exprimée avec quelque
obſcurité: comme on l'a remarqué ſur le gros Ouvrage.

1. A l'égard du prêmier chef, c'est une Maxime commune, que *les Termes doivent être pour l'ordinaire entendus conformément à la nature du sujet dont il s'agit.* Car on présume toûjours, que celui qui parle n'a jamais perdu de vûe la chose dont il étoit question, & qu'ainsi il n'a guéres pû avoir dans l'Esprit des sens contraires ou différens.

§. VI. 2. QUAND *les termes, pris absolument & à la lettre, rendroient un acte nul & de nul effet, ou méneroient à quelque chose d'absurde ; il faut alors s'éloigner un peu de la signification propre & ordinaire, autant qu'il est nécessaire pour éviter ces inconvéniens.*

2. Des *effets* ou des *suites.*

§. VII. 3. COMME pour l'ordinaire on présume que chacun est d'accord avec lui-même, *les expressions obscures doivent être expliquées par les autres endroits où le sens est clair & évident :* d'où il s'ensuit, *qu'il faut toûjours considérer avec attention la suite du Discours, & n'admettre aucun sens qui ne soit conforme à ce qui suit & ce qui précéde.* Par la même raison, lors qu'une personne s'est expliquée clairement *dans un autre tems, & dans un autre endroit,* on doit entendre dans le même sens & dans les mêmes vûes ce qu'elle peut avoir dit d'obscur ou d'ambigu au sujet d'une chose de semblable nature ; à moins qu'il ne paroisse manifestement qu'elle a changé de sentiment.

3. De la *suite du Discours,* ou de ce qui a été dit en d'autres circonstances.

§. VIII. UNE autre chose qui sert beaucoup

De la *Raison de la Loi.*

coup à découvrir le véritable sens, principalement en matiére de Loix , c'est ce qu'on appelle la *Raison de la Loi*, ou les motifs & les vûes qui ont porté le Législateur à faire un tel réglement ; sur tout lors que l'on est assûré que c'est la seule chose qui a déterminé le Législateur. C'est donc une Maxime constante, *qu'il faut expliquer une Loi conformément à son but, & que toute Interprétation contraire à ce but doit être entiérement rejettée.* D'où il s'ensuit encore, *qu'aussi-tôt que la Raison propre & unique d'une Loi vient à cesser, la Loi tombe d'elle-même.* Mais lors qu'il y a plusieurs raisons qui ont mû le Législateur, la Loi ne cesse pas du moment qu'une de ces raisons ne subsiste plus ; car les autres peuvent avoir assez de vertu pour maintenir la Loi dans toute sa force. Souvent même la seule volonté du Législateur tient lieu de raison suffisante , & supplée à l'ignorance où l'on est des motifs cachez qui l'ont obligé à nous prescrire une chose.

On doit étendre ou resserrer la signification des termes, selon que les choses , dont il s'agit, sont Favorables, ou Odieuses.

§. IX. PLUSIEURS Termes aiant *diverses significations, les unes plus , les autres moins étendues* ; pour savoir laquelle de ces significations a lieu, il faut examiner encore, s'il s'agit d'une chose ou *Favorable*, ou *Odieuse*, ou *qui tienne un peu des deux* (1). Par *Favorable* on entend ce qui rend la

con-

§. IX. (1) Cette distinction est également incertaine & inutile. Les Promesses & les Conventions , aussi bien que les Priviléges, roulant sur des choses permises

condition des Contractans également avan-
tageuse de part & d'autre ; ce qui tend à
l'Utilité Publique ; ce qui rend un acte efficace ; ce qui contribue au bien de la Paix
&c. On tient au contraire pour *Odieux*, ce
qui impose quelque charge à l'une des Parties seulement, ou qui se trouve plus onéreux à l'un des Contractans qu'à l'autre ; ce
qui renferme quelque Punition ; ce qui annulle un acte, ou qui apporte quelque changement aux choses déja conclues & arrê-
tées ; enfin ce qui est capable de produire
des Disputes, des Querelles, & des Guerres. Que si, par exemple, on change quelque chose aux actes précédens, mais pour
le bien de la Paix, c'est une affaire *Mixte,*
qui tient de l'*Odieux* & du *Favorable.*

Or ici il faut établir pour Régle générale,
que,

ses & innocentes, comme on doit le supposer ici, sont
toutes indifférentes de leur nature ; & par conséquent
il ne faut ni les étendre ni les resserrer, qu'autant que
le demande l'intention de leur Auteur. D'ailleurs
dans les cas que l'on allégue, l'Interprétation qu'on
donne ou peut se faire indépendamment de ce que
l'on y trouve d'Odieux ou de Favorable, comme quand
on dit que tel ou tel droit est accordé *à une personne
& à ses Descendans*, l'usage ordinaire du terme de
Descendans suffit pour autoriser à ne pas restreindre le
Privilége à ceux du prémier degré : ou bien elle renferme même quelque chose qui ne s'accorde pas bien
avec les principes de nôtre Auteur ; car il dit, par exemple, que ce qui tend à l'Utilité Publique est Favorable : or qui ne sait que l'infliction des Peines, qu'il
met au rang des Choses Odieuses, est nécessaire pour
le Bien Public ? Voiez ce que j'ai dit dans les Notes
sur le *Droit de la Nat. & des Gens*, Liv. V. Chap. XII.
S. 12.

que, *dans un doute ou dans une ambiguïté, on doit donner aux Choses Favorables toute l'étendue dont elles sont susceptibles, & restreindre au contraire les Odieuses autant qu'il est possible.*

De l'Extension des Loix à certains cas non-exprimez.

§. X. OUTRE ces *Conjectures*, il y en a d'autres *qui ne sont pas tirées du sens même des Termes ou de la teneur de la Loi ou de la Convention*, lesquelles font néanmoins qu'on doit donner à la chose, dont il s'agit, tantôt une *Interprétation étendue*, & tantôt une *Interprétation étroite* ou restreinte; quoi que l'Extension aît moins souvent lieu, que la Restriction.

On peut donc étendre une Loi à certains Cas qui n'y font pas exprimez, pourvû qu'on soit assûré, que la raison qui convient à ces sortes de Cas est l'unique motif qui a porté le Législateur à faire un tel réglement, & qu'il l'a envisagée dans toute son étendue; en sorte que, s'il eût pensé à ces Cas-là, ou s'il les eût prévûs, il les auroit compris expressément dans la Loi. Il faut aussi étendre la Loi autant qu'il est nécessaire pour mettre à couvert de toutes les Fraudes & de toutes les Chicanes par lesquelles des gens fourbes & malheureusement subtils pourroient l'éluder, & la rendre sans effet.

Des Restrictions fondées sur un défaut originaire de consentement.

§. XI. A L'ÉGARD de la *Restriction des termes généraux*, elle se fait par des Conjectures fondées ou sur *une présomption d'un défaut originaire de consentement*, ou sur
l'in-

l'incompatibilité *d'un Cas survenu depuis a-*
vec la volonté du Législateur ou des Contractans.

On préfume que le Législateur ou les
Contractans n'ont pas prétendu dès le commencement renfermer telle ou telle chose
dans la généralité des termes dont ils se fer-
voient 1. A cause des *absurditez* manifestes
qui s'enfuivroient autrement, & que l'on
n'attribue jamais à une perfonne qui eft en
fon Bon-Sens. 2. Parce que la *raifon*, qui
feule a obligé de faire une Loi ou une Convention, *ne convient pas* à un certain Cas
d'ailleurs renfermé dans l'étendue des Termes confidérez en eux-mêmes. 3. Enfin,
à cause que *la nature même de la chofe*, ne
permet pas d'étendre plus loin les Termes
généraux ; car on eft cenfé avoir toûjours
devant les yeux le fujet dont il s'agit.

§. XII. L'INCOMPATIBILITE *d'un Cas*
furvenu depuis, avec la volonté du Législateur ou des Contractans, fe conjecture par
des raifons tirées ou *des principes de la Lu-*
miére Naturelle, ou de *quelque indice par-*
ticulier de la volonté de celui qui parle.

Le prémier arrive, lors que l'on ne peut
étendre à certains cas les Termes généraux,
fans choquer les Maximes de (a) l'*Equité* ;
des priviléges de laquelle il ne faut pourtant
pas fe prévaloir, fans y être autorifé par des
raifons fuffifantes qui donnent lieu de conclurre, que le Législateur auroit lui-même

De celles qui naif-fent enfui-te par l'in-compatibi-lité d'un Cas furvenu depuis, avec la volonté du Légifla-teur ou des Contrac-tans.

(a) Voiez ci-deffus, Chap. II. §. 10.

ex-

excepté le Cas préfent, fi on l'avoit confulté là-deffus. Or la plus forte raifon que l'on puiffe avoir ici, c'eft lors qu'on voit qu'en fuivant exactement la lettre d'une Loi Humaine, on pécheroit contre le Droit Naturel. On doit confidérer enfuite, fi en expliquant les termes à la rigueur, il réfulteroit de là une chofe, non pas à la vérité abfolument Illicite en elle-même, mais qui, à en juger conformément à la foibleffe humaine, paroit trop dure ou trop onéreufe, foit par rapport à tous les Hommes en général, foit par rapport à certaines perfonnes en particulier : car en ce cas-là il faut refferrer fans contredit l'étendue naturelle des Termes; auffi-bien que quand il s'agit d'une chofe qui ne paroit pas affez confidérable en elle-même pour mériter qu'on s'expofe en fa faveur aux périls & aux incommoditez fâcheufes que l'on auroit à effuier, fi l'on fuivoit le fens général des termes de la Loi.

Du conflict de deux Loix, ou de deux Conventions. §. XIII. Mais il y a d'autres indices, qui font voir que, pour fuivre l'efprit & la volonté du Légiflateur ou des Contractans, on doit excepter d'une Loi ou d'un Contract certains cas particuliers : comme quand on trouve en un autre endroit des termes non pas directement oppofez à ceux de la Loi ou de la Convention dont il s'agit, mais qui renferment des chofes auxquelles, à caufe de certaines circonftances, on ne fauroit

roit pour l'heure satisfaire en même tems.
Voici donc les Régles qu'il faut observer,
pour savoir, laquelle de ces Loix ou de ces
Conventions doit l'emporter dans un tel
conflict.

1. *Ce qui n'est que permis, doit céder* (1)
à ce qui est positivement prescrit.

2. *Ce que l'on doit faire en un certain*
tems, l'emporte sur ce que l'on peut faire en
tout tems.

3. *Une Loi* (2) *qui défend, est préférée*
à une Loi qui ordonne : c'est-à-dire, que si
l'on ne peut obéir à la *Loi Affirmative,*
sans violer la *Loi Négative,* comme on parle, il faut renvoier l'accomplissement de la
prémiére, jusqu'à ce qu'elle ne se trouve
plus en concurrence avec l'autre.

4. *De deux Conventions ou deux Loix*
d'ailleurs également obligatoires, il faut don-
ner la préférence à celle qui est la moins gé-
nérale.

5. *Quand il se trouve du conflict entre*
deux Devoirs, dont l'un est fondé sur des rai-
sons

§. XIII. (1) Cette Régle n'est véritable, qu'en supposant que la Permission soit générale, & l'Ordonnance particuliére. Car il est certain au contraire, qu'une
Permission particuliére l'emporte sur une Ordonnance
generale : la Permission, dans ce dernier cas, formant
une exception à l'Ordonnance; comme, dans le premier cas, l'Ordonnance resserre l'etendue de la Permission.

(2) Il faut encore distinguer ici, si la Loi qui défend, ou qui ordonne, est générale, ou particuliére;
comme on l'a remarqué sur le *Droit de la Nat. & des*
Gens. Liv. V. Ch. XII. §. 23. Voiez la *Note* précédente.

ſons qui renferment un plus grand degré d'Honnêteté ou d'Utilité, que celles d'où dépend l'autre; il eſt juſte que le prémier l'emporte.

6. *Une Convention faite* (3) *ſans Serment, céde à une autre faite avec Serment.*

7. *Les* (4) *Obligations Imparfaites vont après les Obligations Parfaites.*

8. *Les Loix de la Reconnoiſſance, toutes choſes d'ailleurs égales, l'emportent ſur les Loix de la Bénéficence ou de la Libéralité.*

(3) Cette Régle n'eſt vraie qu'en ſuppoſant toutes choſes d'ailleurs égales. Car s'il s'agit de deux Conventions directement oppoſées, la poſtérieure en datte doit l'emporter, ſoit que la prémiere ait été faite avec Serment, ou non. Que ſi les deux Conventions ſont ſeulement différentes, la Particuliére a plus de force que la Générale. Voiez le même endroit du gros Ouvrage, *Note* 7.

(4) Ces deux derniéres Régles ſe trouvent renfermées dans la V. dont elles ne ſont, comme chacun voit, que des conſéquences.

Fin du Prémier Livre.

LES DEVOIRS
DE L'HOMME,
ET DU CITOIEN,

tels qu'ils lui font preferits par

LA LOI NATURELLE.

LIVRE SECOND.

CHAPITRE PREMIER.

De l'ETAT DE NATURE.

§. I. **A**PRE'S avoir expliqué les Devoirs de l'Homme par rapport à autrui qui fuppofent quelque *Etabliffement Humain*, l'ordre veut que nous paffions à ceux qui découlent des *divers états de la Vie*. Or j'entens ici par ETAT en général, (a) *toute condition où l'on conçoit que les Hommes fe trouvent comme placez, pour exercer certaines fortes d'Actions*; & qui eft pour

Ce que c'eft qu'Etat de l'Homme en général.

(a) *Droit de la Nat. & des Gens,* Liv. I. Ch. I. §. 6. & fuiv.

pour l'ordinaire accompagnée de certains droits particuliers.

Combien il y a de ſortes d'Etats.

§. II. IL Y A deux ſortes d'*Etat*, ſavoir l'*Etat de Nature*, & les *Etats Acceſſoires*.

L'ETAT DE NATURE, autant qu'on le connoît par les ſeules lumiéres de la Raiſon, peut être enviſagé, de trois maniéres, ou *entant que l'Homme ſort des mains du Créateur*; ou *ſelon que chaque perſonne ſe trouve en naiſſant*, & deſtituée de tout ſecours de ſes ſemblables ; ou enfin par rapport à *la rélation que les Hommes ont naturellement les uns avec les autres*.

De l'*Etat de Nature* conſidéré entant que *l'Homme ſort des mains du Créateur*.

§. III. AU prémier égard, l'*Etat de Nature* n'eſt autre choſe que *la condition où l'Homme ſe trouve naturellement, entant que Dieu l'a fait le plus excellent de tous les Animaux*. D'où il s'enſuit, que l'Homme doit reconnoître l'Auteur de ſon exiſtence; admirer ſes Ouvrages ; lui rendre un Culte digne de lui; & ſe conduire tout autrement que les Animaux deſtituez de Raiſon. De ſorte que cet Etat eſt oppoſé à *la vie & à la condition des Bêtes*.

* De l'*Etat de Nature*, par rapport à la triſte condition de *chaque perſonne abandonnée à elle même en naiſſant*; & deſtituée de tout ſecours d'autrui.

* §. IV. L'ETAT *de Nature* conſidéré de la ſeconde maniére, c'eſt (a) *la triſte condition où l'on conçoit que ſeroit réduit l'Homme, fait comme il eſt, s'il étoit abandonné à lui-même en naiſſant, & deſtitué de tout ſecours de ſes ſemblables*. En ce ſens, l'*Etat de Nature* eſt ainſi appellé par oppoſition à une

(a) Voiez ci-deſſus Liv. I. Ch. III. §. 3.

une *Vie civilisée & rendue commode & agréa-ble par l'industrie humaine.*

§. V. Enfin, l'*Etat de Nature* envisagé au dernier égard, c'est *celui où l'on conçoit les Hommes les uns par rapport aux autres, entant qu'ils n'ont ensemble d'autre rélation que celle qui est fondée sur cette liaison simple & universelle qu'il y a entr'eux par la ressemblance de leur nature, indépendamment de toute Convention & de tout acte humain qui les ait assujettis les uns aux autres d'une façon particuliére.* Sur ce pied-là, ceux que l'on dit vivre ensemble dans l'Etat de Nature, ce sont ceux qui ne sont ni soûmis à l'empire l'un de l'autre, ni dépendans d'un Maître commun, & qui n'ont reçu l'un de l'autre ni bien ni mal. Ainsi l'*Etat de Nature* est opposé en ce sens à l'*Etat Civil.*

> De l'*Etat de Nature,* envisagé selon *la rélation que les Hommes ont naturellement ensemble.*

§. VI. Pour se former une juste idée de l'*Etat de Nature* considéré au dernier égard, qui est celui dont nous avons à traiter principalement, il faut le concevoir ou *par fiction,* ou *tel qu'il existe véritablement.* (a) Le prémier auroit lieu, si l'on supposoit qu'au commencement du Monde une multitude d'Hommes fût venue au monde en même tems, sans que l'un nâquit ou dépendit en aucune maniére de l'autre, comme la Fable le raconte de ceux qui sortirent tout d'un coup des dents d'un Serpent que *Cadmus* avoit semées ; ou qu'aujourd'hui toutes les Sociétez du Genre Humain vinssent à se dis-

> On conçoit le dernier ou *par fiction,* ou *tel qu'il existe réellement.*
> (a) *Droit de la Nat. & des Gens,* Liv. II. Chap. II.

diſſoudre, en ſorte que chacun ſe conduiſît déſormais lui-ſeul comme il l'entendroit, & n'eût d'autre rélation avec aucun autre, que la conformité d'une même nature. Mais l'Etat de Nature, qui exiſte réellement, c'eſt lors qu'une perſonne étant unie avec quelques autres par une Société particuliére, n'a rien de commun avec tout le reſte des Hommes que la qualité de Créature Humaine, & ne leur doit rien que ce qu'ils peuvent exiger préciſément entant qu'Hommes. C'eſt ſur ce pied-là que vivoient autrefois les Familles ſéparées & indépendantes les unes des autres ; & c'eſt ainſi que ſe regardent encore aujourdhui les Sociétez Civiles, & tous les Particuliers qui ne ſont pas Concitoiens.

Comment s'eſt formé l'Etat de Nature, tel qu'il exiſte aujour-d'hui. §. VII. EN EFFET, il eſt certain que le Genre Humain entier ne s'eſt jamais trouvé tout à la fois dans l'Etat de Nature. Car les Enfans du prémier Homme & de la prémiére Femme, qui, comme l'Ecriture Sainte nous l'enſeigne, ſont la tige d'où deſcend tout le Genre Humain, ſe trouvérent en naiſſant ſoûmis au même Pouvoir Paternel. Mais dans la ſuite leurs Deſcendans, pour peupler le Monde, & pour ſe mettre au large eux & leurs troupeaux, quittérent la Famille Paternelle, & s'allérent établir en divers endroits ; en ſorte que preſque chaque Mâle forma une Famille ſéparée. A meſure que le nombre de ces Familles ſé-

pa-

parées augmentoit, & qu'on se disperssoit de
tous côtez ; les liaisons particuliéres de la Parenté & les sentimens d'Affection qu'elles
inspirent d'ordinaire, s'évanoüirent insensible-
ment : il ne resta plus que la liaison générale
d'une nature commune. Enfin, lors que le
Genre Humain se fût considérablement mul-
tiplié, l'expérience qu'on fit des incommoditez qu'il y avoit à vivre chacun en particulier, obligea ceux qui étoient voisins à se
joindre peu-à-peu sous un même Gouvernement Civil, pour composer de petites Sociétez, dont plusieurs s'étant ensuite réünies
ou par un consentement mutuel, ou par un
effet de la force, en formérent de plus grandes. Ces sortes de Sociétez n'étant unies les
unes avec les autres que par le lien commun de la Nature Humaine, sont encore
aujourdhui sans contredit dans l'Etat de
Nature.

§. VIII. Le principal *droit* de l'Etat de
Nature, c'est une entiére *indépendance* de
tout autre que de Dieu ; à cause dequoi on
donne à cet Etat le nom de *Liberté Natu-*
relle, entant que l'on conçoit chacun comme maître de soi-même, & ne relevant de
l'empire d'aucun Homme, tant qu'il n'y a
pas été assujetti par quelque acte humain.
De là vient aussi que chacun est regardé
comme *égal* à tout autre dont il n'est ni Sujet, ni Maître.

Des *droits* qui sont attachez à l'Etat de Nature.

L'Homme aiant donc naturellement les
lu-

lumiéres de la Raiſon, à la faveur deſquelles il peut ſe conduire; quiconque vit dans l'Etat de Nature n'eſt point tenu de régler ſes Actions ſur le Jugement ou la Volonté d'aucun autre Homme; mais il peut faire à ſon gré tout ce qui lui paroit conforme à la droite Raiſon. Or comme une inclination dominante, qui lui eſt commune avec tous les Animaux, le porte invinciblement à chercher toutes les voies imaginables de ſe conſerver, & à éloigner au contraire tout ce qui tend à la deſtruction de ſon Corps ou de ſa Vie, il peut par conſéquent, dans cet Etat-là, juger en dernier reſſort, ſi tels ou tels Moiens ſont propres, ou non, à la Conſervation de ſa Vie & de ſes Membres. Car quand même il prendroit conſeil d'autrui, il lui eſt toûjours libre de ſuivre, ou non, ce qu'on lui conſeille. Bien entendu, que, pour ſe conduire comme il faut, il ne doit jamais s'écarter des Maximes de la droite Raiſon & de la Loi Naturelle.

§. IX. MAIS, quelque agréablement que flatte cette idée d'indépendance qui eſt attachée à l'Etat de Nature; il ne laiſſe pas d'avoir pluſieurs *incommoditez* pour ceux qui ſont hors de toute Société Civile; ſoit que l'on conçoive chaque perſonne vivant dans une entiére ſolitude, & n'aiant d'autre reſſource qu'en lui-même, dequoi nous (a) avons parlé ailleurs; ſoit que l'on conſidére la vie des anciens Péres de Famille. Car, quoi

Des incommoditez de l'Etat de Nature, par rapport à ceux qui ſont hors de toute Société Civile.

(a) Liv. I. Ch. III. §. 3.

quoi que les Membres de ces Familles féparées & indépendantes pûſſent avoir un peu
plus de commoditez, cela n'étoit nullement
comparable avec les avantages de la Société
Civile; non pas tant en ce qui concerne les
beſoins de la Vie, auxquels une Famille
ſeule auroit aſſez trouvé le moien de pourvoir dans un tems où les Paſſions ne les a-
voient pas multipliez à l'infini; que par rapport à la ſûreté, qui eſt beaucoup moindre
dans l'Etat de Nature. (1) Car, pour dire la
choſe en peu de mots dans la Liberté Naturelle chacun n'a pour ſe défendre que ſes
propres forces; au lieu que, dans une Société Civile, on a outre cela les forces de
tous les autres. Dans l'Etat de Nature, perſonne ne ſauroit être aſſûré de joüir des
fruits de ſon induſtrie; au lieu que, dans
une Société Civile, chacun peut s'en promettre la joüiſſance paiſible. Dans l'Etat de
Nature on ne trouve que Paſſions qui ré-
gnent en liberté, que Guerres, que Crain-
tes, que Pauvreté, que Solitude, qu'Horreur, que Barbarie, qu'Ignorance, que Fé-
rocité; au lieu que, dans une Société Civile on voit régner la Raiſon, la Paix, la
Sûreté, les Richeſſes, l'Ordre, la Beauté,
la

---

§. IX. (1) L'Auteur outre ici un peu les choſes, en
relevant trop les avantages de la Société Civile, par
deſſus l'Etat de Nature. Voiez ce que j'ai dit dans
les *Notes* ſur le *Droit de la Nat. & des Gens*, **Liv. II.**
Chap. II. §. 2.

Q

la douceur du Commerce, la Politeſſe, les Sciences, l'Amitié.

§. X. Bien plus: la Paix même de l'Etat de Nature eſt aſſez foible & aſſez mal aſſûrée entre ceux qui vivent d'ailleurs dans une Société Civile. Car quoi que la Nature même ait établi entre tous les Hommes une eſpéce de Parenté, qui fait que l'on ne peut ſans crime faire du mal à perſonne, & qu'on doit au contraire rendre ſervice à tout le monde autant qu'il dépend de nous; ce motif ordinairement ne fait gueres d'impreſſion ſur ceux qui vivent les uns par rapport aux autres dans l'indépendance de l'Etat de Nature. De ſorte que l'on doit regarder toute perſonne qui n'eſt pas nôtre Concitoien, non pas à la vérité ſur le pied d'Ennemi, mais du moins comme un Ami, ſur qui il ne faut pas trop compter. La raiſon en eſt, que les Hommes ont non ſeulement beaucoup de force & de moiens pour ſe nuire les uns aux autres, mais encore qu'ils s'y portent très-ſouvent par (a) divers motifs. Auſſi voit-on pour l'ordinaire parmi ceux qui vivent dans l'Etat de Nature, des ſoupçons preſque perpétuels, des défiances réciproques, un déſir extrême de ſe détruire ou de ſe prévenir les uns les autres, une avidité inſatiable qui porte à s'aggrandir ſur les ruines d'autrui. Comme donc un Homme de probité doit ſe contenter de ſon Bien, & ne point envahir celui d'autrui, ni attaquer per-

Marginal notes: Combien la Paix de l'Etat de Nature eſt peu aſſûrée, par rapport même à ceux qui vivent d'ailleurs dans une Société Civile.

(a) Voiez ci-deſſus Liv. 1. Ch. III. §. 4.

perfonne fans un jufte fujet : un Homme
prudent & foigneux de fa propre confervation, doit bien regarder tous les autres
Hommes comme fes Amis, mais en fe fou-
venant toûjours qu'ils peuvent devenir fes
Ennemis, & par conféquent entretenir la
Paix avec tous, comme fi elle devoit bien-
tôt fe changer en Guerre. Ainfi une Société Civile paffe avec raifon pour bien
reglée, lors que même en tems de Paix
on penfe à tout ce qui eft néceffaire pour la
Guerre.

§. XI. LORS qu'il furvient quelque Différent (a) entre ceux qui vivent dans l'Etat
de Nature, ou parce que l'un a offenfé l'autre, ou parce qu'il ne s'aquitte pas de ce
à quoi il s'eft engagé envers lui, ou parce
qu'ils ont quelque autre chofe à démêler enfemble; il n'y a perfonne qui puiffe prononcer là-deffus avec autorité, & obliger
celui qui a tort à faire fatisfaction, ou à tenir fa parole, comme cela a lieu dans une
Société Civile, où l'on peut implorer le fecours d'un Juge commun. Cependant, la Loi
Naturelle ne permettant pas d'en venir d'a-
bord aux Armes, quelque affûré que l'on
foit de la juftice de fa Caufe; il faut voir auparavant s'il n'y a pas moien de terminer le
Différent par quelque voie de douceur,
comme, par une Conférence ou un Ac-
commodement à l'amiable avec l'autre Partie, ou par un *Compromis* abfolu, & non

Comment
fe vuident
les Diffé-
rens entre
ceux qui
viventdans
l'Etat de
Nature.
(a) *Droit de
la N. & des
Gens,* Liv.
V. Chap.
XIII.

pas

pas conditionnel, qui remette la décifion de l'affaire à des *Arbitres*.

Ces *Arbitres* doivent agir avec une entiére impartialité, & ne rien donner à la Faveur ni à la Haine, mais prononcer uniquement felon le Droit & l'Equité. De là vient qu'on ne prend pas un Homme pour Arbitre dans une affaire où il a lieu d'efpérer, en donnant gain de caufe à l'une des Parties, quelque gloire ou quelque avantage qui ne lui reviendroit pas s'il prononçoit en faveur de l'autre ; en un mot toutes les fois qu'il a quelque intérêt particulier que l'une ou l'autre demeure victorieufe. Il ne doit pas non plus y avoir entre l'Arbitre & les Parties quelque Convention ou quelque Promeffe, en vertu de laquelle il foit engagé à prononcer en faveur de l'une des Parties.

Si les Arbitres ne peuvent pas s'éclaircir d'un fait, dont il s'agit, ni par l'aveu commun des Parties, ni par des piéces & des actes authentiques, ni par des raifons ou des indices inconteftables ; il faut alors examiner la dépofition des *Témoins* qui fe préfentent. Ces Témoins font indifpenfablement tenus de dire la vérité, & par les Maximes de la Loi Naturelle, & par la fainteté du Serment qu'on exige d'eux pour l'ordinaire. Cependant le plus fûr eft de ne pas recevoir à dépofition ceux qui ont envers l'une ou l'autre des Parties des fentimens qui pourroient les porter à facrifier leur Confcience à la Fa-

Faveur, à la Haine, à un défir de Vengeance, & à quelque autre Paffion violente, ou même aux liaifons étroites du
Sang ou de l'Amitié; tout le monde n'aiant
pas affez de force pour réfifter à de telles
tentations.

Quelquefois auffi les Différens fe termi-
nent par l'interpofition & la médiation d'A-
mis communs ; dont les foins à cet égard
paffent avec raifon pour un des Offices les
plus dignes d'égards & de reconnoiffance.

Au refte, dans l'Etat de Nature, chacun
fe fait raifon lui-même, lors que l'autre Partie refufe de fe foûmettre à l'Accommode-
ment conclu, ou à la fentence des Arbitres;
en un mot toutes les fois qu'on ne veut pas
s'aquitter de bonne grace de ce qu'on lui
doit.

Chapitre II.

Des Devoirs du Mariage.

§. I. PArcourons maintenant les E-
TATS Accessoires, c'eft-à-dire,
ceux où l'on fe trouve en conféquence de
quelque acte humain; & commençons par
le Mariage, (a) qui eft la prémiére ébau-
che de Société, & la pépiniére du Genre
Humain.

Le *Mariage* eft la pre-
miére des Sociétez.

(a) *Droit de la N. & des Gens,* Liv. VI. Chap. I.

Q 3

§. II.

§. II. D'ABORD il eſt certain, que ce panchant naturel qui porte avec tant d'ardeur les deux Séxes à s'unir enſemble, eſt un effet de la Sageſſe du Créateur, & un déſir très-innocent en lui-même. Mais l'intention du Créateur n'eſt pas, que l'on cherche à le ſatisfaire uniquement pour ſe procurer un vain plaiſir; ce qui produiroit dans le Monde une extrême confuſion, & un fort vilain ſpectacle. La raiſon pourquoi il a mis dans les Hommes cette forte inclination, c'eſt d'un côté pour rendre plus doux & plus agréable le commerce des perſonnes mariées; de l'autre pour les engager à faire ſans répugnance les fonctions naturelles d'où dépend la propagation du Genre Humain, & à ne pas ſe rebutter pour les incommoditez de la Groſſeſſe, & les embarras de l'Education d'une Famille.

De là il s'enſuit, que tout uſage des parties deſtinées à la génération, dans lequel on ſe propoſe autre choſe que ce que nous venons de dire, eſt contraire à la Loi Naturelle: & par conſéquent qu'elle condamne non ſeulement ces Paſſions abominables qui ont pour objet des Bêtes brutes, ou des perſonnes de même ſéxe, mais encore les pollutions infames, & les commerces charnels hors du Mariage, ſoit que l'on force une Femme, ou qu'elle ſoit d'accord avec le Galant.

§. III.

But légitime du déſir naturel qui porte les deux Sexes à s'unir enſemble.

§. III. IL Y A quelque *Obligation de* contra&er *Mariage*, foit par rapport à *tout le Genre Humain*, foit par rapport à *chaque perfonne* en particulier.

En quel sens on eft tenu de contra&er Mariage ?

Au prémier égard, cette Obligation con- fifte en ce que la propagation de l'Efpéce ne doit pas fe faire par des conjonctions vagues & licentieufes, mais felon les Loix du Mariage ; fans quoi il ne fauroit y a- voir de Société Humaine, ou Civile, bien réglée.

Chacun néanmoins n'eft tenu de fe ma- rier qu'autant qu'il le peut commodément, & que l'occafion favorable s'en préfente. Pour cet effet il ne fuffit pas d'être d'un âge & d'une conftitution propre aux fonctions matrimoniales: il faut encore que l'on trou- ve un parti honnête ; que l'on aît dequoi entretenir une Femme & des Enfans ; & que l'on foit en état de bien foûtenir le perfon- nage de Pére de Famille. Lors même que tout cela fe rencontre dans un Homme, s'il a d'ailleurs le don de Continence, & qu'il croie qu'en vivant dans le Célibat, il rendra plus de fervice au Genre Humain, oû à l'E- tat dont il eft Membre, que s'il étoit marié: il peut très-bien s'en difpenfer ; fur tout s'il y a fans lui affez de gens pour vaquer à la propagation de l'Efpéce, & pour ne pas laif- fer finir le cours des générations.

§. IV. DANS tout Mariage il doit y avoir & il y a ordinairement une *Convention*, dont

Engage- mens du Mariage regulier.

les

Q 4

les Engagemens , lors que le *Mariage* eſt *parfait & régulier*, ſe reduiſent aux Articles ſuivans.

1. Comme un Homme qui veut ſe marier, & qui, ſelon l'uſage le plus conforme à la nature des deux Sexes, recherche une Femme en Mariage, ſe propoſe ſans contredit d'avoir des Enfans dont il ſoit le Pére, & non pas des Bâtards ou des Enfans ſuppoſez: LA FEMME DOIT D'ABORD PROMETTRE A` CELUI QUI L'E´POUSE DE N'ACCORDER L'USAGE DE SON CORPS A` D'AUTRE QU'A` LUI. Et pour l'ordinaire l'Homme s'engage à ſon tour envers la Femme de n'avoir commerce avec d'autre qu'elle.

2. De plus, rien n'eſt plus contraire à l'ordre de la Société Humaine & de la Société Civile, qu'une vie vagabonde où l'on n'a ni feu ni lieu. D'ailleurs, le meilleur moien de bien élever les Enfans, c'eſt que le Pére & la Mére uniſſent leurs ſoins pour veiller à l'Education de ces chers gages de leur Amour, qui en ſerrent les nœuds plus étroitement. C'eſt auſſi un grand plaiſir pour des gens mariez, bien aſſortis, que d'être toûjours enſemble: & par là en même tems le Mari peut être plus aſſûré de la chaſteté de ſon Epouſe, que ſi elle ne demeuroit pas avec lui. La Femme doit donc s'engager encore A` ETRE TOÛJOURS AUPRE´S DE CELUI QU'ELLE E´POUSE, à vivre avec lui dans une Société très-étroite, & à ne faire

faire avec lui qu'une feule & même Famille. Engagement qui renferme une Promeſſe tacite de ſe conduire l'un envers l'autre d'une maniére conforme à la nature & au but de cette Société.

3. Enfin, à conſidérer la conſtitution naturelle des deux Séxes, il eſt très-convenable que, dans le Mariage, la condition de l'Homme ſoit un peu plus avantageuſe que celle de la Femme; & l'Homme étant d'ailleurs, comme nous l'avons dit, celui qui forme la Familie, où la Femme entre, en devient par là le Chef. D'où il s'enſuit, que LA FEMME EST SOÛMISE A' LA DIRECTION DU MARI EN TOUT CE QUI CONCERNE LES AFFAIRES DU MARIAGE ET DE LA FAMILLE. Ainſi c'eſt au Mari à régler le Domicile, & non pas à la Femme. Celle-ci ne peut pas non plus voiager ſans la permiſſion de ſon Mari, ni faire lit à part ſans ſon conſentement. Mais il n'eſt pas de l'eſſence du Mariage, que l'Autorité du Mari renferme le droit de Vie & de Mort, ou le pouvoir d'infliger quelque châtiment conſidérable; ni celui de diſpoſer abſolument de tous les Biens de ſa Femme. Tout cela dépend des Conventions particuliéres des Mariez, ou des réglemens des Loix Civiles.

§. V. IL EST manifeſtement contraire à la Loi Naturelle, qu'une Femme aît commerce en même tems avec pluſieurs Hommes. *De la Polygamie.*

Q 5   mes.

mes. Mais la *Polygamie*, qui confifte en ce qu'un Homme a deux ou plufieurs Femmes à la fois, a été en ufage parmi plufieurs Peuples, & même chez les anciens *Juifs*. Cependant, mis à part même l'inftitution primitive du Mariage, telle que l'Ecriture Sainte nous l'enfeigne ; la Raifon feule fait voir, que le Mariage d'un avec une eft infiniment plus honnête & plus avantageux: comme il paroit auffi par l'expérience de tous les fiécles depuis que le Chriftianifme eft établi dans le Monde.

Du *Divorce.*

§. VI. LA nature même d'une union auffi étroite que celle du Mariage, nous donne lieu de penfer que (1) *cette Société doit être à vie*, & ne finir que par la mort de l'un ou de l'autre des Mariez; à moins que les Articles effentiels du Contract de Mariage n'aient été violez par l'*Adultére*, ou par une *Défertion malicieufe*. Bien entendu qu'en ce cas-là il n'y a que la Partie lézée qui foit dégagée du lien du Mariage ; car fi elle veut fe reconcilier avec l'autre, celle-ci doit demeurer, & recevoir avec reconnoiffance le pardon qu'on lui offre.

Pour ce qui eft de la contrariété ou de l'incompatibilité d'humeurs, qui ne va pas juf-

§. VI. (1) Tout ce que demande la nature & le but du Mariage, indépendamment des réglemens de quelque Loi Pofitive, ou d'un Engagement particulier des Parties ; c'eft que cette Société dure long tems. Voiez ce que l'on a dit fur le *Droit de la N. & des Gens.* Liv. VI. Chap. I. §. 20. *Note* 3.

jufqu'à produire le même effet que la Défertion malicieufe; on ne fait, parmi les Chré-
tiens, qu'ordonner une féparation de corps
& de biens, fans permettre à aucune des
Parties de fe remarier. Ce qui eft ainfi établi, entr'autres raifons, pour empêcher que
la facilité du Divorce n'entretienne pas la
mauvaife humeur & le mauvais ménage d'un
Mari ou d'une Femme; & afin au contraire
que, toute efpérance d'une féparation entiére étant ôtée, cela les engage à être com-
plaifans l'un envers l'autre, & à fe fupporter
mutuellement.

§. VII. PAR le Droit Naturel tout feul,
& indépendamment des Loix Civiles, *il eft
permis à chacun de fe marier avec toute autre perfonne qui le veut :* à moins qu'un *Obftacle Phyfique* ne l'en empêche, c'eft-à-dire,
qu'il ne foit d'un âge ou d'une conftitution
qui le mette hors d'état de vaquer aux fonctions naturelles d'où dépend la propagation
de l'Efpéce: ou qu'il n'y aît quelque *Obftacle Moral,* qui rende nuls les Engagemens
où il pourroit entrer avec certaines perfonnes; comme, par exemple, fi l'Homme
ou la Femme font déja mariez avec quelque
autre.

*Des Obfta-
cles, tant
Phyfiques,
que Mo-
raux, qui
rendent
nul un Ma-
riage.*

§. VIII. ON TIENT auffi pour un Obftacle Moral, *la trop grande proximité de
fang, ou d'Alliance.* Sur ce pied-là, le Mariage entre Afcendans & Defcendans à l'infini, paffe pour criminel felon les Maximes
même

*Des Dégrez
défendus,
tant d'Af-
finité, que
de Parenté.*

même du Droit Naturel. La Loi Divine de *Moïse*, les Loix des Peuples civilifez, & l'ufage conftant du Chriftianifme, font regarder auffi avec horreur le Mariage avec une Tante Paternelle ou Maternelle, ou avec une Sœur ; comme auffi, dans les degrez d'Affinité, le Mariage avec une (a) Belle-Mére, ou une Belle-Fille. En plufieurs Païs même les Loix Civiles défendent quelques autres Degrez Collatéraux plus éloignez, afin de mettre, pour ainfi dire, une plus forte barriére à ceux dont nous venons de parler.

(a) Tant la Femme d'un Pére, que la Femme du Pére d'une Femme.

§. IX. Au reste, comme les Loix Civiles prefcrivent aux autres Contracts certaines *Formalitez*, dont le défaut fuffit pour les annuller devant les Tribunaux Civils: il en eft de même du Mariage, par rapport auquel la Bienféance & l'Ordre demandent qu'on les obferve. Encore donc que ces Formalitez ne foient pas fondées fur le Droit Naturel, leur défaut rend fans contredit illégitime le Mariage des perfonnes foûmifes aux Loix du Païs qui les prefcrivent, ou empêche du moins qu'une copulation faite même avec foi de Mariage n'aît les effets Civils d'un Mariage Légitime.

Des formalitez du Mariage, qui font prefcrites par les Loix Civiles.

§. X. Le Devoir d'un *Mari*, c'eft d'aimer fa Femme, de la nourrir & entretenir, de la conduire, & de lui fervir d'appui & de défenfe. La *Femme*, de fon côté, doit aimer fon Mari, l'honorer, lui aider non feulement

Devoirs mutuels des perfonnes mariées,

lement

lement à mettre au monde des Enfans & à les élever, mais encore à prendre soin des affaires domestiques. Tous deux ensemble, pour s'aquitter de ce à quoi engage une si étroite union, doivent partager les Biens & les Maux qui leur arrivent; se consoler & se soulager l'un l'autre dans les Afflictions; s'accommoder sagement à l'humeur l'un de l'autre, & avoir une Condescendance réciproque, pour vivre en paix & en bonne union: en sorte pourtant que la Femme doit être plus souple, & avoir plus de déférence pour son Mari, comme lui étant inférieure en quelque maniére.

CHAPITRE III.

Des Devoirs réciproques d'un PE´RE & d'une ME´RE & de leurs ENFANS.

§. I. DU Mariage sortent les ENFANS, qui doivent reconnoître leur PE´RE & leur ME´RE comme leurs Supérieurs, & respecter religieusement leurs ordres. (a) C'est la plus ancienne & la plus sacrée Autorité qui se trouve parmi les Hommes.

*§. II. CE *Pouvoir Paternel* est fondé sur deux raisons. Car 1. La *Loi Naturelle*, par cela même qu'elle prescrit la *Sociabilité*, ordonne aux *Péres* & aux *Méres d'avoir soin de leurs*

En-

Le *Pouvo ir Paternel* est la plus ancienne & la plus sacrée Autorité Humaine, & le fondement du second Etat Accessoire.

(a) *Droit de la N. & des G.L.VI.* Ch. II.
* Fondement du Pouvoir Paternel.

Enfans, fans quoi la Société ne fauroit abfolument fubfifter : & même, pour les engager à la pratique d'un Devoir fi néceffaire, la Nature leur a infpiré une tendreffe extrême pour ces fruits de leur union. Or le
moien qu'un Pére & une Mére élévent bien
leurs Enfans, s'ils n'ont le pouvoir de diriger leurs Actions, & de prendre foin de
leur Confervation, dans un âge où ils ne
font pas encore capables de fe conduire &
de pourvoir eux-mêmes à leurs befoins, ni
de connoître feulement leurs intérêts.

2. De plus, il y a ici un *confentement tacite des Enfans.* (1) Car on a lieu de préfumer, que fi un Enfant avoit en venant au
monde l'ufage de la Raifon, & qu'il pût
confidérer que, fans le foin de fes Parens &
fans l'Autorité qui leur eft néceffaire pour fe
charger de fon Éducation, il périra infailliblement, il fe foûmettroit volontiers à leur
direction, à la charge que, de leur côté, ils
s'aquitteroient bien de l'engagement où ils
entrent à fon égard. Ainfi un Pére & une
Mére commencent à être revêtus actuellement du Pouvoir Paternel, lors qu'ils entre-
prennent de nourrir & d'élever les Enfans
nez de leur union, pour les rendre, autant
qu'en eux eft, des Membres utiles à la Société Humaine.

§. III.

---

§. II. (1) Cette fuppofition eft également mal fondée & fuperflue. Voiez ce que j'ai dit fur le *Droit de
la N. & des G.* Liv. VI. Chap. II. §. 4.

§. III. LE Pére & la Mére concourent également à la production de leurs Enfans, & par conséquent, à parler en Physicien, les Enfans ne sont pas plus à l'un qu'à l'autre. Mais on demande, si de là il s'ensuit que l'Autorité du Pére & de la Mére soit égale, ou bien *si l'un a plus de pouvoir que l'autre sur leurs Enfans communs?*

Pour traiter comme il faut cette Question, il y a ici divers cas à distinguer. Je dis donc, que les *Enfans nez hors du Mariage* appartiennent prémiérement & originairement à la Mére; parce qu'en ce cas-là il n'y a que la Mére qui puisse savoir qui est le Pére de son Enfant. Ceux aussi qui vivent *dans l'Etat de Nature* ou purement & simplement, ou entant qu'ils sont au dessus des Loix Civiles, peuvent convenir ensemble, en se mariant, que les Enfans dépendront de la Mére plus que du Pére.

Mais comme *dans les Sociétez Civiles,* qui ont été formées par des Hommes, & non pas par des Femmes, le Mari est le Chef de la Famille, entant qu'il l'a formée & que le Contract de Mariage a commencé par lui, il a aussi plus d'autorité sur les Enfans, que n'en a la Femme: en sorte que, quoi que les Enfans doivent sans contredit honorer leur Mére, & lui témoigner leur Reconnoissance des Bienfaits qu'ils en ont reçû, ils ne sont pourtant pas obligez de lui obéïr, lors que le Pére leur commande

le

Lequel des deux, du Pere ou de la Mere, a plus d'autorité sur leurs Enfans communs?

le contraire en matiére de chofes qui n'ont
rien d'injufte en elles-mêmes. Mais lors que
le Pére vient à mourir la Mére hérite de tout
le Pouvoir Paternel, du moins envers les
Enfans qui font encore en bas âge. Que fi
elle fe remarie, & que ce fecond Mari fe
charge de l'Education des Enfans du prémier lit; ils lui doivent la même obéïflance
qu'à leur propre Pére : ce qui a lieu auffi,
lors qu'un Enfant expofé, ou Orphelin, a
été élevé charitablement par quelcun qui lui
a tenu lieu de Pére.

§. IV. Voions maintenant, quelles font
les juftes bornes du Pouvoir des Péres & des
Méres fur leurs Enfans. Et ici il faut diftinguer, entre le *Pouvoir d'un Pére confidéré
précifément comme Pére*, & celui qu'il a entant que *Chef de Famille*; comme auffi entre les *Péres de Famille qui vivent dans l'indépendance de l'Etat de Nature*, & ceux
qui font *Membres de quelque Société Civile*.

Un Pére, comme tel, étant mis par la
Nature même dans une Obligation indifpenfable de bien élever fes Enfans, pour les
rendre utiles à la Société Humaine, jufques
à ce qu'ils foient en état de fe conduire eux-
mêmes; fon Pouvoir doit être auffi étendu
qu'il eft néceffaire pour cette fin, & pas davantage. Ainfi il ne lui donne pas droit de
défaire un Enfant encore dans le fein de fa
Mére, ni de le tuer ou de l'expofer, après
qu'il

Marginal note: Jufte étendue du
Pouvoir
Paternel,
confidéré
comme tel.

qu'il est venu au monde. Car quoi qu'un Enfant soit formé de la substance de son Pére & de sa Mére, il est Homme aussi-bien qu'eux, & il entre d'abord dans tous les droits de la Nature Humaine, en sorte que ses Parens même peuvent lui faire du tort en agissant avec lui d'une certaine maniére. Le Pouvoir Paternel ne renferme pas non plus par lui-même le Droit de Vie & de Mort ; mais seulement le droit d'infliger quelque Châtiment modéré à un Enfant qui a commis quelque faute, & qui dans cet âge tendre, où le Pére fait usage de son Autorité avec le plus d'étendue, n'est guéres capable de tomber dans quelcun de ces Crimes atroces qui méritent la mort. Mais si un Enfant s'obstine à être rebelle, en sorte qu'il paroisse incorrigible, on peut le chasser de la Famille, & le deshériter.

§. V. POUR connoître plus distinctement l'étendue du Pouvoir Paternel considéré en lui-même, il faut distinguer les tems & les âges, dont la diversité demande que les Péres & les Méres agissent envers leurs Enfans d'une maniére différente.

Du Pouvoir Paternel, par rapport au tems de l'Enfance.

Dans l'*Enfance*, où les Enfans ne sont pas encore capables de faire usage de leur Raison, toutes leurs Actions sont soûmises à la direction de leurs Parens. Que si, pendant cet âge-là, il survient d'ailleurs quelques Biens à un Enfant, soit par Donation, ou autrement, ils lui sont aquis à la vérité, &

R   ils

ils lui appartiennent dès-lors: mais le Pére doit les accepter pour lui, & les adminiſtrer en ſon nom; en ſorte néanmoins qu'il en a l'Uſufruit juſques à ce que ſon Enfant ſoit capable d'en prendre lui-même l'adminiſtra. tion. Un Pére peut même s'approprier ce que ſon Enfant gagne par ſon travail ou ſon induſtrie, comme en dédommagement des dépenſes qu'il eſt obligé de faire pour ſa Nourriture & pour ſon Education.

§. VI. Lors qu'un Enfant eſt venu en *âge d'homme fait*, la maturité de ſon Jugement ne le diſpenſe pas de ſuivre la volonté de ſon Pére, comme d'une perſonne plus prudente, & dont l'Autorité a pour but que les Enfans ſoient bien élevez & bien diſciplinez, même dans l'Adoleſcence. Et s'il veut être entretenu des Biens de ſon Pére, & en hériter un jour; il faut qu'il s'accommode aux intérêts & à la conſtitution de la Famille Paternelle; dont le Pére a ſans contredit la direction.

Du Pouvoir ſur les Enfans en âge d'hommes faits.

§. VII. Dans l'indépendance de l'*Etat de Nature*, les Péres, entant que *Chefs de Famille*, étoient comme Princes dans leur maiſon. Ainſi, tant que les Enfans demeuroient dans la Famille, ils devoient obéir à leur Pére, comme à celui qui avoit en main le Pouvoir Souverain de cette petite Société.

Du Pouvoir des Péres, entant que Chefs de Famille; & cela ſelon la différence de l'Etat de Nature, & de l'Etat Civil.

Mais lors que les Péres de Famille furent devenus Membres de quelque *Société Civile,* cet

cet Empire Domeſtique, auſſi bien que les autres droits de l'Etat de Nature, furent réduits à certaines bornes, plus ou moins étroites, ſelon que le demandoit l'ordre & la conſtitution du Gouvernement. En quelques endroits les Péres de Famille conſervérent le droit de Vie & de Mort ſur leurs Enfans: mais en d'autres on les dépouilla de ce droit, & cela ou pour empêcher qu'ils n'en abuſaſſent d'une maniére préjudiciable au Bien Public, ou qui tournât à l'oppreſſion des Enfans; ou de peur que des Crimes funeſtes à la Société Civile ne demeuraſſent impunis par l'indulgence des Péres; ou enfin pour épargner à un Pére la triſte néceſſité de prononcer lui-même la ſentence de mort contre de ſi chers Coupables.

§. VIII. COMME un Pére *ne doit pas, ſans de très-fortes raiſons, chaſſer ſon Enfant de ſa Famille*, tant qu'il a encore beſoin d'Education & qu'il n'eſt pas en état de pourvoir par lui-même à ſes beſoins: il ne faut pas, d'autre côté, qu'un Enfant ſorte de la Famille ſans le conſentement de ſon Pére. Or les Enfans ſortent ordinairement de la Famille par le Mariage, & il importe d'ailleurs beaucoup à un Pére & une Mére que ſon Enfant ne ſe conduiſe pas uniquement à ſa fantaiſie dans une affaire de cette importance, où il s'agit de choiſir une perſonne avec qui il paſſe ſes jours, & qui leur doit donner des Petits-Fils. Il eſt donc ſans contre-

Si un Enfant peut ſortir de la Famille, ou ſe marier, ſans le conſentement de ſon Pére?

dit

dit du Devoir d'un Enfant, *de ne fe marier qu'avec l'approbation de fon Pére & de fa Mére*. Mais fi l'on a actuellement contracté & confommé le Mariage malgré fes Parens, ce défaut ne le rend point nul par le Droit Naturel tout feul; fur tout fi on ne prétend pas être à charge à la Famille Paternelle, & que d'ailleurs le parti ne foit pas deshonnête. Si donc, en certains endroits, ces fortes de Mariages font regardez, comme invalides ou illégitimes; cela vient uniquement des défenfes des Loix Civiles.

De l'Obligation où font les *Enfans émancipez* envers leur Pére & leur Mére.

§. IX. Du MOMENT qu'*un Enfant eft tout-à-fait hors de la Famille Paternelle*, & qu'il eft entré dans une autre, ou qu'il eft devenu lui-même Chef de Famille; il n'eft plus foûmis à la Jurifdiction de fes Parens : mais il ne laiffe pas d'être obligé d'avoir pour eux, pendant tout le refte de fa vie, des fentimens d'Affection & de Refpect, dont le fondement fubfifte toûjours, en quelque état qu'il fe trouve. Car il y eft engagé par la Reconnoiffance des Bienfaits qu'il a reçûs de fon Pére & de fa Mére, & qui font tels, que, felon l'opinion commune, on ne fauroit jamais, ou du moins que très-rarement, y répondre d'une maniére qui en égale le mérite. Or ces obligations ne confiftent pas feulement en ce qu'un Enfant eft redevable à fon Pére & à fa Mére, de la Vie, qui eft le plus excellent des Biens naturels, & le fondement de tous les autres; mais encore

core en ce qu'il leur doit l'Education, qui leur a coûté bien des foins & de la dépenfe, & par laquelle ils ont été formez à une Vie raifonnable & fociable : outre que fouvent les Péres & les Méres amaffent du bien pour mettre leurs Enfans en état de vivre à leur aife & dans l'abondance.

§. X. AU RESTE, quoi que l'Education foit le principal fondement du Pouvoir Paternel, & un Devoir indifpenfable que la Nature impofe aux Péres & aux Méres; cela n'empêche pas que, dans une néceffité, ou fimplement pour un plus grand avantage des Enfans, on ne puiffe *confier à quelque autre, qui en foit capable, le foin de leur Education :* bien entendu qu'on ne fe repofe pas entiérement fur lui, & que l'on voie de tems en tems s'il s'aquitte de l'emploi important dont il a voulu fe charger.

Un Pére peut auffi donner fon Fils à un Honnête Homme, qui fouhaitte de l'adopter, fi c'eft pour l'avantage de celui à qui l'Etranger veut tenir lieu de Pére.

Bien plus: un Pére peut, lors qu'il n'a pas d'autre moien de faire fubfifter fon Enfant, le mettre, pour ainfi dire, en gage, ou le vendre même pour être réduit à un Efclavage fupportable, du moins à condition que celui qui l'achéte fera tenu de le rendre, lors que le Pére aura le moien de paier, ou que quelcun de fes parens voudra le racheter.

R 3 §. XI.

Si un Pére peut fe décharger fur quelque autre perfonne du foin d'élever fes Enfans ; ou le donner à un autre qui veut l'adopter ; ou le vendre dans une extrême néceffité ?

Devoirs des Péres & des Méres.

§. XI. Pour raſſembler maintenant les *Devoirs mutuels des Péres & Méres, & de leurs Enfans*, voici en quoi ils conſiſtent principalement.

Les *Péres* & les *Méres* doivent nourrir & entretenir leurs Enfans auſſi commodément qu'il leur eſt poſſible; former leur Corps & leur Eſprit par une bonne Education, qui les rende des Membres commodes & utiles de la Société Humaine & de l'Etat, ſages, prudens, gens de bien, & de bonnes mœurs. leur faire embraſſer de bonne heure une Profeſſion honnête & convenable; établir & pouſſer leur fortune autant qu'ils en ont le moien, & qu'ils le peuvent raiſonnablement.

Devoirs des Enfans.

§. XII. Le Devoir des *Enfans* eſt d'honorer leur Pére & leur Mére non ſeulement par des démonſtrations extérieures de Reſpect, mais beaucoup plus par une Vénération intérieure, comme ceux de qui ils tiennent le jour, & à qui ils ont d'ailleurs de ſi grandes obligations; de leur obéir; de leur rendre tous les ſervices dont ils ſont capables, ſur tout lors qu'ils ſe trouvent dans la diſette, ou avancez en âge; de n'entreprendre rien de conſidérable ſans les avoir conſultez; enfin de ſupporter patiemment leur mauvaiſe humeur, & les défauts qu'ils peuvent avoir.

CHA-

CHAPITRE IV.

Des Devoirs réciproques d'un MAITRE, *&*
de fes SERVITEURS *ou de fes*
ESCLAVES.

§. I. LORS QUE le Genre Humain eût commencé à fe multiplier, & qu'on eût reconnu la commodité qu'il y avoit à fe décharger fur autrui du foin de fes affaires domeftiques; (a) l'ufage d'avoir des SERVITEURS, qui devinffent Membres de la Famille, s'introduifit de bonne heure.

Il y a beaucoup d'apparence que ce fut d'abord la Pauvreté, ou quelque fentiment de Foibleffe & quelque Baffeffe d'Ame, qui obligea ceux qui ne fe fentoient pas en état de fubfifter par eux-mêmes, à fe mettre volontairement au fervice d'autrui, & à s'engager pour le refte de leurs jours, à condition que le Maître, chez qui ils entroient, leur fourniroit la nourriture & toutes les autres chofes néceffaires à la Vie. Mais dans la fuite les Guerres s'étant multipliées de tous côtez, on établit parmi la plûpart des Peuples, que les Prifonniers de Guerre, à qui l'on voudroit donner la vie, feroient ESCLAVES à perpétuité, avec tous les Enfans qui naîtroient d'eux déformais. Cet Efclavage eft aujourdhui aboli parmi plu-

Origine de la condition des *Serviteurs*, & des *Efclaves*; qui eft le troifiéme Etat Acceffoire.
(a) *Droit de la Nat. & des Gens,* Liv. VI. Chap. III.

R 4   fieurs

fieurs Nations, où l'on ne fe fert que de
MERCE'NAIRES A' TEMS pour toutes les
affaires domeftiques.

Des Mercé-
naires à
tems.

§. II. LE POUVOIR des Maîtres, & les
Devoirs réciproques de ceux qui fervent
& de ceux qui fe font fervir, font différens felon *les divers degrez de Servitude.*

Un *Mercenaire à tems,* que nous appellons aujourdhui *Valet* ou *Domeftique,*
doit s'aquitter fidélement du travail & du
fervice auquel il s'eft engagé en fe louant
à fon Maître : & celui-ci, d'autre part,
eft tenu de lui paier exactement le Salaire
qu'il lui a promis. De plus, comme dans
un tel Contract, la condition du Maître
eft plus avantageufe que celle du Domeftique ; le Domeftique doit avoir du refpect
pour fon Maître, felon le rang que celui-
ci tient dans le monde : & lors que par malice, ou par pure négligence, il s'aquitte
mal de fa tâche, le Maître peut le châtier
avec modération, mais non pas jufqu'à lui
infliger une Punition corporelle un peu
confidérable, moins encore le faire mourir
de fa pure autorité.

Des Servi-
teurs perpé-
tuels.

§. III. POUR ce qui eft des *Serviteurs*
perpétuels, qui fe font engagez de leur pur
mouvement, le Maître doit les nourrir & les
entretenir toûjours de toutes les chofes néceffaires à la vie. Eux, de leur côté, doivent le fervir tout le refte de leurs jours,
faire tout ce qu'il leur commande, & lui
ren-

rendre un compte fidéle de tout ce qui provient de leur travail & de leur induſtrie. Il
faut cependant que le Maître ait égard à
leurs forces, & à leur adreſſe naturelle, pour
ne pas exiger d'eux avec une ſévérité inhu-
maine des travaux qu'ils ne ſauroient ſupporter. Pourvû qu'il ſe tienne à cet égard
dans de juſtes bornes, il peut les châtier
non ſeulement lors qu'ils ſont négligents ou
pareſſeux à faire leur ouvrage, mais encore
lors qu'ils ſe comportent d'une maniére à
cauſer du deshonneur ou à troubler le repos
de la Famille. Il n'eſt pourtant pas permis au
Maître de les vendre à autrui, ſans qu'ils y
conſentent eux-mêmes : car ils ſe ſont engagez à le ſervir lui ſeul, & non pas tout
autre qu'il lui plairroit; & il ne leur eſt pas
indifférent qui ils ſervent. Lors qu'ils viennent à commettre quelque Crime énorme
contre quelcun qui n'eſt pas de la Famille, le Maître peut les chaſſer, & dans un
Etat ils encourent de plus les Peines des Loix
Civiles. Mais ſi, dans l'Etat de Nature, ils
ont fait injure atroce à quelcun de la Famille
même, le Maître eſt en droit de les punir,
juſqu'à leur ôter la Vie.

§. IV. A L'EGARD des *Eſclaves, faits* Des Eſcla-
par droit de Guerre, on les traite d'ordi- ves.
naire fort rudement, par un reſte des ſentimens d'Ennemi que l'on conſerve envers
eux; & parce que la plus grande rigueur paroit excuſable, lors qu'on l'exerce ſur des

gens de la part de qui l'on a couru risque de
se voir dépouillé de ses Biens & de sa Vie.
Mais du moment qu'il y a entre le Vainqueur, & le Vaincu, une Convention ou
expresse, ou tacite, par laquelle celui-ci entre dans la Famille, & l'autre l'y reçoit pour
Membre ; l'état de Guerre ne subsiste plus,
& les deux Ennemis sont censez s'être ré-
conciliez entiérement. Ainsi le Maître peut
alors faire du tort à cet Esclave, en lui re-
fusant les choses nécessaires à la vie, ou en
le maltraitant sans sujet ; & à plus forte raison en le faisant mourir sans qu'il l'aît mérité
par quelque Crime énorme.

Si l'on peut
regarder
un Esclave
comme fai-
sant partie
de nos
Biens ?

§. V. LA personne même de ces Esclaves
faits par droit de Guerre, & de ceux que
l'on achéte, est censée, selon l'usage reçû,
appartenir en propre au Maître, en sorte
qu'il peut les aliéner en faveur de qui bon
lui semble, & en trafiquer tout comme de
ses autres Biens. Cependant l'Humanité
nous engage à n'oublier jamais qu'un Esclave est Homme aussi-bien que nous ; & par
conséquent à ne pas en user à son égard
comme nous faisons de nos autres Biens,
que nous pouvons consumer & détruire à
nôtre fantaisie sans leur faire aucun tort.
Lors aussi qu'on veut vendre un Esclave, ou
s'en défaire de quelque autre maniére ; il ne
faut pas, de gaieté de cœur ou sans qu'il
l'aît mérité, le faire passer sous la puissance
de

de quelcun, chez qui l'on aît lieu de croire qu'il fera traité inhumainement.

§. VI. ENFIN, c'eft auffi une Coûtume établie dans les Païs où il y a des Efclaves, que les Enfans qui naiffent de Pére & de Mére Efclaves, ou feulement d'une Mére Efclave, fe trouvent réduits en venant au monde à la même condition, en forte que l'Enfant appartient toûjours au Maître de la Mére. Et voici les raifons fur quoi l'on fonde ce droit. La perfonne même de l'Efclave appartenant à fon Maître, il eft jufte que le fruit qui en provient lui appartienne auffi; d'autant mieux que l'Enfant ne feroit pas au monde, fi le Maître avoit voulu ufer du droit que la Guerre lui donnoit de faire mourir la Mére. D'ailleurs, la Mére n'aiant rien en propre, fes Enfans ne peuvent être nourris & entretenus que des Biens du Maître, qui leur fournit les chofes néceffaires à la Vie long tems avant qu'ils foient en état de le fervir. Le prix du travail qu'ils font enfuite, lors qu'ils font devenus grands, ne va guéres, du moins dans les prémiéres années, beaucoup au delà de la valeur de ce qu'il en coûte au Maître pour leur entretien. Ainfi ils ne fauroient fe fouftraire à l'Efclavage fans le confentement du Maître de leur Mére. Il eft clair néanmoins, que ces Enfans d'une perfonne Efclave étant réduits à la Servitude par le malheur de leur naiffance, & fans qu'il y ait de leur faute en aucune

De la condition des Enfans qui naiffent d'une perfonne Efclave.

cune

cune maniére ; il n'y a point de prétexte plausible qui puisse autoriser le Maître à les traiter plus rudement, que des Mercénaires perpétuels.

- - - - - - - - - - - - - - - - -

CHAPITRE V.

Des MOTIFS qui ont porté les Hommes à former des SOCIE'TEZ CIVILES.

De la So-
ciété Civile,
qui est le
quatrieme
& le plus
considera-
ble des E-
tats Accef-
soires.

§. I. IL SEMBLE qu'il n'y a point de com-moditez & d'agrémens que l'on ne puisse trouver dans les Etats ou les condi-tions Accessoires dont nous venons de trai-ter, & dans la pratique des Devoirs qui y sont attachez. Cependant les Hommes ne se contentant pas de ces petites Sociétez qui sont presque aussi anciennes que le Genre Humain, formérent dans la suite des *Corps Politiques*, ou des SOCIE'TEZ CIVILES à qui l'on donne le nom d'ETAT par excel-lence, & dont il nous reste à parler présen-tement.

(a) Droit
de la Nat.
& des Gens,
Liv. VII.
Chap. I.

Il faut donc rechercher ici d'abord ce qui (a) peut avoir porté les Hommes, aupara-vant dispersez en Familles séparées & indé-pendantes les unes des autres, à se joindre plusieurs ensemble sous un même Gouverne-ment, pour composer un *Etat*. Car cela nous ménera à connoître distinctement la

na-

nature & l'étendue des Devoirs de la Vie
Civile, ou de ce que les Hommes se doivent les uns aux autres entant que Membres
d'une Société Civile.

§. II. LA plûpart des Savans cherchent
uniquement la raison de cet établissement
salutaire dans la nature même de l'Homme, qui selon eux, *a un si grand pan-*
chant pour la Société Civile, & y trouve
de si grands charmes, qu'il ne peut ni ne
veut vivre sans quelque chose de sembla-
ble. Mais l'Homme étant sans contredit
un Animal qui s'aime lui-même & ses
propres intérêts préférablement à toute
autre chose; il faut que ceux qui entrent
de leur pur mouvement dans une Société Civile, se proposent quelque avantage
qu'ils ne trouveroient pas dans l'indépendance de l'Etat de Nature. J'avoue que
l'Homme seroit le plus misérable de tous
les Animaux, s'il vivoit hors de toute
Société avec ses semblables. Mais les Sociétez Primitives, dont nous avons parlé, & le commerce des Devoirs de l'Humanité, ou de ceux qui sont fondez sur
quelque Convention, lui procureroient
abondamment dequoi satisfaire à ses besoins & à ses désirs naturels. Ainsi de
cela seul que l'Homme est fait pour la
Société, & qu'il la recherche naturellement, il ne s'ensuit pas que la Nature

De cela seul que l'Homme a du panchant pour la Societé, il ne s'ensuit pas qu'il se porte naturellement à former des Sociétez Civiles.

par

par elle-même le porte précisément à former des Sociétez Civiles.

§. III. POUR rendre la chose plus sensible & plus évidente, il faut considérer *quel changement de condition il arrive à ceux qui entrent dans une Société Civile;* quelles doivent être les *dispositions d'un bon Citoien*; & enfin *quels obstacles on remarque dans le Naturel des Hommes,* qui empêchent qu'ils n'entrent dans ces sentimens, & qui sont contraires à la constitution & au but de la Vie Civile.

§. IV. 1. DU MOMENT QUE l'on entre dans une Société Civile, on se dépouille de sa Liberté Naturelle, & l'on se soûmet à une Autorité Souveraine ou à un Gouvernement, qui renferme le Droit de Vie & de Mort sur les Sujets, & qui les oblige à faire bien des choses pour lesquelles ils ont de la répugnance, ou à n'en pas faire qu'ils souhaittent extrémement. La plûpart des Actions d'un Citoien doivent aussi être rapportées à l'avantage de l'Etat, qui souvent paroit ne pas s'accorder avec celui des Particuliers. Or l'Homme naturellement aime fort l'indépendance: rien ne lui est plus doux que de faire tout à sa fantaisie : il voudroit toûjours chercher son propre intérêt, à quelque prix que ce fût, sans se mettre en peine de l'avantage d'autrui.

§. V.

[marginalia: Pour découvrir ce qui a fait établir des Societez Civiles, il y a trois choses à considérer.]

[marginalia: 1. Snjettion où l'on entre en devenant Membre d'une Société Civile.]

§. V. 2. UN Animal véritablement propre à la Société Civile, un *bon Citoien* en un mot, c'eft celui qui obéit promtement & de bon cœur aux ordres de fon Souverain; qui travaille de toutes fes forces à l'avancement du Bien Public, & le préfére fans balancer à fon intérêt particulier; qui même ne regarde rien comme avantageux pour lui, s'il ne l'eft auffi pour le Public; qui enfin fe montre commode & obligeant envers fes Concitoiens. Or peu de gens ont naturellement quelque difpofition à ces fentimens défintéreffez. La plûpart ne font retenus en quelque maniére que par la crainte des Peines; & plufieurs demeurent toute leur Vie mauvais Citoiens, Animaux infociables, Membres vicieux d'un Etat.

2. Difpofitions d'un bon Citoie ..

§. VI. 3. ENFIN, il n'eft point d'Animal naturellement plus dangereux & plus indomtable que l'Homme, ni enclin à plus de Vices (a) capables de troubler la Société; jufques-là qu'il fe plait à exercer fa fureur contre fes femblables, & que la plûpart des Maux auxquels la Vie Humaine eft fujette, viennent de l'Homme même.

3. Défauts naturels de l'Homme qui le portent à troubler la Société. (a) Voiez ci-deffus, Liv. I. Ch. III. §. 4.

§. VII. DE tout cela je conclus, que la véritable & la (1) principale raifon pourquoi

Véritable raifon de l'etabliffement des Sociétez Civiles.

§. VII. (1) Cela eft un peu trop vague. Voiez-ce que j'ai dit dans une grande *Note* fur le *Droit de la Nat. & des Gens*, Liv. VII. Chap. I. §. 7. On peut confulter auffi ce que dit Mr. NOODT, fur l'origine des Sociétez

quoi les anciens Péres de Famille renoncé-
rent à l'indépendance de l'Etat de Nature,
pour établir des Sociétez Civiles, c'eft qu'-
ils vouloient fe mettre à couvert des Maux
que l'on a à craindre les uns des autres.
Car comme, après DIEU, il n'y a rien dont
les Hommes puiffent recevoir plus de Bien,
que de leurs femblables; il n'y a rien auffi
qui puiffe caufer plus de Mal à l'Homme,
que l'Homme même.   Et c'eft ce qui fe
trouve bien exprimé dans ce Proverbe, où
l'on voit en même tems l'ufage & la néceffité de l'établiffement des Sociétez Civiles:
S'il n'y avoit point de Juftice, on fe mange-
roit les uns les autres.

L'ordre des Sociétez Civiles aiant procu-
ré aux Hommes une plus grande fûreté contre les effets de leur Malice ordinaire; il eft
arrivé de là, par une fuite naturelle, que
l'on a eû occafion d'éprouver plus abondamment les Biens que les Hommes font capables de fe faire les uns aux autres, comme
d'avoir une meilleure Education ; & de trouver dans la Vie des douceurs & des commoditez beaucoup plus grandes par l'invention
ou la perfection de divers Arts.

* §. VIII. ON fe convaincra encore plus
fortement de la néceffité de l'établiffement
des

* Les im-
preffions
feules de la
Loi Natu-
relle ne
fuffifoient
pas pour
entretenir
la Paix par-
mi le Gen-
re Hu-
main.

ciétez Civiles, dans les *deux Difcours*, l'un fur le *Pou-*
voir des Souverains, l'autre fur la *Liberté* de *Confcien-*
ce; qui viennent de paroître en François, à Amfter-
dam chez *Th. Lombrail.*

des Sociétez Civiles par la raison que je viens
de dire, si l'on fait réflexion que *tout au-*
tre moien n'auroit pas été assez efficace pour
réprimer la Malice Humaine.

La Loi Naturelle défend à la vérité toutes sortes d'Injures & d'Injustices: mais les
impressions de cette Loi ne sont pas toutes
seules assez fortes pour faire que les Hommes puissent vivre bien en sûreté dans l'indépendance de l'Etat de Nature. Il se trouve, je l'avoue, des Honnêtes Gens d'une
si grande retenue, qu'ils ne voudroient pour
rien du monde faire le moindre tort à personne, quand même ils seroient sûrs de demeurer impunis. Il y en a aussi plusieurs,
qui, sans aucun motif de Vertu, répriment
en quelque sorte leurs Passions, & s'abs-
tiennent d'insulter les autres, par la crainte
du mal qu'ils pourroient s'attirer par là à
eux-mêmes. Mais ne voit-on pas au contraire une infinité de gens, qui comptent
pour rien le Droit & la Justice, & qui fou-
lent aux pieds les Devoirs les plus sacrez,
toutes les fois qu'ils croient trouver du profit à les violer, & qu'ils se sentent assez de
force ou d'adresse pour nuire impunément,
& pour se moquer de ceux à qui ils font du
mal? Ne pas se précautionner contre les entreprises de tels Scélérats, ce seroit se trahir
soi-même. Or il n'y a rien qui soit généralement plus propre à nous rassûrer de ce cô-
té-là, que l'ordre établi dans les Sociétez

Civiles. Car ſi, par exemple, quelques perſonnes s'engageoient enſemble à ſe donner un ſecours mutuel, chacun ne pourroit pas y compter ſûrement, tant qu'il n'y auroit pas quelque choſe de plus fort qu'une ſimple Promeſſe qui unît leurs ſentimens, & qui portât leurs volontez à ne point ſe démentir, & à tenir inviolablement la parole donnée.

§. IX. La Crainte d'une Divinité, & les ſentimens de la Conſcience, qui perſuadent aux Hommes avec aſſez d'évidence, que ceux qui, au mépris des Maximes de la Loi Naturelle, inſulteront leur Prochain, ne demeureront pas impunis; tout cela n'a pas non plus aſſez de force pour réprimer la malice de toutes ſortes de gens. Car l'Education & la Coûtume étouffent dans l'Eſprit de pluſieurs les lumiéres les plus pures de la Raiſon: de ſorte que tout occupez du préſent ils ne penſent preſque point à l'avenir, & uniquement touchez de ce qui frappe leurs Sens ils ne portent guéres leurs vûes plus haut. D'ailleurs, comme la Vengeance Divine marche d'ordinaire fort lentement, & agit même ſouvent par des voïes imperceptibles; cela donne lieu aux Eſprits mal faits & vicieux de rapporter à d'autres cauſes les Maux qu'ils voient fondre ſur les Scélérats & ſur les Impies; d'autant mieux que ſouvent les Méchans ſont abondamment pourvûs des choſes dans leſquelles le Vulgaire

fait

La Crainte d'une Divinité, & les Remors de la Conſcience, ne ſuffiſent pas non plus pour réprimer la malice humaine.

fait confifter la Félicité. Ajoutez à cela, que les mouvemens de la Confcience qui précédent le Crime, ne font pas fi vifs que les Remors qui viennent après, c'eft-à-dire, lors qu'il n'eft plus tems; car il eft impoffible que ce qui a été une fois fait, ne l'aît pas été. Mais, dans les Sociétez Civiles, on trouve un moien tout prêt, & très-proportionné à la nature des Hommes, pour réprimer leur Malice, & empêcher l'effet des mauvais Défirs qu'elle leur infpire.

CHAPITRE VI.

De la CONSTITUTION INTÉRIEURE DES ETATS.

§. I. VOIONS maintenant, de quelle maniére fe forment les (a) Sociétez Civiles, & quel eft le *ciment* & la *ſtructure* de ce bel édifice.

Il eft certain d'abord, qu'une perfonne feule ne fauroit fe mettre à couvert des dangers où l'on eft expofé de la part d'autrui, quand même elle fe retrancheroit dans quelque endroit bien fortifié, ou qu'elle auroit de bonnes armes, ou qu'elle drefferoit même quelques Bêtes à lui fervir de défenfe. Tout cela par lui-même ne fourniroit pas, à beaucoup près, un fecours auffi commode, auffi promt & auffi puiffant, que celui

1. Pour former une Société Civile, il faut que plufieurs perfonnes fe joignent enfemble. (a) *Droit de la Nat. & des Gens*, Liv. VII. Ch. p. II.

S 2 qu'on

qu'on peut tirer des *autres Hommes.* Or comme les forces de chacun font bornées à une certaine Sphére d'activité qui ne s'étend pas loin, il faut nécessairement que ceux qui veulent s'entre-fecourir, *fe joignent enfemble*, pour être à portée d'accourir au befoin, & d'agir de concert contre un Ennemi qui viendroit les infulter.

§. II. MAIS deux ou trois perfonnes ne fuffiroient pas fans contredit pour fe procurer mutuellement un tel fecours. Car en ce cas-là un petit nombre de gens liguez pour les attaquer, pourroient fe promettre une victoire certaine: de forte que l'efpérance du fuccès & de l'impunité rendroit entreprenans les Scélérats, qui trouveroient fi aifément affez de compagnons pour les mettre en état de réuffir dans leurs mauvais deffeins. Il faut donc que ceux qui veulent s'unir pour leur défenfe mutuelle, *forment une Multitude confidérable*, en forte qu'un Ennemi n'aquiére pas fur eux un grand avantage par la jonction de quelque peu de gens qui lui prêteroient main forte.

* §. III. CEUX qui entrent dans une Société de cette nature, doivent encore *s'accorder enfemble à l'égard des moiens dont ils fe fervent pour arriver au but de leur union.* Car, quelque grand que foit leur nombre, fi chacun fuivoit fon Jugement particulier dans la maniére de travailler à la défenfe commune, on n'avanceroit rien, &

on

2. Le nombre de ceux qui s'uniffent, doit être confidérable.

* 3. Il doit y avoir un accord de fentimens, foûtenu de quelque crainte capable de retenir les Particuliers qui voudroient agir contre la volonté du Corps.

on ne feroit que s'embarraffer les uns les autres, par les mefures différentes & fouvent
oppofées que l'on prendroit à la fois. Ils
pourroient bien pour un tems agir de concert, par l'effet de quelque Paffion qui en
certaines occafions les animeroit uniformé-
ment : mais, ce feu une fois éteint, l'In-
conftance & la Légéreté naturelle à l'Homme romproient bien tôt la Concorde.

Une fimple Convention ne l'entretien-
droit pas non plus long-tems. Il faut outre cela quelque frein commun, ou une
Crainte affez forte pour réprimer la dé-
mangeaifon que chacun des Membres pourroit avoir d'agir, pour fon intérêt particulier, d'une maniére oppofée au Bien
Public.

§. IV. POUR mieux comprendre la na- Obftacles
ture & la néceffité de cet accord, foûtenu qui empê-
d'un motif de Crainte, il faut remarquer, chent d'a-
qu'il y a dans les Hommes, faits comme ils gir long
font ordinairement, deux grands *Obfta-* tems de
cles, qui font caufe que plufieurs perfonnes concert
ne peuvent guéres agir long-tems de con- pour une
cert pour une même Fin. Le prémier, c'eft même Fin.
la *diverfité prodigieufe d'Inclinations & de*
Sentimens, accompagnée pour l'ordinaire
d'un grand *défaut de Pénétration*, qui empêche la plûpart des gens de difcerner ce qui
eft le plus avantageux pour le but que l'on
fe propofe en commun, & d'une *Opiniâ-*
treté extrême à foûtenir le parti qu'on a une

fois

fois embraſſé avec quelque légéreté, quelque précipitation, & quelque témérité, qu'on aît porté ſon Jugement. L'autre, c'eſt la *Nonchalance* & la *Répugnance* même avec laquelle on ſe porte à faire ce qui eſt avantageux à la Société, tant qu'il n'y a point de force ſupérieure qui puiſſe nous contraindre à faire nôtre Devoir. On remédie au prémier inconvénient, en uniſſant pour toûjours les volontez de tous les Membres de la Société. Et pour lever l'autre obſtacle, il faut établir un Pouvoir Supérieur, armé des forces de tout le Corps, par leſquelles il ſoit en état de faire ſouffrir un Mal préſent & ſenſible à quiconque entreprendra d'agir contre l'Utilité Commune.

§. V. L'UNION *des Volontez* de pluſieurs Perſonnes diſtinctes ne ſauroit ſe faire que par un Engagement où chacun entre de ſoûmettre ſa volonté particuliére à la volonté d'une ſeule Perſonne, ou d'une Aſſemblée compoſée d'un certain nombre de gens; en ſorte que déſormais toutes les réſolutions de cette Perſonne, ou de cette Aſſemblée, au ſujet des choſes qui concernent la Sûreté & l'Utilité Commune, paſſent pour la volonté de tous en général & de chacun en particulier.

Comment ſe fait l'union des Volontez.

§. VI. POUR ce qui eſt de *l'union des Forces*, d'où reſulte ce Pouvoir Supérieur qui doit tenir en crainte tous les Membres de la Société; elle ſe fait auſſi lors que tous

De l'union des Forces.

en

en général & chacun en particulier s'engagent à faire ufage de leurs propres forces
de la maniére qu'il leur fera prefcrit par la
Perfonne ou l'Affemblée à laquelle ils en
ont foûmis d'un commun accord la direction.

Lors que cette union de Volontez & de
Forces eft entiérement faite, elle produit le
Corps Politique, que l'on appelle un *Etat*,
& qui eft la plus puiffante de toutes les Sociétez. Voions plus en détail comment cela
fe fait.

§. VII. DANS la *formation réguliére* de
tout Etat (1) il faut néceffairement *deux
Conventions & une Ordonnance générale.*

En effet, lors qu'une Multitude renonce
à l'indépendance de l'Etat de Nature, pour
former une Société Civile, *chacun s'engage
d'abord avec tous les autres à fe joindre enfemble pour toûjours en un feul Corps, & à
régler d'un commun confentement ce qui concerne leur Sûreté & leur Utilité commune.*
Tous en général & chacun en particulier
doivent avoir part à cet Engagement primitif; & ceux qui n'y font pas entrez demeurent hors de la Société naiffante.

§. VIII. Il faut enfuite faire une *Ordonnance générale*, par laquelle on établiffe la
forme du Gouvernement; fans quoi il n'y
auroit pas moien de prendre aucunes mefures

Prémiére Convention générale, qui intervient dans la formation réguliére d'un Etat.

Ordonnance générale, fur la forme du Gouvernement.

§. VII. (1) Voiez ce que l'on a dit fur le *Droit de la
Nat. & des Gens*, Liv. VII. Ch. II. §. 8. *Note* 2.

res fixes pour travailler utilement & de concert à la Sûreté commune.

§. IX. ENFIN, il doit y avoir encore une autre Convention, par laquelle, après qu'on a choisi une ou plusieurs personnes à qui l'on confére le Pouvoir de gouverner l'Etat, *ceux qui sont revêtus de cette Autorité Suprême s'engagent à veiller avec soin à la Sûreté & à l'Utilité Publique : & les autres, en même tems, leur promettent une fidele Obéïssance*; ce qui renferme une soûmission des forces & des volontez de chacun, autant que le demande le Bien Public, à la volonté des Chefs de la Société. Du moment que cette Convention est bien conclue & arrêtée ; & qu'on se met en devoir de l'exécuter, il ne manque plus rien de ce qui est nécessaire pour constituer un Etat parfait & régulier.

§. X. L'ETAT ainsi formé se conçoit sous l'idée d'une seule *Personne*, distincte de tous les Particuliers, & qui a son *Nom*, ses *Droits*, & ses *Biens* propres & affectez, auxquels ni chaque Citoien, ni plusieurs, ni même tous ensemble, ne sauroient rien prétendre, mais seulement le Souverain. Pour donner donc une définition exacte de l'*Etat*, il faut dire, que c'est *une Personne Morale Composée, dont la volonté formée par l'union des Volontez de plusieurs réünies en vertu de leurs Conventions, est regardée comme la volonté de tous généralement, afin qu'elle puisse se servir des*

forces

forces & des facultez de chaque Particulier pour procurer la Paix, la Sûreté, & l'Utilité Commune.

§. XI. LA *volonté de l'Etat*, qui eſt le principe des Actions réputées Publiques, réſide, comme nous l'avons déja dit, ou dans une ſeule Perſonne, ou dans une Aſſemblée, ſelon les différentes formes de Gouvernement. Lors que le Pouvoir Souverain eſt entre les mains d'un ſeul, l'Etat eſt cenſé vouloir tout ce que cette perſonne-là, que l'on ſuppoſe dans ſon Bon-Sens, a fait ou réſolu en matiére des choſes qui ſe rapportent au but naturel des Sociétez Civiles.

Dans une Monarchie, la volonté du Roi eſt la volonté de l'Etat.

§. XII. MAIS lors que le Pouvoir Souverain réſide dans une Aſſemblée, dont les Membres conſervent d'ailleurs chacun leur volonté particuliére; ce qui a été conclu & réſolu *à la pluralité des voix*, paſſe pour la volonté de l'Etat, à moins qu'on n'aît expreſſément réglé combien il faut de Voix réunies en un même ſentiment pour repréſenter la volonté de tout le Corps. Si le nombre des Suffrages eſt égal de part & d'autre; il n'y a point alors de délibération priſe, & l'affaire demeure toûjours dans ſon prémier état. Que s'il ſe trouve plus de deux avis dans l'Aſſemblée, il faut donner la préférence à celui qui a plus de Voix que chacun des autres, pourvû qu'il en aît autant qu'il en faut, ſelon les Statuts & les Loix· fondamentales

En qui réſide la volonté de l'Etat, dans les autres ſortes de Gouvernement.

S 5   de

de l'Etat, pour repréſenter la volonté de tout le Corps.

§. XIII. L'ETAT étant formé de la maniére que je viens de le décrire, le Souverain s'appelle ou *Monarque*, on *Sénat*, ou *Peuple*, ſelon que le Gouvernement eſt entre les mains d'une perſonne, ou de pluſieurs : tous les autres ſont *Sujets*, ou *Citoiens*, en prenant ce dernier terme dans un ſens étendu. Je dis, *dans un ſens étendu:* car quelques-uns le reſtreignent à ceux qui, par leur union & leurs Conventions mutuelles, ont fondé originairement l'Etat, ou à leurs Succeſſeurs de Pére en Fils, c'eſt-à-dire, aux *Péres de Famille*, que l'on appelle auſſi les *Naturels du Païs.*

Outre ces *Citoiens Originaires*, il y en a d'autres, que nous pouvons appeller *Naturaliſez*, qui viennent d'ailleurs dans un Etat déja tout formé, pour s'y établir, & y jouir des mêmes droits & priviléges, que les Naturels du Païs.

Pour ceux qui ne viennent dans le Païs que pour quelque tems, quoi-que pendant ce tems-là ils ſoient ſoûmis aux Loix & au Gouvernement établi, ils ne ſont pas regardez comme Citoiens, mais on les appelle ſimplement *Etrangers.*

§. XIV. TOUT ce que j'ai dit au reſte ſur l'origine des Sociétez Civiles, n'empêche pas qu'on ne puiſſe dire en un fort bon ſens, que *tout Gouvernement Civil vient de Dieu,*

Ce que l'on entend par Citoien *ou* Sujet*; & de combien de ſortes il y en a.*

En quel ſens le Gouvernement Civil eſt établi de Dieu.

Dieu, (a) & que les Puiſſances ſont é-
tablies par le Roi des Rois. Car comme,
ſans l'établiſſement des Sociétez Civiles, la
Vie des Hommes auroit été ſi triſte, ſi af-
freuſe, ſi pleine de troubles & de déſordres,
depuis la multiplication du Genre Humain,
qu'il n'y auroit preſque pas eû moien de
pratiquer les Maximes de la Loi Naturelle;
Dieu, qui veut ſans contredit que tous les
Hommes obſervent cette Loi, eſt cenſé a-
voir ordonné alors au Genre Humain, par
les lumiéres de la Raiſon, d'établir des Sociétez Civiles, & par conſéquent un Pouvoir Souverain, qui en eſt l'Ame: autrement il voudroit une Fin, ſans vouloir en
même tems les Moiens néceſſaires pour y
parvenir. Auſſi voions-nous, que, dans
l'Ecriture Sainte, il approuve formellement
l'ordre du Gouvernement Civil, & qu'il le
fait regarder comme ſacré par des Loix ex-
preſſes, déclarant qu'il en eſt le Protecteur
d'une façon toute particuliére, & le Vengeur
du mépris de l'Autorité Souveraine.

(a) Droit de
la N. & des
Gens, Liv.
VII. Chap.
III.

CHAPITRE VII.

Des PARTIES DE LA SOUVERAINETE' en général.

§. I. POur découvrir maintenant l'origine & le nombre des *Parties de la*
Sou-

Principe
général
d'où l'on
peut dédui-
re les *Par-
ties de la
Souverai-
neté.*

SOUVERAINETÉ, comme auſſi les différentes maniéres dont elle s'exerce dans chaque Etat ; (a) il ne faut que faire attention
à la nature & au but de l'établiſſement des
Sociétez Civiles.

(a) *Droit de la N. & des G. L. VII.Ch.IV.*

1. *Du Pou-voir Légiſ-latif.*

§. II. 1. DANS un Etat, tous les Particuliers ont ſoûmis leur volonté à celle du
Souverain, en ſorte qu'ils ſe ſont engagez à
faire tout ce qu'il voudroit en matiére des
choſes qui concernent le Bien Public. Pour
cet effet, il faut d'abord, *que le Souverain
donne à connoître aux Sujets de quelle maniére il entend qu'ils ſe conduiſent par rapport à
ces ſortes de choſes.* Or c'eſt ce qu'il fait non
ſeulement par des *Ordres particuliers* donnez à certaines perſonnes ſur des affaires particuliéres; mais encore en établiſſant des *Régles générales & perpétuelles,* ou des *Loix,*
par leſquelles chacun eſt inſtruit de ce qu'il
doit faire ou ne pas faire dans toutes les oc-
caſions de la Vie : & qui réglent auſſi ce
que chaque Citoien doit regarder comme
Sien, ou comme *appartenant à autrui* ; ce
qu'il faut tenir pour *Licite,* (1) ou pour
Illicite, pour *Honnête* ou pour *Deshonnête,*
dans l'Etat dont on eſt Membre ; ce que
chacun *conſerve de ſa Liberté Naturelle,* &
comment il doit *uſer de ſes droits,* pour ne
pas

___

§. II. (1) C'eſt-à-dire, en matiére des choſes qui ne
ſont pas preſcrites ou défendues par quelque Loi Divine, ſoit Naturelle ou Révelée. Voiez le *Droit de la N.
& des Gens,* Liv. VIII. Ch. I. §. 2, *& ſuiv.*

pas troubler l'Etat; enfin *ce qu'il peut légitimement exiger d'autrui, & de quelle manière il doit s'y prendre* pour se faire rendre ce qui lui est dû.

§. III. 2. LE but principal de l'établissement des Sociétez Civiles, c'est de se mettre à couvert, par un secours mutuel, des Dommages & des Injures que les Hommes ont à craindre & qu'ils reçoivent en effet ordinairement de la part les uns des autres. Pour se procurer une telle sûreté, il ne suffit pas que ceux qui entrent dans une même Société Civile, s'engagent tous en général & chacun en particulier à ne se point faire de mal ni de tort les uns aux autres; ni même que le Souverain déclare simplement sa volonté aux Sujets: il faut encore qu'il les intimide par *la crainte de quelque Peine*, & qu'il aît en main *le pouvoir de l'infliger actuellement.* Mais afin que la vûe de ces Peines soit capable de faire impression sur eux, il doit en régler si bien le degré & la nature, que l'on aît manifestement plus d'intérêt à observer la Loi, qu'à la violer, & que la grandeur de la Punition surpasse le Plaisir ou le Profit que l'on pourroit retirer ou espérer du tort que l'on feroit à autrui: car de deux Maux les Hommes choisissent toûjours infailliblement celui qui leur paroît le moindre. J'avoûe que, malgré toutes les menaces, plusieurs ne s'empêchent pas d'insulter leur Prochain, & de lui faire du tort: mais

on

2. Du *Pouvoir Coactif.*

on doit regarder cela comme un de ces cas extraordinaires, que la conſtitution des choſes humaines ne permet pas d'éviter entiérement.

3. Du Pouvoir Judiciaire. §. IV. 3. COMME on n'eſt pas toûjours d'accord ſur la maniére de bien appliquer les Loix aux Cas particuliers; & qu'il y a ſouvent bien des Circonſtances particuliéres à examiner en matiére des choſes qui ſont dénoncées comme faites contre les Loix: il eſt néceſſaire, pour maintenir la tranquillité dans un Etat, *que le Souverain connoiſſe & décide des Différens ſurvenus entre les Citoiens*, qu'il examine les Accuſations intentées contre quelcun, qu'il prononce enſuite la Sentence, pour abſoudre ou punir conformément aux Loix, ſelon que l'Accuſé ſe trouve innocent ou coupable.

4. Du droit de faire la Guerre & la Paix, & de ménager des Traitez & des Alliances. §. V. 4. APRE's avoir aſſûré le repos public au dédans, il faut tâcher de maintenir la tranquillité au dehors, & de mettre les Citoiens à couvert des inſultes des Etrangers. Le Souverain doit donc être revêtu du *Pouvoir d'aſſembler & d'armer les Sujets*, ou de lever du moins d'autres Troupes, en auſſi grand nombre qu'il croit en avoir beſoin pour la défenſe commune, à proportion du nombre incertain & des forces de l'Ennemi; & *de faire enſuite la Paix*, quand il le jugera à propos. De plus, les *Traitez* & les *Alliances* étant néceſſaires & en tems de Paix, & en tems de Guerre, afin que les

Etats

Etats fe procurent par là plus aifément des avantages mutuels, & s'entr'aident à repouſ-fer ou à mettre à la raifon un Ennemi qui feroit fupérieur à chacun d'eux en particu-lier: le Souverain a auſſi le Pouvoir de con-tracter ces fortes d'Engagemens Publics, & d'obliger tous fes Sujets à les tenir; comme d'autre côté il doit tourner au profit de l'E-tat les avantages qui en reviennent.

§. VI. 5. LES affaires publiques, & en tems de Paix, & en tems de Guerre, ne fauroient être ménagées & exécutées par une feule perſonne, fans l'aide de quelques *Miniſtres*, & de quelques *Magiſtrats fub-alternes*. Le Souverain doit donc encore établir des gens capables d'examiner en fa place & en fon nom les démêlez de fes Su-jets; de découvrir les deſſeins des Voifins; de commander les Troupes; de lever les Re-venus de l'Etat, & d'adminiſtrer les Finan-ces; de veiller en un mot & de pourvoir, les uns d'un côté, les autres de l'autre, à la Sûreté & au Bien de l'Etat. Et après leur avoir confié ces Emplois, il peut & doit mê-me les contraindre de s'en bien aquitter, & leur faire rendre un compte exact de leur adminiſtration.

5. Du droit d'établir des Miniſtres, & des Ma-giſtrats fub-alternes.

§. VII. 6. OUTRE cela, les affaires pu-bliques demandent néceſſairement des frais confidérables, & en tems de Paix , & en tems de Guerre. Il faut donc que le Sou-verain aît *le Pouvoir de faire contribuer les Sujets*

6. Du droit d'exiger des Impôts & des Sub-fides.

Sujets aux dépenses néceffaires pour le bien de l'Etat. Cela fe fait en diverfes maniéres: car ou les Citoiens refervent pour cet ufage une partie des Biens ou des Revenus du Païs; ou chacun en particulier contribue de fes Biens, & même, quand il en eft befoin, de fa peine & de fon fervice; ou l'on met des Impôts fur les Marchandifes qui entrent, ou fur celles qui fortent du Païs, & en ce dernier cas l'Impôt eft plus à charge aux Etrangers, comme dans l'autre il l'eft davantage aux Citoiens; ou enfin on retient une petite partie du prix des chofes qui fe confument.

§. VIII. 7. ENFIN, comme chacun fe conduit felon les Opinions où il eft; & que la plûpart des Hommes ne jugent pour l'ordinaire des chofes que par les idées auxquelles ils font accoûtumez de bonne heure, & felon celles qu'ils voient communément reçûes; y en aiant très-peu qui aient affez de pénétration pour examiner & découvrir d'eux-mêmes la Vérité & les Régles de l'Honnête: il eft de l'intérêt de l'Etat, que l'on y enfeigne publiquement des Doctrines conformes au but naturel & à l'utilité bien entendue des Sociétez Civiles, & que les Citoiens foient bien inftruits de ces Principes dès leur Enfance. Ainfi le Souverain doit établir ceux qui enfeignent publiquement les Sciences qui ont quelque influence fur la tranquillité de l'Etat, & prendre garde

7. Du droit d'examiner les doctrines qui s'enfeignent dans l'Etat.

garde (1) qu'ils n'avancent rien qui soit capable de la troubler.

§. IX. VOILA en quoi consistent les principales Parties de la Souveraineté. Elles ont naturellement une liaison si indissoluble, que, dans une forme de Gouvernement réguliére, elles doivent être toutes en général & chacune en particulier entre les mains d'une seule Personne ou d'une seule Assemblée. Car si le Souverain manque absolument de quelcune de ces Parties, ce n'est qu'une Souveraineté imparfaite, & incapable de procurer tous les secours nécessaires pour le but des Sociétez Civiles. Que si on les détache, en sorte que l'une soit originairement entre les mains d'une Personne, & l'autre entre les mains de l'autre; il résulte de là nécessairement un Corps d'Etat irrégulier, mal lié, & sujet à de fâcheuses maladies.

De la liaison indissoluble de ces différentes parties du Gouvernement, dans un Etat Régulier.

CHA-

§. VIII. (1) Mais il peut y avoir & il y a souvent en effet de grands abus au sujet de l'exercice de ce droit: soit parce que l'on prend mal-à-propos pour nuisible à l'Etat, ce qui ne donne aucune atteinte au Bien Public, ou même quelquefois ce qui seroit très-avantageux à la Société; soit parce que, sous ce prétexte, les Princes ou d'eux-mêmes, ou à l'instigation de quelques Malhonnêtes Gens, s'érigent en Inquisiteurs, à l'égard des Opinions les plus indifférentes, & les plus innocentes, sur tout en matiére de Religion. Voïez ce que l'on a dit sur le *Droit de la Nat. & des Gens,* Liv. VII. Chap. IV. §. 11. *Note* 2. & le *Discours de Mr. Noodt* sur la Liberté de Conscience, qui vient de paroître en François.

T

CHAPITRE VIII.

Des diverses formes de GOUVERNEMENT.

D'où vien-
nent les
diverses
formes de
Gouverne-
ment.
(a) *Droit*
de la N. &
des G. Liv.
VII. C. V.
Il y a des
Gouverne-
mens Régu-
liers, &
des Gou-
vernemens
Irréguliers.

§. I. IL y a (a) diverses FORMES DE GOU-
VERNEMENT, selon que la Souveraineté réside ou dans *une seule Person-*
ne, ou dans *une Assemblée* composée ou
d'un *petit nombre de gens*, ou de *tous les*
Citoïens en général.

§. II. CES Formes de Gouvernement sont
ou *Régulières*, ou *Irrégulières*. J'entens
par *Gouvernement Régulier*, celui dont la
Souveraineté, sans être divisée ni imparfaite
en aucune maniére, réside toute entiére dans
un seul sujet, en sorte qu'elle s'exerce par
une seule & même volonté dans toutes les
parties & dans toutes les affaires de l'Etat.
Par conséquent, le Gouvernement est *Ir-*
régulier, lors que le Pouvoir Souverain est
ou partagé, ou défectueux.

Combien
il y a de
Formes de
Gouverne-
ment Régu-
lier.

§. III. ON distingue trois différentes
Formes de Gouvernement Régulier. La prémiére, c'est lors que la Souveraineté est attachée à une seule Personne; & on l'appelle
MONARCHIE. La seconde, c'est lors que
le Pouvoir Souverain est entre les mains
d'un Conseil composé de quelques Citoïens
choisis; & on la nomme ARISTOCRATIE.
La

La dernière, c'est lors que la Souveraineté réside dans l'Assemblée générale de tous les Chefs de Famille; & on la désigne par le nom de DÉMOCRATIE. Dans la prémière, le Souverain s'appelle *Roi* ou *Monarque* : dans la seconde, les *Principaux de l'Etat* : dans la dernière, le *Peuple*.

§. IV. QUOI-QUE l'Autorité Souveraine soit au fond la même dans ces trois Formes de Gouvernement ; la *Monarchie* a une grande commodité par dessus toutes les autres, en ce que, pour exercer actuellement la Souveraineté, elle n'est pas assujettie à certains tems & à certains lieux réglez; le Roi pouvant délibérer & donner ses ordres en tout tems & en tout lieu, & aiant toûjours par conséquent un pouvoir prochain d'exercer les fonctions du Gouvernement. Au lieu que les *Sénateurs*, & le *Peuple*, n'étant pas une seule Personne Physique, ne sauroient rien faire sans s'assembler en certains tems & en certains lieux, pour y délibérer & ordonner sur les affaires publiques; car il n'y a pas d'autre moien de connoître la volonté du *Sénat*, & du *Peuple*, qui résulte des délibérations prises à la pluralité des voix.

§. V. AU RESTE, il en est de la Souveraineté comme de toutes les autres sortes de Droit & de Pouvoir, que les uns exercent bien, & les autres mal : d'où vient qu'on dis-

Comparaison de ces trois formes de Gouvernement.

Combien il y a de sortes de défauts dans le Gouvernement.

diftingue entre un *Etat fain* ou *bien confti-
tué*, & un *Etat malade*; quoi qu'il ne foit
nullement néceffaire de fe figurer autant de
formes ou d'efpéces particuliéres de Gouvernement, qu'il y a de différentes maladies
auxquelles les Etats font fujets.

Ces maladies viennent ou de l'abus que
font ceux qui ont en main le Gouvernement,
ou de la mauvaife conftitution de l'Etat; &
c'eft pourquoi on les réduit à deux claffes,
favoir les *défauts de la Perfonne*, & les *défauts du Gouvernement*.

*Défauts de
la Perfonne,
1. Dans un
Gouverne-
ment Mo-
narchique.*

§. VI. DANS les *Monarchies*, ce font
des *défauts de la Perfonne*, lors que celui
qui eft fur le Trone fe trouve deftitué des
qualitez néceffaires pour régner; lors qu'il
n'a que peu ou point à cœur le Bien Public,
& qu'il livre en proie fes Sujets à l'Ambition
ou à l'Avarice de quelques Miniftres indignes & malhonnêtes gens; lors qu'il fe rend
odieux par fa Cruauté, & par les emporte-
mens de Colére auxquels il s'abandonne
fans retenue; lors qu'il ne fait point fcrupule d'expofer l'Etat fans néceffité; lors qu'il
diffipe en débauches, en luxe, & en libéra-
litez mal-entendues les Revenus & les Subfides qu'on lui accorde pour les befoins de
l'Etat; lors qu'il entaffe des richeffes immen-
fes & fuperflues en foulant fes Sujets, &
s'emparant de leur argent par des Extorfions;
lors qu'il eft outrageux, & injufte; en un
mot

mot lors que, par ces Vices ou autres semblables, il donne lieu de se faire regarder
comme un *mauvais Prince.*

§. VII. A` L'E'GARD des *Aristocraties*, ce sont des *défauts des Personnes*, lors que la brigue & les voies obliques donnent en-
trée dans le Conseil à des Scélérats, ou à des gens incapables du Gouvernement, à l'ex-
clusion de ceux qui ont le mérite & les qua-
litez requises pour bien gouverner ; lors qu'il se forme des Factions & des Cabales entre les Sénateurs ; lors que les Grands traitent le Peuple en Esclaves, & qu'ils s'enri-
chissent en pillant les Finances & les Revenus de l'Etat.

2. Dans une Aris-tocratie.

§. VIII. CE SONT des *défauts des Per-*
sonnes dans une *Démocratie*, lors que de sots & ignorans brouillons veulent soûtenir leur sentiment à cor & à cri, & causent du tumulte dans les Assemblées ; lors que l'Envie opprime des Citoiens d'un mérite distin-
gué, sans qu'ils y aient donné lieu, & que l'Etat ait rien à craindre de leur part ; lors que, par pure légéreté, on fait des Loix & on les abolit de gaieté de cœur, ou que l'on révoque sans nécessité les délibérations qu'on avoit prises ; lors que des gens de néant, sans mérite & sans capacité, sont chargez de l'administration des affaires publiques.

3. Dans une Démo-cratie.

§. IX. IL y a deux *défauts généraux des*
Personnes, lesquels peuvent se trouver dans

Défauts de la Person-ne, qui

font communs à toute forte de Gouvernement.

toutes les différentes Formes de Gouvernement. L'un, c'eſt lors que ceux qui ont en main l'Autorité Souveraine en abuſent, ou s'aquittent négligemment de leur Devoir. L'autre, c'eſt lors que les Citoïens, qui n'ont en partage que la gloire de l'Obéïſſance, prennent le frein aux dents, & ſe mutinent contre leurs Supérieurs légitimes.

Défauts du Gouvernement.

§. X. MAIS les *défauts du Gouvernement* conſiſtent en ce que les Loix ou les Coûtumes de l'Etat ne ſont pas conformes au Naturel du Peuple qui doit s'y ſoûmettre, ou aux qualitez & à la ſituation du Païs: ou en ce qu'elles donnent occaſion aux Citoïens de cauſer des troubles au dedans, ou de s'attirer au dehors la juſte haine des Voiſins: ou en ce qu'elles les mettent dans l'impuiſſance de faire les fonctions néceſſaires pour le Bien de l'Etat, comme ſi elles les réduiſent néceſſairement à vivre dans une lâche pareſſe, ou à ne pouvoir ſubſiſter ſans la Guerre; ou ſi la conſtitution des Loix Fondamentales rend l'expedition des affaires publiques fort lente ou fort difficile: ou enfin en ce qu'elles renferment quelque choſe de contraire aux Maximes capitales de la bonne Politique, ſur tout ſi cela eſt coloré du beau prétexte de la Religion.

On blâme quelquefois mal-à-propos le Gouvernement préſent.

§. XI. PLUSIEURS déſignent par des noms particuliers les Gouvernemens où l'on remarque quelques-uns de ces défauts. Ils appellent *Tyrannie*, l'abus ou la mauvaiſe conſti-

titution du Gouvernement Monarchique;
Oligarchie, les abus ou la mauvaise constitution du Gouvernement Aristocratique;
Ochlocratie, l'abus ou la mauvaise constitution du Gouvernement Democratique.
Mais il arrive souvent, que ces noms dans
l'application qu'on en fait, ne supposent pas
tant un véritable défaut ou une maladie
réelle de l'Etat, que quelque Passion ou
quelque Mécontentement particulier, qui
est cause qu'on est prévenu contre le Gouvernement présent. Une personne qui n'aime pas la Monarchie, ou le Prince régnant,
noircira du titre odieux de *Tyran* un Souverain même légitime, & traitera de *Despoti-
que* le Gouvernement du meilleur Prince,
sur tout s'il fait exécuter les Loix avec sévé-
rité. Un Homme qui est fâché de n'être pas
Membre du Conseil Souverain, où il se
croit aussi digne d'entrer qu'aucun des Sénateurs dont il est composé; l'appellera par
mépris & par envie une *Oligarchie*, c'est-à-
dire, un Conventicule d'un petit nombre
de personnes qui exercent insolemment une
Autorité Souveraine sur des gens d'un mérite égal ou superieur même au leur à tous
égards. Enfin, des Esprits fiers & orgueil-
leux, qui ne sauroient souffrir l'Egalité d'un
Etat Populaire, voiant que là chacun a droit
de Suffrage dans les Assemblées où l'on traite
des affaires de la République, & que cependant la Populace y fait le plus grand nombre,

bre, comme dans tous les autres Etats; appellent cela une *Ochlocratie*, comme qui diroit un Gouvernement où la Canaille est maîtreſſe, & où les perſonnes d'un mérite diſtingué, tels qu'ils ſe croient eux-mêmes, n'ont aucun avantage par deſſus les autres.

§. XII.   VOILA' pour les Gouvernemens Réguliers. Les *Irréguliers*, ce ſont ceux où, comme nous l'avons déja dit, on ne trouve pas cette union parfaite de volontez, & cet aſſemblage complet de toutes les Parties de la Souveraineté, en quoi conſiſte l'eſſence d'un Etat; & cela en ſorte que l'imperfection ne vient pas d'une maladie, ou d'un défaut dans l'adminiſtration du Gouvernement, mais qu'elle eſt autoriſée par une Loi ou une Coûtume établie avec un conſentement public & authentique. Or comme les différentes maniéres de s'éloigner de la ligne droite ou de la Régle, varient à l'infini, on ne ſauroit réduire à certaines eſpéces fixes & déterminées toutes les formes de Gouvernement Irrégulier qu'il peut y avoir.   Mais un ou deux exemples ſuffiſent pour en donner une idée générale & diſtincte, qui en faſſe pleinement comprendre la nature: comme, ſi l'on ſuppoſe que, dans un Etat, le Conſeil des Sénateurs & l'Aſſemblée du Peuple gouvernent les affaires publiques chacun de ſon côté avec un Pouvoir Souverain, & indépendamment l'un

de

Différentes ſortes de *Gouvernement Irrégulier.*

de l'autre; ou fi, dans une Monarchie, les Grands de l'Etat font devenus fi puiſſans, qu'ils ne dépendent plus du Monarque que comme autant de Princes conféderez par une Alliance Inégale.

§. XIII. OUTRE les ETATS SIMPLES, dont nous avons traité juſqu'ici, il y a encore des eſpéces d'ETATS COMPOSEZ, par où j'entens *un aſſemblage de pluſieurs Etats parfaits, étroitement unis enſemble par quelque lien particulier, qui fait que leurs forces peuvent être regardées comme les forces d'un ſeul Corps d'Etat.* Ces Etats Compoſez ſe forment, ou lors que deux ou pluſieurs E-tats diſtincts n'ont qu'*un ſeul & même Roi*; ou par une *Confédération perpetuelle* de deux ou de pluſieurs Etats. *Ce que c'eſt qu'un Etat Compoſé.*

§. XIV. LA prémiére ſorte d'union ſe fait, ou par une Convention, ou à l'occaſion d'un Mariage, ou en vertu d'une Succeſſion, ou par droit de Conquête; en ſorte que ces Etats réünis ſous un ſeul Prince ſoient gouvernez chacun en particulier par ſes Loix Fondamentales. *Des Etats Compoſez qui n'ont qu'un même Roi.*

§. XV. L'AUTRE ſe forme, lors que deux ou pluſieurs Etats voiſins entrent dans une *Confédération perpetuelle*, en ſorte qu'ils s'engagent réciproquement à n'exercer que d'un commun accord certaines Parties de la Souveraineté, ſur tout celles qui concernent leur défenſe mutuelle contre les Ennemis du *Des Etats unis par une Confédération perpetuelle.*

de-

dehors; chacun de ces Etats demeurant du reste dans une entiére liberté & une parfaite indépendance.

CHAPITRE IX.

Des CARACTÉRES *propres & des* MODIFICATIONS *de la* SOUVERAINETÉ.

§. I. VOIONS maintenant (a) les CARACTERES propres & les différentes MODIFICATIONS de la SOUVERAINETÉ.

1. Le prémier caractére du *Pouvoir* qui gouverne l'Etat, dans quelque forme de Gouvernement que ce soit, c'est qu'il est *Souverain & Indépendant*, c'est-à-dire, que celui qui en est revêtu l'exerce comme il le juge à propos, sans dépendre en cela d'aucun autre Homme, comme d'un (1) Supérieur, qui puisse annuller ce qu'il a fait, ordonné, ou établi.

§. II.

1. Le *Pouvoir* qui gouverne l'Etat est *Souverain & Indépendant*.

(a) *Droit de la N. & des Gens,* Liv. VII. Chap. VI.

---

§. I. (1) Il faut bien remarquer cette restriction: car, quoi que dans une Monarchie Limitée le Souverain ne puisse rien faire valablement, en matiére de certaines choses, sans consulter l'Assemblée du Peuple, ou de ceux qui le représentent, le Peuple n'est pas pour cela au dessus du Roi. L'Auteur auroit dû néanmoins s'exprimer ici d'une maniére qui comprît plus distinctement ce qui convient également & à la Souveraineté Limitée, & à la Souveraineté Absolue.

§.II. 2. De là il s'enfuit, que le Souverain *n'eft tenu de rendre compte à perfonne ici-bas de fa conduite*, en forte que, s'il n'agit pas au gré d'autrui; il devienne par là fujet à quelque Peine devant le Tribunal Humain; ou qu'il puiffe être réprimé par quelque autre Homme, comme par un Supérieur. — *2. Il n'eft comptable à perfonne ici-bas.*

§. III. 3. Par la même raifon, les Puiffances Souveraines font *au deffus de toute Loi Humaine & Civile*, confidérée comme telle; & par conféquent ces fortes de Loix ne les obligent point directement. En effet, elles dépendent de la volonté du Souverain, & dans leur origine, & dans leur durée: ainfi le Souverain ne fauroit y être foûmis en vertu d'une Obligation qu'elles lui impofent précifément entant que Loix qui émanent d'un Supérieur; autrement il feroit Supérieur de lui-même, ce qui eft abfurde. Que s'il fe conforme volontairement à fes propres Loix, lors que les chofes qu'il prefcrit à fes Sujets font de nature à pouvoir être pratiquées par lui-même fans préjudice de fon rang; c'eft par un motif d'Honneur & de Bienféance; & pour donner plus de poids à la Loi par fon exemple. — *3. Il eft au deffus des Loix Humaines.*

§. IV. 4. Enfin, (1) la Puiffance Souveraine eft *facrée & inviolable*, (a) en forte que — *4. Il eft facré & inviolable.* (a) Droit de la Nat. & des Gens. Liv. VII. Chap.VIII.

§. IV. (1) Voiez le Difcours de Mr. Noodt, *de Jure Summi Imperii, & Lege Regia*; qui vient de paroître en François.

que non feulement on ne doit pas lui réfifter ou lui défobéir lors qu'elle ne commande rien que de légitime ; mais encore que les Sujets doivent fupporter patiemment les caprices & les duretez de leur Souverain, de même qu'un Enfant bien né fouffre la mauvaife humeur de fon Pére & de fa Mére. Lors même qu'un Particulier eft menacé de la part de fon Prince des Injures les plus atroces & des traitemens les plus indignes; il doit tâcher de fe mettre à couvert par la fuite, ou fe réfoudre à toutes fortes de malheurs, plûtôt que de tirer l'épée contre fon Souverain , rude & injufte envers lui à la vérité, mais toûjours Pére de la Patrie.

Ce que c'eft que le *Pouvoir Abfolu* des Souverains.

§. V. MAIS, quoi que les Souverains foient indépendans de tout Supérieur icibas, il y a néanmoins quelque différence, fur tout par rapport aux Monarchies & aux Ariftocraties, dans la maniére dont ils exercent leur *Pouvoir* qui , en quelques Etats, eft *Abfolu*, & en d'autres *Limité*.

Lors qu'on dit, qu'un Prince a un Pouvoir Absolu, on entend par là, qu'il eft en droit de gouverner l'Etat comme il le juge à propos felon la fituation des affaires, fans avoir à confulter perfonne, ni à fuivre certaines Régles fixes & perpetuelles, dont il ne puiffe légitimement s'écarter.

Comment le *Pouvoir Souverain* eft *Limité*.

§. VI. COMME chacun peut fe tromper aifément, & fuccomber même à la tentation

tion d'agir contre fon Devoir, fur tout lors qu'il fe voit dans un fi haut pofte que celui des Princes, où l'on a tant de moiens de fatisfaire impunément fes Paffions : plufieurs Peuples ont jugé à propos de mettre certaines bornes à la manière d'exercer l'Autorité Souveraine. Cette LIMITATION DU POUVOIR SOUVERAIN confifte en ce que le Peuple, pour empêcher plus efficacement que le Roi ne prit des mefures defavantageufes à l'Etat, a ftipulé de lui en l'élevant fur le Throne, qu'il fe conformeroit à certaines Régles ou *Loix Fondamentales* dans l'exercice des Parties de la Souveraineté; & que, quand il furviendroit des affaires importantes, fur lefquelles on n'auroit pû faire par avance aucun réglement, il n'entreprendroit rien fans la participation & le confentement du Peuple, ou de fes Députez, dont il feroit tenu de convoquer l'Affemblée.

§. VII. IL y a encore ici une autre différence accidentelle, qui regarde la *manière de poffeder la Souveraineté*, fur tout par rapport aux Rois. Car les uns font maîtres de la Couronne comme d'un Patrimoine, qu'il leur eft permis de partager, d'aliéner, de transférer à qui bon leur femble, en un mot dont ils peuvent difpofer comme ils le jugent à propos; & c'eft ce qu'on appelle un ROIAUME PATRIMONIAL, qui eft établi ordinairement par droit de Conquête, ou

Des différentes manières de poffeder la Souveraineté.

lors

lors que le Roi s'eft aquis un Peuple, & non
pas le Peuple un Roi. Mais les autres Princes, qui tiennent la Couronne d'une élec-
tion libre du Peuple, quelques abfolus qu'ils
foient, ne fauroient légitimement partager,
aliéner, ou transférer le Roiaume à un autre, de leur pure autorité: mais ils doivent
le tranfmettre par fucceffion à ceux qui ont
droit d'y prétendre felon les Loix Fondamentales ou la Coûtume établie; d'où vient
que quelques-uns comparent à certains é-
gards la poffeffion de ces fortes de Roiaumes à une efpéce d'*Ufufruit.*

CHAPITRE X.

Des différentes MANIE'RES D'AQUE'RIR LA SOUVERAINETE' *fur tout dans une Monarchie.*

Il y a deux maniéres d'aquérir originaire- ment la Souverai- neté.
(a) Droit de la Nat. & des Gens, Liv. VII. Chap. VII.

§. I. TOut Gouvernement légitime eft
fondé fur un *confentement des Sujets:* mais ce confentement fe donne (a) en
différentes maniéres. Quelquefois un Peuple eft contraint *par la force des armes* de fe
foûmettre à la domination du Vainqueur:
quelquefois auffi le Peuple, *de fon pur mouvement*, offre à quelcun l'Autorité Souveraine, & la lui confére avec une pleine &
entiére liberté.

§. II.

§. II. ON aquiert, ou, selon l'expreßion De l'Aqui-
commune, l'on *s'empare* de la Souveraineté sition par
par voie de CONQUÊTE, lors qu'aiant un droit de
juste sujet de faire la Guerre à un Peuple, Conquête.
on le réduit, par la supériorité de ses armes,
à la néceßité de se soûmettre désormais à
nôtre empire. Cette Conquête légitime est
fondée non seulement sur ce que le Vainqueur, qui auroit pû, s'il avoit voulu user
de tous les droits de la Guerre, ôter la Vie
aux Vaincus, leur permet de la racheter en
consentant à la perte de leur Liberté, comme au moindre de deux Maux inévitables,
par où il exerce d'ailleurs un acte louable de
Clémence : mais encore sur ce que les Vaincus s'étant engagez à la Guerre avec lui,
après l'avoir offensé, & lui avoir refusé la
juste satisfaction qu'ils lui devoient, ils se
sont exposez par là au sort des Armes, &
ont tacitement consenti par avance à toutes
les conditions que le Vainqueur leur impo-
seroit.

§. III. MAIS le consentement du Peuple De l'*Elec-*
est entiérement libre dans l'ELECTION ; c'est *tion.*
à-dire, lors qu'un Peuple ou naißant, ou
déja formé, nomme une certaine personne
qu'il juge capable du Gouvernement, après
quoi, si tôt que cette personne-là informée
de la délibération du Peuple a accepté l'offre, le Peuple lui confére actuellement le
Pouvoir Souverain, & lui prête serment de
Fidélité.

§. IV.

§. IV. DANS un Etat déja formé, lors que le Roi meurt avant qu'on aît nommé fon Succeffeur, le tems qui s'écoule jufqu'à l'Election d'un nouveau Roi, s'appelle un INTERRE'GNE. Pendant cet intervalle, le Peuple redevient un Corps imparfait, uni feulement, par la prémiére des deux Conventions, qui, comme nous l'avons dit, doivent intervenir dans la formation d'un Etat parfait. Mais cet engagement ne laiffe pas d'avoir tout feul beaucoup de force par les fentimens qu'infpire le nom & la vûe d'une commune Patrie, & par l'intérêt des Citoiens, qui ont la plûpart leurs Biens & leurs établiffemens attachez au Païs: ce qui engage les bons Citoiens, & les gens un peu accommodez, à entretenir la Paix, & à s'empreffer de rétablir au plûtôt le Gouvernement plein & entier. Cependant, pour prévenir les troubles & les autres inconvéniens qui peuvent naître de cette efpéce d'Anarchie, on ne fauroit mieux faire que de régler & défigner par avance ceux qui doivent prendre en main les rênes du Gouvernement pendant tout le tems de l'Interrégne.

§. V. IL y a des endroits où l'on fait une nouvelle *Election* après la mort de chaque Prince. Mais, en d'autres, on fe contente de régler une fois pour toutes l'ordre de la Succeffion, en forte que le Succeffeur, à qui la Couronne échet, monte fur le Throne

im-

(marginalia) Des Interrégnes.

(marginalia) Différentes fortes d'Election.

immédiatement après la mort de fon Prédé-
ceffeur, fans avoir befoin d'y être appellé
par une Election particuliére. Ce DROIT
DE SUCCESSION eft établi ou *par la volonté du Roi régnant*, ou *par la volonté du
Peuple*.

§. VI. CHAQUE Monarque d'un *Roiau-
me Patrimonial* eft en droit de régler la Succeffion comme il le juge à propos; & lors
qu'il a expreffément déclaré fa volonté là-
deffus, on doit la fuivre tout de même que
s'il s'agiffoit du Teftament d'un fimple Particulier, fur tout fi le Défunt avoit lui-même fondé ou aquis le Roiaume. Un Prince qui eft Roi fur ce pied-là, peut donc, fi
bon lui femble, partager également le Roiaume à fes Enfans, fans en excepter les Filles; & appeller même à la Succeffion, au
défaut d'Enfans Légitimes, un Fils Naturel,
ou un Fils Adoptif, ou toute autre perfonne avec qui il n'a aucune liaifon de Parenté.

*De la Suc-
ceffion Tef-
tamentaire,
dans les
Roiaumes
Patrimo-
niaux.*

§. VII. QUE s'il n'a point nommé de Succeffeur, on doit préfumer qu'il n'a pas prétendu que fon Roiaume fût détruit avec lui,
ou abandonné au prémier occupant, mais
qu'il a voulu 1. Que la forme du Gouvernement demeurât Monarchique après fa
mort, comme elle l'étoit de fon vivant.
2. Que le Roiaume paffât à fes Enfans, préférablement à toute autre perfonne, & conformément à l'inclination commune des Pé-

*De la Suc-
ceffion ab-
inteftat.*

V   res.

res. 3. Que fes Etats ne fuffent point partagez, ni la Couronne poffédée de plufieurs par indivis; l'un & l'autre étant fort contraire au Bien du Roiaume, & à l'avantage de la Famille Régnante. 4. Qu'au défaut d'Enfans, le plus proche Parent héritât de la Couronne. 5. Enfin, qu'entre ceux qui fe trouvent au même degré, les Mâles paffaffent devant les Femmes, & les Aînez devant les Cadets.

Différentes fortes de Succeffion, dans les Roiaumes établis par une libre volonté du Peuple.

§. VIII. Pour ce qui eft des *Roiaumes établis par un libre confentement du Peuple*, l'ordre de la Succeffion y dépend auffi originairement de la volonté du Peuple. Si donc le Peuple, en fe choififfant un Roi, lui a conféré, avec le Pouvoir Souverain, le droit de nommer fon Succeffeur; celui qui aura été défigné par le Roi défunt, fera l'Héritier inconteftable de la Couronne: autrement, le Peuple eft cenfé s'être refervé le droit de régler la Succeffion. En ce dernier cas, fi le Peuple rend la Succeffion héréditaire dans la Famille du Roi qu'il choifit, ou il veut que l'on fuive fimplement l'ordre des Succeffions entre Particuliers, autant que les Régles en peuvent être appliquées à la Succeffion au Roiaume; ou bien il le modifie d'une façon particuliére. La prémiére forte de *Succeffion* s'appelle *purement Héréditaire*, & l'autre *Linéale*.

De la Succeffion purement Héréditaire.

* §. IX. A L'ÉGARD des *Succeffions purement*

rement Héréditaires, voici en quoi le bien de l'Etat demande qu'elles suivent une route un peu différente des Successions entre Particuliers. 1. Le Roiaume ne doit point être partagé. 2. Il faut que la Succession demeure dans la postérité du prémier Roi, sans passer jamais aux branches de ses Collatéraux. 3. Les Enfans Naturels ou Bâtards, & les Adoptifs, ne doivent point avoir de part à la Succession, mais seulement ceux qui sont sortis d'un Mariage conforme aux Loix du Païs. 4. Entre ceux qui sont au même degré, il faut que les Mâles l'emportent sur les Femmes, quand même elles seroient plus âgées. 5. Entre plusieurs Mâles, ou plusieurs Femmes, qui sont au même degré, l'Age doit décider de la préférence. 6. Enfin, le Successeur doit regarder la Couronne, dont il hérite, comme un bien qu'il tient de la volonté du Peuple, & non pas de la faveur du Roi défunt.

§. X. MAIS comme, dans cet ordre de Succession qui appelle à la Couronne le plus proche du Sang Roial, il peut survenir des contestations fort embrouillées sur le degré de proximité, lors que ceux qui restent de la Famille Régnante sont un peu éloignez de la tige commune : pour prévenir ces inconvéniens, plusieurs Peuples ont établi la *Succession Linéale*, qui consiste en ce que tous ceux qui descendent du prémier Roi

De la Succession Linéale, où de branche en branche.

V 2   de

de la Famille Régnante font cenfez faire autant de Lignes perpendiculaires, dont chacune a droit au Roiaume felon qu'elle eft à un degré plus proche; en forte que la Couronne ne paffe point d'une Ligne à l'autre, tant qu'il refte quelcun de la précédente, quand même il y auroit dans cette autre Ligne des Parens plus proches du dernier Roi.

Il y a deux fortes de *Succeffion Linéale*, favoir la *Cognatique*, & l'*Agnatique*.

§. XI. ON diftingue deux principales fortes de *Succeffion Linéale*, favoir la *Cognatique*, & l'*Agnatique*. Dans la prémiére, qui s'appelle auffi *Caftillane*, les Femmes font admifes à la Succeffion, mais en forte que les Mâles qui font dans la même Ligne paffent devant, & qu'on ne revient à elles que quand les Mâles plus proches, ou au même degré, viennent à manquer avec tous leurs Defcendans. Mais, dans la *Succeffion Agnatique*, autrement nommée *Françoife*, les Femmes & tous ceux qui fortent d'elles, fans en excepter les Mâles, font exclus à perpétuité de la Succeffion.

Comment on doit terminer les difputes furvenues au fujet de la Succeffion à la Couronne.

§. XII. LORS qu'il furvient quelque difpute au fujet de la Succeffion à la Couronne; fi c'eft un Roiaume Patrimonial, le meilleur eft de remettre la décifion du différent à des Arbitres de la Famille Roiale. Mais fi la Succeffion a été originairement établie par la volonté du Peuple, c'eft au Peuple à en décider.

CHA-

CHAPITRE XI.

Des DEVOIRS DU SOUVERAIN.

§. I. POUR connoître évidemment les DEVOIRS DU SOUVERAIN, (a) il ne faut que considérer avec un peu d'attention la nature & le but des Sociétez Civiles, & les Parties essentielles de la Souveraineté.

§. II. AVANT toutes choses, il est clair que les Princes doivent *s'instruire exactement de tout ce qui est nécessaire pour leur donner une pleine & entiére connoissance de leurs engagemens*; personne ne pouvant se bien aquitter d'une chose qu'il ne sait pas. Et comme la Science du Gouvernement demande un homme tout entier, il faut qu'ils renoncent à toute autre étude qui n'y a pas quelque rapport. Moins encore doivent-ils s'abandonner sans retenue aux Plaisirs, aux Divertissemens, & aux vaines Occupations, qui pourroient les détourner du soin de l'Etat. Par la même raison, s'ils ont à cœur leur Devoir, ils éloigneront les Flatteurs, les Bouffons, & ceux dont toute l'habileté ne consiste qu'en des choses frivoles ou inutiles; mais ils tiendront au contraire auprès d'eux des gens sages, vertueux, prudens, & expérimentez.

Source générale des *Devoirs du Souverain.* (a) *Droit de la Nat. & des Gens,* Liv. VII. Chap. IX. Nécessité indispensable où sont les Souverains de s'instruire exactement de leurs Devoirs.

V 3   Pour

Pour fe rendre capables de bien appliquer les Maximes générales de la Science du Gouvernement, il faut qu'ils s'attachent, avec tout le foin poffible, à connoître à fond la conftitution de leur Etat, & le naturel de leurs Sujets. Ils doivent en même tems fe former fur tout aux Vertus les plus néceffaires pour foûtenir le poids d'un Emploi fi important & fi difficile; comme auffi régler leur extérieur, & en général toute leur conduite, d'une maniére convenable à leur Dignité. Voions maintenant quels font les Devoirs du Souverain, confidéré comme tel.

Régle générale, qui renferme tous les Devoirs du Souverain.

§. III. Le *Bien du Peuple eft la Souveraine Loi:* c'eft auffi la Maxime générale que les Puiffances doivent toûjours avoir devant les yeux; puis qu'on ne leur a conféré l'Autorité Souveraine qu'afin qu'elles s'en fervent pour procurer & maintenir le Bien Public, qui eft le but naturel de l'établiffement des Sociétez Civiles. Un Souverain ne doit donc rien regarder comme avantageux à lui-même, s'il ne l'eft auffi à l'Etat. Mais difons quelque chofe de plus particulier.

Régles particulieres. 1. Former les Sujets aux bonnes mœurs.

§. IV. 1. Pour maintenir la tranquillité au dedans de l'Etat, il faut que les Citoiens fe conduifent d'une maniére & foient dans des difpofitions conformes au Bien Public. Il eft donc du Devoir du Souverain de leur prefcrire non feulement des *Loix* qui ten-

tendent à cette fin, mais encore d'établir un
ſi *bon ordre* & une ſi *bonne Diſcipline*, ſur
tout en ce qui concerne l'Education des Enfans & de la Jeuneſſe que les Sujets ſe con-
forment aux Loix par raiſon & par habitude, plûtôt que par la crainte des Peines.
Pour cet effet, rien n'eſt plus utile que de
leur faire goûter de bonne heure la *Religion*
Chrétienne, j'entens celle qui eſt épurée de
toute invention humaine ; & d'établir des
Ecoles Publiques, où l'on enſeigne des
choſes conformes au but de la bonne Politique.

§. V. 2. IL FAUT après cela que les
Loix qu'on établit, ſoient juſtes, équita-
bles, claires, ſans ambiguité & ſans con-
tradictions, utiles, accommodées à l'état
& au génie des Peuples à qui on les
preſcrit, ſuffiſantes pour régler & pour terminer les affaires les plus communes qu'il
y a entre les Citoiens. Du reſte on ne
doit pas trop multiplier ces ſortes de réglemens, ni contraindre la liberté des Sujets au delà de ce que demande le Bien
de l'Etat en général, & de chaque Citoien en particulier. Car comme les Hommes, dans l'examen de ce qu'ils doivent
faire ou ne pas faire, ſe déterminent plus
ſouvent par les lumiéres naturelles de leur
Raiſon, que par la connoiſſance des Loix
Civiles : ſi ces Loix ſont en trop grand
nombre, en ſorte qu'ils ne puiſſent pas

*2. Etablir
de bonnes
Loix.*

V 4   les

les retenir aiſément, & qu'elles défendent des choſes que la Raiſon par elle-même ne condamne point, les Sujets y contre-viendront infailliblement par pure igno-rance; de ſorte qu'ils auront lieu de les regarder comme autant de piéges fâcheux qu'on leur tend, pour les expoſer à des Peines inévitables, & comme des Ordonnances par leſquelles on prend plaiſir à géner inutilement leur Liberté; ce qui eſt contraire au but des Sociétez Civiles.

§. VI. 3. Mais, comme il ne ſert de rien de faire des Loix, ſi on les laiſſe vio-ler impunément; les Souverains doivent *veiller ſans ceſſe à leur exécution :* avoir ſoin que chacun obtienne aiſément ce qui lui eſt dû, ſans perdre beaucoup de tems ou d'argent à ſolliciter un Procès : empê-cher que perſonne ne ſoit fruſtré de ſon droit par des Chicanes & des Vexations: punir les contrevenans ſelon la gravité du fait, & ſelon l'intention & le degré de Malice avec lequel ils ſe ſont portez à vio-ler la Loi: ne faire grace à perſonne ſans de bonnes raiſons; rien n'étant plus injuſ-te, ni plus propre à irriter les Eſprits, que de traiter différemment, toutes choſes d'ail-leurs égales, ceux qui ont mérité la même punition.

3. Faire en ſorte que les Loix ſoient bien exécutées.

§. VII. 4. On ne doit *attacher des Pei-nes qu'à ce qu'il eſt néceſſaire de défendre pour le Bien de l'Etat; & il faut auſſi les pro-*

4. Garder un juſte tempéra-ment dans la détermi-

proportionner *à cette fin*, en forte qu'on ne falle pas fouffrir à ceux qui violent les Loix : plus de mal que ne le demande l'Utilité Publique. Du refte, il eft clair, que la crainte des Peines ne fauroit produire l'effet que le Légiflateur fe propofe en les dénonçant, fi elles ne font affez grandes pour contrebalancer le Profit ou le Plaifir que l'on peut efpérer d'une Action contraire aux Loix.

nation & dans la mefure des Peines.

§. VIII. 5. LES Hommes aiant formé des Sociétez Civiles, à deffein de fe mettre à couvert de la malice & des infultes d'autrui ; il eft du Devoir du Souverain *d'empêcher que fes Sujets ne fe faffent du tort les uns aux autres*, & de punir d'autant plus févérément les Injures & les Injuftices, que le Voifinage & le Commerce perpétuel en fournit aifément les occafions. Il n'y a ici ni Rang, ni Dignité, qui doive autorifer les Grands à infulter impunément les Petits. Mais il ne feroit pas moins contre la nature & le but du Gouvernement Civil, de permettre aux Sujets de fe faire juftice eux-mêmes, & de tirer raifon, par des voies de fait, des Injures qu'ils croiroient avoir reçues.

5. Empêcher que les Sujets ne s'infultent, & ne fe faffent du tort les uns aux autres.

§. IX. 6. QUOI-QUE, dans un Etat un peu grand, le Prince ne puiffe pas vaquer lui feul immédiatement à toutes les affaires, & qu'ainfi il foit réduit à la néceffité de fe décharger fur quelques Perfonnes

6. Choifir pour fes Miniftres desPerfonnes de probité, & capables des affaires; &

V 5   d'une

punir févé- d'une partie des foins du Gouvernement;
rement les
malverfa- cependant, comme fes Miniftres tirent de
tions. lui toute leur Autorité, & doivent lui
rendre compte de leur adminiftration, on
lui attribue, comme à la Caufe prémiére,
tout ce qu'ils font de bien ou de mal. Le
Souverain eft donc dans une Obligation
indifpenfable *de ne confier les Emplois Pu-*
blics qu'a des gens de probité, & capables
des affaires dont il les charge; d'examiner
de tems en tems leur conduite; & de les
punir ou de les récompenfer, felon qu'ils
méritent, afin de faire voir par là aux autres, qu'il ne faut pas apporter moins d'application & de fidélité aux affaires publiques, qu'à fes affaires particuliéres. Et comme les Méchans fe portent au Crime fans
retenue par l'efpérance de l'Impunité, dont
ils fe flattent aifément, lors qu'ils voient
que les *Juges* font fufceptibles de corruption; le Souverain doit fur tout punir fé-
vérement ces Ames vénales, comme fau-
teurs des Crimes qui donnent atteinte à la
Sûreté Publique. De plus, quoi qu'il puiffe
fe repofer fur fes Miniftres du foin des affaires ordinaires; il ne doit jamais refufer d'é-
couter patiemment les plaintes & les très-
humbles rémontrances de fes Sujets.

7. Exiger   §. X. COMME les Sujets ne font obligez de
les Impôts
& les Sub- paier les Impôts & les Subfides, & de fuppofer
fides d'une les autres charges qu'on leur impofe, que par-
maniére
convena- ce que cela eft néceffaire pour fournir aux dé-
pen-

penses de l'Etat, & en tems de Paix, & en tems de Guerre; les Souverains doivent *ne rien exiger au delà, de ce que demandent les besoins publics, ou du moins quelque avantage considérable de l'Etat; & faire en sorte que les Sujets ne soient incommodez que le moins qu'il est possible des charges qu'on leur impose. Il faut aussi garder une juste proportion dans la taxe de chaque Citoien*; & n'accorder à personne aucune exemtion ou immunité qui tourne au préjudice & à l'oppression des autres. Ensuite *ce qui provient des contributions doit être emploié aux besoins de l'Etat,* & non pas dépensé follement en débauches, en luxe, en largesses ou magnificences superflues, ou en autres choses vaines & inutiles. Enfin, il faut *proportionner la Dépense aux Revenus*; &, s'ils ne suffisent pas, y suppléer par une Epargne honnête, & par un retranchement de tout ce qui est superflu.

ble; & bien emploier les revenus de l'Etat.

§. XI. 8. LE Souverain n'est pas obligé de nourrir ses Sujets; quoi que la Charité l'engage à prendre un soin particulier de ceux qui, par un effet de quelque Malheur auquel ils n'ont rien contribué par leur faute, sont hors d'état de pourvoir eux-mêmes à leur subsistance. Mais comme il ne peut tirer que des Biens de ses Sujets, les Revenus dont il a besoin pour fournir aux Dépenses nécessaires; & que d'ailleurs la force d'un Etat consiste dans les Richesses, aussi bien que

8. Procurer l'entretien & l'augmentation des biens des Sujets.

que dans la Valeur des Citoiens: il ne doit rien négliger pour *procurer l'entretien & l'augmentation des Biens des Particuliers.* Pour cet effet il faut faire en sorte qu'ils tirent de leurs Terres & de leurs Eaux tout le profit imaginable ; qu'ils exercent leur Industrie sur les choses qui croissent ou qui se trouvent dans le Païs ; & qu'ils n'achétent pas le travail d'autrui pour tout ce qu'ils peuvent faire eux-mêmes commodément: & c'est à quoi on peut les porter, en prenant soin d'*entretenir & de favoriser les Arts Méchaniques.* Il importe beaucoup aussi de *faire fleurir le Négoce,* sur tout celui de la Navigation. Mais il ne suffit pas de bannir la Paresse & la Fainéantise : il faut encore introduire une sage Economie, par de bonnes *Loix Somptuaires,* qui défendent les Dépenses superflues, & principalement celles qui font passer aux Etrangers les Richesses des Sujets de l'Etat. Le Prince lui-même doit en montrer l'exemple, qui est d'une plus grande efficace que toutes les Loix du monde.

§. XII. 9. LA bonne constitution & la force intérieure d'un Etat dépendant sans contredit de l'union des Citoiens; il est également de l'intérêt & du devoir des Souverains *de prendre bien garde qu'il ne se forme des Factions & des Cabales* ; d'empêcher qu'un nombre de Sujets ne se lient ensemble par quelque Convention particuliére; & de ne

9. Empêcher les Fonctions & les Cabales.

ne souffrir pas, qu'aucun dépende, sous quelque prétexte que ce soit, fût-ce par un motif de Religion, d'une autre Puissance soit au dedans ou au dehors de l'Etat, pour laquelle il aît plus de soûmission que pour son légitime Souverain, ou de laquelle il attende une plus grande & plus sûre protection.

§. XIII. 10. ENFIN, la Paix qu'il y a entre les Etats n'étant pas d'ordinaire fort assûrée; le Souverain doit avoir soin *de ne pas laisser amollir le Courage de ses Sujets*, & de les exercer avec assiduité aux travaux & aux fonctions militaires; comme aussi *de faire de bonne heure les préparatifs nécessaires pour se mettre en état de défense*, d'avoir, par exemple, de bonnes Forteresses, des Armes, des Troupes, & sur tout de l'Argent, qui est le nerf de la Guerre. Mais il ne doit jamais attaquer, quand même on lui en auroit donné un juste sujet; à moins qu'il ne se présente quelque occasion favorable, où il soit très-assûré de réüssir, sans que d'ailleurs la constitution de l'Etat soit telle, qu'elle ne permette pas commodément de s'engager dans la Guerre. Il faut aussi toûjours épier avec beaucoup d'attention les desseins & les démarches de ses Voisins; & ménager sagement des Traitez & des Alliances avec ceux dont on a besoin.

10. Se précautionner contre les invasions des Etrangers.

CHA-

CHAPITRE XII.

Des LOIX CIVILES *en particulier.*

Ce que l'on entend par Loix Civiles.

§. I. PARCOURONS maintenant en détail les *Parties de la Souveraineté*, pour examiner les principales Questions que l'on agite là-dessus. Nous avons mis au prémier rang le Pouvoir d'où émanent les LOIX CIVILES, (a) qui ne font autre chose que *des Ordonnances du Souverain, par lesquelles il preſcrit à ſes Sujets ce qu'ils doivent faire ou ne pas faire.*

(a) Droit de la Nat. & des Gens, Liv. VIII. Chap. I.

§. II. CES Loix font appellées *Civiles* ou par rapport à leur *autorité*, ou par rapport à leur *origine*. Au prémier égard, on peut donner le nom de *Loix Civiles* à toutes celles qui ſervent de régle aux Jugemens des Tribunaux Politiques, de quelque endroit qu'elles tirent leur origine. Dans l'autre ſens, on reſtreint le nom de *Loix Civiles* à celles qui ſont originairement fondées ſur la volonté du Souverain, & qui roulent ſur des choſes néceſſaires pour le Bien particulier de chaque Etat, mais indifférentes ou indéterminées par le Droit Naturel & par le Droit Divin.

A combien d'égards on les appelle ainſi.

Il faut donner force de Loi Civile aux Maximes du Droit Naturel.

§. III. LES Loix Civiles doivent toutes tendre au Bien de l'Etat, & ne rien renfermer qui ne s'y rapporte. Or comme la pratique exacte des Maximes de la Loi Naturelle

relle a une souveraine influence sur.la tranquillité, l'ordre, & la beauté de la Vie Civile; il faut que les Souverains donnent, du moins aux plus importantes de ces Régles de l'Honnête, force entiére de Loi Civile, afin qu'on les observe du moins extérieurement : car la plûpart des Hommes sont si méchans, que la Crainte d'une Divinité, & la vûe même de l'Utilité manifeste de la Loi Naturelle, ne suffisent pas pour les empêcher de la violer.

§. IV. La *force* & l'efficace des Loix Civiles consiste dans la *Sanction Pénale* qui les accompagne; c'est-à-dire, dans la détermination des Peines qui doivent être infligées par les Magistrats de l'Etat à quiconque fera ce que la Loi défend, ou négligera de faire ce qu'elle ordonne. Ainsi toutes les Loix Naturelles, auxquelles le Souverain n'a point attaché de Sanction Pénale, peuvent être violées impunément par rapport au Tribunal Humain; sauf néanmoins toûjours la vengeance du Tribunal Divin.

En quoi consiste la force & l'efficace des Loix Civiles.

§. V. De plus, la constitution de la Vie Civile ne permettant pas, que les Particuliers aient recours à des voies de fait pour tirer raison eux-mêmes, de leur pure autorité, de ce qu'ils prétendent leur être dû; les Loix Civiles viennent comme au secours de la Loi Naturelle, en donnant action en Justice pour ce qui est dû en vertu des Maximes de cette Loi Perpétuelle & irrevocable.

Pour quelles choses les Loix Civiles donnent ou ne donnent pas action en Justice.

ble. De forte que, fi les Loix Civiles ne permettent point d'implorer le fecours du Magiftrat pour une certaine chofe, quelque légitimement qu'elle nous foit dûe d'ailleurs par le Droit Naturel, on ne peut pas fe la faire rendre par force & on doit s'en remettre à l'Honneur & à la Confcience de celui qui nous la doit.

Or les Loix Civiles ne donnent guéres action en Juftice que pour l'exécution des Engagemens où l'on eft entré par une Convention expreffe. A l'égard des autres chofes qui font dûes en vertu de quelque Maxime générale & indéterminée de la Loi Naturelle, elles n'y prêtent point ordinairement leur autorité, pour laiffer aux Gens-de-bien une ample matiére d'exercer leur Vertu, & de s'aquérir de grandes louanges par l'entiére liberté avec laquelle on voit qu'ils fe portent à leur Devoir. Souvent auffi on refufe action en Juftice pour certaines chofes, parce qu'elles ne paroiffent pas affez confidérables pour permettre d'en aller rompre la tête aux Juges.

§. VI. IL Y A bien des chofes que le Droit Naturel prefcrit feulement d'une maniére générale & indéterminée, en forte que le *tems*, la *maniére*, le *lieu*, l'application à telle ou telle *Perfonne* & autres Circonftances femblables, font laiffées à la volonté & à la prudence de chacun. Les Loix Civiles réglent encore tout cela ordinairement, pour l'ordre

Les Loix Civiles fervent à déterminer ou à expliquer les Maximes générales du Droit Naturel.

l'ordre & la tranquillité de l'Etat: quelquefois même elles propofent des Récompenfes
à ceux qui voudront faire ces fortes d'actions
de leur propre mouvement. Elles expli-
quent auffi ce qu'il peut y avoir d'obfcur
dans les Maximes du Droit Naturel, ou
dans leur application: & les Particuliers font
tenus de fe conformer à ces décifions faites
par Autorité Publique, quand même ils ne
les trouveroient pas bien juftes.

§. VII. COMME plufieurs actes & plufieurs Engagemens font tels en eux-mêmes,
qu'il eft libre à chacun par le Droit Naturel de faire à cet égard tout ce qu'il juge à
propos; & que cependant il eft bon de les
réduire à quelque Régle uniforme pour le
bien de la Paix & pour l'ordre de la Société: les Loix Civiles y prefcrivent certaines
formalitez, qui font abfolument néceffaires
pour les rendre valables en Juftice. Tels
font les *Teftamens*, les *Contracts*, & autres
chofes femblables. C'eft auffi pour l'intérêt public que les Loix Civiles bornent &
réglent en diverfes maniéres l'ufage des Droits
que chacun avoit naturellement.

Elles ré-glent les formalitez néceffaires pour ren-dre un acte valable en Juftice; & elles bor-nent l'ufa-ge des Droits na-turels de chacun.

§. VIII. AU RESTE, les Sujets doivent
obéir & fe conformer exactement à tous ces
réglemens des Loix Civiles, tant qu'ils ne
renferment rien de manifeftement contraire
aux Loix Divines, foit Naturelles, ou Ré-
vélées; & cela non feulement par la crainte
des Peines qui font attachées à leur violation,

Jufqu'où, & pour-quoi on eft tenu d'o-béir aux Loix Civi-les.

mais encore par un principe de Conscience, & en vertu d'une Maxime même du Droit Naturel, qui ordonne d'obéir à un Souverain légitime en tout ce que l'on peut faire sans péché.

§. IX. On ne doit pas moins respecter les *Ordres particuliers* d'un Souverain, que les Loix qu'il prescrit en commun à tous ses Sujets. Mais, à l'égard des Ordres qui renferment quelque chose d'injuste, il faut distinguer, si le Souverain nous commande de faire comme de nôtre chef & en nôtre propre nom une Action Injuste; (1) ou bien s'il nous ordonne de l'exécuter en son nom, & en qualité de simple Instrument, comme une Action qu'il répute sienne. Dans le dernier cas, on peut, lors qu'on y est forcé par son Souverain, exécuter innocemment une chose qui est un Péché pour le Souverain même. Mais il n'est jamais permis en conscience de faire, en son propre nom, par ordre du Souverain, la moindre chose qui soit contraire à quelque Loi Divine, soit Naturelle, ou Révélée. Un Sujet ne fait donc point de mal en portant les armes pour
son

Comment on doit obéir aux Ordres particuliers d'un Souverain.

§. IX. (1) J'ai fait voir dans une grande *Note* sur le *Droit de la Nat. & des Gens*, Liv. VIII. Chap. I. §. 6. que cette distinction est vaine; & que les plus grandes menaces du monde ne doivent jamais porter personne à faire, même par ordre & au nom d'un Supérieur, la moindre chose qui nous paroisse manifestement injuste & criminelle. Voiez ci-dessus, Liv. I. Chap. I. §. 24. dans la Note.

son Prince, même dans une Guerre Injuste: mais il péche sans contredit, lors que, par son ordre, il condamne un Innocent, ou qu'il porte un Faux-Témoignage, ou qu'il intente une Fausse Accusation. Car un Sujet qui est enrollé par autorité publique, agit au nom de l'Etat: au lieu que celui qui juge, qui dépose, ou qui accuse, agit en son propre nom.

C H A P I T R E XIII.

Du DROIT DE VIE ET DE MORT, & des PEINES *en général.*

§. I. LE Souverain a quelque *Pouvoir sur la Vie de ses Sujets,* & cela en deux maniéres; l'une indirecte, pour la *défense de l'Etat*; l'autre directe, pour la *Punition des Crimes.*

Pour quelles raisons le Souverain a pouvoir sur la Vie de ses Sujets.

§. II. COMME on est souvent réduit à la nécessité de se défendre contre les insultes des Etrangers, ou de les attaquer même pour tirer raison de ce qu'ils nous doivent, & qu'ils ne veulent pas nous rendre de bonne grace; (a) le Souverain en ce cas-là a droit sans contredit d'obliger ses Sujets à prendre les armes, & à marcher contre l'Ennemi; par où il expose leur Vie, sans se proposer néanmoins directement & de propos délibéré de la leur faire perdre. Et afin

Comment il peut exposer leur Vie pour la défense de l'Etat.

(a) *Droit de la N. & des Gens,* Liv. VIII. Chap. II.

X 2   qu'ils

qu'ils foient en état de fe bien conduire &
d'agir vigoureufement dans l'occafion, il
doit les y préparer de bonne heure par des
exercices fréquens, qui les dreffent au mêtier & les accoûtument aux fatigues de la
Guerre. Aucun Sujet ne peut légitimement,
pour fe fouftraire au péril, fe rendre incapable des fonctions militaires. Et la crainte de la Mort ne doit jamais porter un Sol-
dat à abandonner lâchement fon pofte,
mais il faut qu'il y tienne ferme jufqu'à la
derniére extrémité, à moins qu'il n'ait tout
lieu de préfumer, que le Souverain ne prétend pas qu'il le conferve aux dépens de fa
Vie; ou que fa Vie ne foit manifeftement
de plus grande utilité à l'Etat, que ne le feroit ce pofte.

§. III. MAIS le Souverain peut auffi directement ôter la Vie à ceux de fes Sujets,
qui l'ont mérité par quelque Crime énorme. (a) Ce droit qu'il a de les punir l'autorife à plus forte raifon à les dépouiller des
autres Biens qu'ils poffédent. Il faut donc
dire ici quelque chofe en général de la nature des *Peines*.

§. IV. J'ENTENS par le mot de PEINE,
*un Mal que l'on fouffre malgré foi de la part
d'un Supérieur, à caufe du Mal que l'on a
fait volontairement*; c'eft-à-dire, quelque
chofe de fâcheux à quoi l'on eft condamné
malgré foi par un Supérieur, en conféquence d'un Crime dont on s'eft rendu coupable.
Je

Il peut leur ôter directement la Vie, en forme de Punition. (a) Droit de la Nat. & des G. Liv. VIII. C.III.

Définition de la Peine.

Je dis 1. *Un Mal que l'on ſouffre :* car quoi que ſouvent on ordonne pour Punition de faire certaines choſes, on ne regarde ces Actions qu'en ce qu'elles ont de gênant ou de pénible pour celui qui y eſt condamné.

Je dis 2. *Que l'on ſouffre malgré ſoi :* car le but des Peines eſt de détourner les Hommes du Crime par la crainte des ſuites fâcheuſes qu'il leur attireroit ; or elles ne produiroient pas cet effet, ſi le Mal étoit tel, qu'on peut le ſouffrir aiſément & ſans répugnance.

Je dis 3. *De la part d'un Supérieur :* car les Maux que l'on ſouffre à la Guerre, ou dans un Combat, ne ſont pas des Peines; puis que celui de la part de qui ils viennent n'a aucune Autorité ſur nous.

J'ai dit enfin 4. *A cauſe du Mal que l'on a fait volontairement ;* car ce que l'on ſouffre par l'effet d'une Injure ou d'une Injuſtice d'autrui, n'eſt pas une Peine.

§. V. DANS l'indépendance de l'Etat de Nature, où chacun ne reconnoît d'autre Supérieur que DIEU, (1) il n'y a auſſi que ce

A qui appartient le droit d'infliger des Peines.

X 3   Sou-

---

§. V. (1) L'Auteur raiſonne ici ſur une fauſſe hypothéſe. Il prétend, comme il paroit par ſa Définition, que toute Peine doit être infligée de la part d'un Supérieur. Mais les Loix Naturelles ſeroient inutiles, ſi perſonne n'avoit ici-bas le Pouvoir de les faire exécuter, & de punir ceux qui les violent, ſoit à l'egard d'un Particulier, ſoit par rapport à tout le Genre Humain, dont la Conſervation eſt le but de ces Loix com-

Souverain Législateur qui puisse lui infliger des Peines proprement dites. Mais la Sûreté Publique, qui est le but de l'établissement des Sociétez Civiles demande que le Souverain ait le Pouvoir de réprimer la Malice de ses Sujets en les menaçant de quelque Peine, & la leur faisant souffrir actuellement, lors qu'ils s'en sont rendus dignes par quelque Crime.

On ne doit punir qu'en vûe de quelque utilité. §. VI. Que celui qui a fait du Mal, en souffre, il n'y a rien là d'injuste, à ne regarder que l'Action en elle-même. Cependant on ne doit pas, dans le Tribunal Humain, avoir égard simplement au Mal qui a été commis; il faut voir encore *s'il reviendra quelque utilité des Peines que l'on décerne.* Ce seroit aussi sans contredit un motif bien inhumain, & entièrement contraire à la Sociabilité, que de punir uniquement en vûe de donner à la personne lézée le plaisir barbare de satisfaire son Ressentiment, & de repaître ses yeux du supplice de l'Offenseur.

En quoi consiste cette utilité. §. VII. Le véritable but des Peines infligées par les Tribunaux Humains, est en général de prévenir les Maux & les Injures que les Hommes ont à craindre les uns des autres.

Pour

communes à tous les Hommes. Ainsi, dans l'indépendance de l'Etat de Nature, chacun est revêtu de ce droit par rapport à tout autre. Voiez ce que j'ai dit sur le *Droit de la Nat. & des Gens*, Liv. VIII. Ch. III. §. 4. *Note* 3.

Pour cet effet, il faut, ou que celui qui a commis le Crime se corrige; ou que les autres soient détournez par son exemple d'en commettre de pareils; ou que le Coupable soit mis hors d'état de nuire déformais à qui que ce soit. Ou, pour exprimer la même chose en d'autres termes, toute Punition doit tendre ou au bien du Coupable, ou à l'avantage de celui qui avoit intérêt que le Crime ne fût pas commis, ou à l'utilité de tous généralement.

§. VIII. 1. On procure *l'utilité de celui qui a commis le Crime*, en lui causant quelque Douleur, dont l'amertume lui fasse perdre l'envie de retomber dans le même cas, & arrête le panchant qu'il pourroit y avoir. Les Péres de Famille ont conservé, dans la plûpart des Sociétez Civiles, le droit d'exercer cette espéce de Châtiment envers leurs Domestiques. Mais il ne peut pas s'étendre jusques à ôter la Vie; celui qui est une fois mort, n'étant plus en état de se corriger.

Prémier but des Peines. Corriger le Coupable.

§. IX. L'avantage *de la Personne lézée* demande qu'elle ne soit plus exposée déformais à de pareilles insultes, ni de la part de celui que l'on punit, ni de la part d'aucun autre. On pourvoit à sa sûreté au prémier égard, ou en faisant mourir le Coupable; ou en le mettant dans l'impuissance de satisfaire ses mauvais désirs; ou en lui apprenant à devenir sage déformais par l'expé-

Second but. Pourvoir à la sûreté de la personne lézée.

X 4

rience

rience du mal qu'il s'eſt attiré. Et pour mettre à couvert la Perſonne lézée, des inſultes ſemblables que d'autres pourroient lui faire, il faut que la Punition ſoit publique, & accompagnée d'un appareil terrible, qui ſoit capable d'intimider les plus Scélérats.

Troiſiéme & dernier but. Procurer la ſûreté & l'utilité de tous généralement.

§. X. ENFIN il eſt néceſſaire, pour *la ſûreté & l'utilité publique*, ou que le Coupable lui-même ſoit puni d'une maniére qui empêche qu'il ne faſſe plus de mal déſormais à perſonne; ou que, par une Punition exemplaire, on détourne les autres de ſe porter à de pareilles Actions. Et c'eſt à quoi ſervent les mêmes moiens dont nous venons de parler.

Les *actes purement intérieurs* ne doivent pas être punis par les Hommes.

§. XI. SI L'ON conſidére bien toutes ces vûes, qui ſeules rendent néceſſaire l'uſage des Peines, & que l'on enviſage d'autre côté la conſtitution de la Nature Humaine; on en conclurra, que tout Péché ou tout Acte Vicieux ne doit pas être indiſpenſablement puni, devant le Tribunal Humain. Il faut excepter 1. Les *Actes purement intérieurs*, ou les ſimples penſées, par exemple, l'idée agréable que l'on ſe fait d'un Péché, l'envie qu'on a de le commettre, le deſſein qu'on en forme ſans en venir néanmoins à aucune exécution, quand même les autres en auroient enſuite connoiſſance par l'aveu qu'on en feroit. Car tous ces mouvemens intérieurs ne cauſant du mal à per-

perſonne, il n'y a perſonne auſſi qui aît intérêt qu'on les puniſſe.

§. XII. 2. IL SEROIT trop rigoureux de punir *les Fautes les plus légéres*, que la fragilité de nôtre Nature ne nous permet pas d'éviter entiérement, quelque attention & quelque application que l'on aît à ſon Devoir.

Ni les Péchez de foibleſſe, où l'on tombe tous les jours.

§. XIII. 3. LES Loix Civiles laiſſent impunis pluſieurs Actes Vicieux, pour le repos de l'Etat, ou pour quelque autre raiſon: comme, afin que la pratique des choſes oppoſées ſoit plus glorieuſe & plus méritoire par l'entiére liberté avec laquelle on s'y porte; ou afin que les Juges n'aient pas la tête rompue d'une infinité de Procès, ou pour des affaires de peu de conſéquence; ou parce que la choſe eſt d'une très-difficile diſcuſſion; ou à cauſe que le mal eſt ſi fort enraciné, qu'on ne ſauroit entreprendre d'y apporter du reméde ſans troubler l'Etat.

On laiſſe impunies certaines choſes pour le repos de l'Etat, ou pour quelque autre raiſon.

§. XIV. 4. ENFIN, il ne faut pas ſoûmettre à la Peine devant les Hommes, les *Vices communs, qui ſont une ſuite de la Corruption univerſelle du Genre Humain*, comme l'Ambition, l'Avarice, l'Inhumanité, l'Ingratitude, l'Hypocriſie, l'Envie, l'Orgueil, la Colére, les Animoſitez, & autres Paſſions ſemblables, qui ſont ſi fréquentes & ſi ordinaires, qu'un Souverain ſeroit réduit à regner dans un Déſert, s'il

Les Vices communs, qui ſont une ſuite de la Corruption univerſelle du Genre Humain, ne doivent pas être punis.

vou-

vouloit punir rigoureusement tous ceux qui y sont sujets, tant qu'elles ne les portent pas à des actions trop éclattantes, & à des excès énormes.

§. XV. BIEN PLUS: il n'est pas même nécessaire de punir toûjours sans remission les Péchez d'ailleurs punissables par eux-mêmes devant le Tribunal Humain. On peut quelquefois *faire grace*, mais pour de bonnes raisons, comme par exemple, s'il ne paroit pas nécessaire en certains cas de produire les effets auxquels les Peines sont naturellement destinées; ou s'il revient plus d'Utilité du Pardon, que de la Peine; ou s'il y a quelque autre voie plus commode pour obtenir les Fins que l'on se propose dans la Punition des Crimes. Ajoûtez à cela les services considérables rendus à l'Etat ou par le Coupable même, ou par quelcun de sa Famille, qui méritent une Récompense particuliére; quelque Qualité extraordinaire, une rare Industrie, ou quelque autre chose qui le distingue; l'espérance qu'il donne d'effacer son Crime par de belles actions; sur tout s'il y a eû dans son fait quelque Ignorance, quoi qu'elle ne soit pas entiérement inexcusable, ou si, dans le

dont il s'agit, la raison particuliére de la Loi n'a point de lieu. Souvent aussi on est obligé de faire grace en faveur du grand nombre de Coupables, dont le supplice dépeupleroit l'Etat.

§. XVI.

(marginal note:) On peut quelque-fois faire grace à un Criminel, & pour-quoi.

§. XVI. Pour garder une juſte propor- Comment on juge de la *grandeur* d'un Crime.
tion entre la Peine & le Crime, il faut avoir
égard à la gravité du fait. Or on juge de la
grandeur d'un Crime ou par ſon *Objet*, & ſa
Matiére, ſelon que l'Objet eſt plus ou moins
noble, & le Bien dont on dépouille les autres plus ou moins conſidérable; ou par ſes
Effets, c'eſt-à-dire, par le plus ou le moins
de préjudice qui en revient à l'Etat; ou enfin par le *degré d'Intention & de Malice*.
Le degré de Malice eſt plus grand, lors que
l'on s'eſt porté au Crime par quelque motif
auquel il étoit facile de reſiſter; lors qu'outre les raiſons générales qui en doivent détourner tout le monde, il y en a quelcune
de particuliére qui rend plus inexcuſable celui qui a commis le Crime; lors que le Crime eſt accompagné de circonſtances particuliéres qui l'aggravent; lors qu'on pouvoit
aiſément s'empêcher de le commettre. On
examine encore ici, ſi le Coupable a le prémier commis cette ſorte de Crime, ou s'il
a été ſéduit par l'exemple d'autrui; s'il y eſt
tombé une ou pluſieurs fois, & ſi on l'a-
voit averti, ou non, de s'en donner de
garde.

§. XVII. Cependant la détermination De la dé- termina- tion du genre & du degré des Peines, par rapport au Bien Pu- blic.
préciſe du genre & du degré des Peines qui
doivent être infligées pour chaque Crime en
particulier, dépend de la volonté du Souverain, qui doit toûjours avoir ici devant les
yeux le Bien de l'Etat. Ainſi deux Crimes
in-

inégaux en eux‐mêmes peuvent être & font en effet souvent punis de la même Peine. L'Egalité que les Juges font obligez d'observer invariablement dans l'exercice de la Justice, confifte à punir également ceux qui ont commis le même Crime, & à ne pas pardonner à une perfonne fans de très-fortes raifons un Crime pour lequel un autre a été puni. L'Humanité veut auffi qu'autant qu'il eft poffible, on adouciffe les Peines. Quelquefois néanmoins le Salut de l'Etat & la Sûreté Publique obligent à en augmenter la rigueur, lors, par exemple, qu'il eft befoin d'arrêter le cours d'un Vice qui commence à fe répandre, ou lors qu'il s'agit d'un Crime très-pernicieux à l'Etat. Mais, de quelque maniére & pour quelle raifon que l'on puniffe, il faut toûjours que la Peine foit affez grande pour faire perdre aux Hommes l'envie de commettre le Crime qu'on leur défend; & que d'ailleurs, quand ils viennent à y tomber, on ne leur inflige pas une Peine plus rigoureufe que celle qui eft portée par la Loi, à moins qu'il n'y aît quelque Circonftance qui aggrave extrémement le fait.

§. XXIII. Comme la même Peine ne fait pas les mêmes impreffions fur toutes fortes de gens, & n'a pas par conféquent une égale force pour les détourner du Crime; on doit auffi confidérer, & dans la détermination générale des Peines, & dans leur application aux Particuliers qui les ont encourues,

Il faut avoir égard aux diverfes impreffions que la Peine fait fur différentes Perfonnes.

rues, la Personne même du Coupable, avec
son Age, son Sexe, son état & sa condition, ses Richesses, ses Forces, & autres
semblables qualitez qui rendent la Peine plus
ou moins sensible.

§. XIX. Au RESTE tout ce que nous
avons dit, regarde les Crimes dont on est
véritablement l'Auteur, ou auxquels on a
part en quelque maniére: car, dans le Tribunal Humain, on ne sauroit légitimement
infliger à personne une Peine proprement
ainsi nommée pour un Crime d'autrui dont
il n'est point complice. Il arrive néanmoins
assez souvent, que par une suite ou à l'occasion d'un Crime d'autrui on souffre quelque
Mal ou quelque perte à quoi on n'auroit pas
été exposé sans cela, ou que l'on est privé
par le même accident d'un Bien auquel on
avoit lieu de s'attendre. C'est ainsi que des
Enfans innocens se trouvent réduits à la pauvreté par la Confiscation des biens de leur
Pére. Et lors qu'un Criminel s'évade sa Caution est obligée de paier l'Amende, non
parce que le Criminel a commis une Mauvaise Action, mais parce qu'en répondant
pour lui la Caution s'est engagée volontairement à paier, au cas qu'il se sauvât.

§. XX. DE LA il s'ensuit, qu'en matiére
des *Crimes qui sont censez commis par un
Corps entier* ou une Communauté, ceux-là
seuls sont coupables qui ont donné leur consentement: ainsi, quoi que l'Innocent souffre

[marginal notes:]
Comment
on souffre
à l'occa-
sion d'un
Crime
d'autrui,
auquel on
n'a aucune
part.

Comment
on punit
un *Corps*, ou
une *Com-
munauté.*

fre d'ordinaire pour le Coupable, ceux qui ont été d'avis contraire ne peuvent, en vertu de la Punition infligée au Corps, être légitimement dépouillez d'autre chose que des biens & des avantages dont ils jouïssent entant que Membres de ce Corps. Ces sortes de Crimes Publics s'effacent aussi & s'éteignent par la longueur du tems, lors qu'il ne reste plus aucune des Personnes qui avoient consenti & concouru actuellement à les commettre.

CHAPITRE XIV.

De l'ESTIME en général, & du droit de régler le rang & la considération où chacun doit être.

§. I. C'EST une Partie du Pouvoir Souverain, de régler le rang & la considération où chacun doit être dans l'Etat. (a) Cela nous engage à traiter ici de l'*Estime* en général.

L'ESTIME n'est autre chose que *le degré de considération où chacun est dans la Vie Commune, en vertu duquel il peut être égalé ou comparé, préféré ou postposé à d'autres.*

§. II. ON la divise en *Estime simple*, & *Estime de distinction*. L'une & l'autre doit être envisagée ou *par rapport à ceux qui vivent dans l'indépendance de l'Etat de Nature,*

ou

Ce que c'est que l'Estime en général. (a) Droit de la N. & des G. Liv. VIII. Ch. IV.

De combien de sortes en a. il y

ou *par rapport aux Membres d'une même Société Civile.*

§. III. LE fondement de l'ESTIME SIM-
PLE parmi ceux qui vivent *dans l'Etat de
Nature*, consiste principalement en ce qu'u-
ne Personne se conduit & est regardée dans
le monde de telle maniére, qu'on a lieu de
la croire disposée à pratiquer envers autrui,
entant qu'en elle est, les Devoirs de la Loi
Naturelle, & par conséquent de se fier à sa
bonne foi, comme à une personne d'honneur & de probité.

*De l'Esti-
me Simple,
dans l'Etat
de Nature.*

§. IV. CETTE réputation d'Honnête-
Homme *demeure en son entier*, tant qu'on
n'a pas, de propos délibéré, violé envers
autrui les Maximes de la Loi Naturelle, par
quelque Action malicieuse, ou par quelque
Crime énorme. Ainsi naturellement *chacun
est réputé Homme-de-bien, tant qu'on n'a pas
prouvé le contraire.*

*Chacun est
réputé
Honnête-
homme,
tant que le
contraire
ne paroit
pas mani-
festement.*

§. V. LORS que l'on commet malicieu-
sement quelque Crime énorme, par lequel
on viole envers autrui le Droit Naturel; on
fait par là *une brêche à son Honneur*, & l'on
donne lieu aux autres de ne se fier à nous
désormais qu'à bonnes enseignes. Cette ta-
che peut néanmoins être effacée, si l'on offre de son pur mouvement la réparation du
Dommage, & que l'on donne des marques
sincéres de Répentir.

*Comment
cette Ré-
putation,
reçoit
quelque
atteinte.*

§. VI. MAIS on se perd d'honneur entiérement, par une Profession ou un genre de
Vie

*Comment
elle se perd
entiére-
ment.*

Vie qui tend directement à insulter tout le
monde sans distinction, & à s'enrichir par
des Injures manifestes.   Quiconque est tant
soit peu exposé à éprouver les effets de la
malice de ceux qui font un tel mêtier, peut
les regarder & les traiter comme des Ennemis déclarez du Genre Humain. Cependant
s'ils reviennent à eux-mêmes, & qu'après
avoir réparé les Injustices qu'ils avoient com-
mises, ou en avoir du moins été tenus quittes par les personnes intéressées, ils renoncent à leur infame mêtier, pour mener une
Vie Honnête, ils recouvrent alors l'Estime
ou la Réputation qu'ils avoient perduë, &
l'on doit désormais les regarder sur ce
pied-là.

De l'Estime Simple, dans une Société Civile.

§. VII.   DANS une *Société Civile*, l'*Estime Simple* consiste à *être réputé Membre sain
& honnête de l'Etat* ; en sorte que, selon
les Loix & les Coûtumes du Païs, on tienne rang de Citoien, & que l'on n'aît pas été
déclaré infame.

Comment on est privé de cette sorte d'Estime, à cause d'une certaine Condition.

§. VIII.   On est privé de cette Estime Civile ou simplement *à cause d'une certaine
Condition où l'on se trouve*, ou en conséquence de quelque Crime.

Il y a deux sortes de *Conditions* qui produisent cet effet : les unes *qui naturellement
n'ont rien en elles-mêmes de Deshonnête* ; les
autres, *dont l'essence renferme quelque chose
de Deshonnête, ou qui du moins passe pour
tel dans l'esprit des Citoiens*. La prémiére
sorte

forte de Condition fe voit, par exemple, dans les *Efclaves*, qui, parmi quelques Peuples, ne tiennent aucun rang dans l'Etat, & font mis au nombre des Biens, comme s'ils étoient des Bêtes. Mais ce font des Conditions infames par elles-mêmes, que celles des Courtifanes, des Entremetteurs ou Entremetteufes de débauche, & d'autres perfonnes de ce caractére, qui doivent être bannies de la compagnie desHonnêtes-gens, quoi qu'elles jouiffent de la protection commune, tant qu'on les tolére dans un Etat. On regarde fur le même pied ceux qui font certains Mêtiers, où il n'y a point naturellement de Crime, mais fales & vilains, ou fort bas, en forte qu'on tient qu'il n'y a que des ames de boue qui veuillent s'y adonner.

§. IX. Un feul *Crime* peut aufli faire perdre entiérement cette Eftime Civile, lors que l'on eft *noté d'infamie* pour quelque Action contraire aux Loix du Païs; & cela en forte que le Criminel eft ou fimplement déclaré infame, & inhabile à faire aucun acte valable en Juftice; ou banni de l'Etat d'une façon ignominieufe; ou condamné à la mort, & fa mémoire flêtrie en même tems.

Comment on la perd par quelque Crime.

§. X. Hors de là, il eft clair que l'Honneur ou la Réputation d'Honnête-homme ne dépend pas abfolument de la volonté du Souverain, en forte qu'il puiffe l'ôter à qui bon

Si le souverain peut à fa fantaifie flêtrir l'Honneur de fes Sujets.

Y

bon lui femble. Car le Bien de l'Etat ne demande en aucune maniére un Pouvoir fi étendu & fi arbitraire fur l'Honneur des Citoiens: ainfi il n'y a nulle apparence qu'on aît prétendu le conférer au Souverain. On n'eft pas non plus chargé d'une véritable flêtriffure, lors qu'en exécutant les ordres de l'Etat ou du Souverain en qualité de fimple Miniftre, on prend fur foi la faute qu'il peut y avoir, & l'on s'expofe par là à quelque fuite fàcheufe.

Ce que c'eft que l'*Eftime* de *diftinction*.

§. XI. VOILA` pour l'*Eftime Simple*, & dans l'Etat de Nature, & dans les Sociétez Civiles. L'ESTIME DE DISTINCTION, c'eft celle *qui fait que, parmi plufieurs Perfonnes d'ailleurs égales à l'égard de l'Eftime Simple, on met l'une au deffus de l'autre, à caufe qu'elle eft plus avantageufement pourvûe des qualitez qui attirent pour l'ordinaire quelque Honneur & qui donnent quelque Prééminence à ceux en qui elles fe trouvent.* Or on entend ici proprement par le mot d'*Honneur*, les marques extérieures de l'opinion avantageufe que les autres ont de nôtre excellence à certains égards.

Qu'eft-ce qu'on y doit confidérer.

§. XII. POUR fe faire une jufte idée de cette forte d'Eftime, il faut en examiner les *Fondemens*, & cela ou entant qu'ils produifent fimplement un *Mérite*, en vertu duquel on peut prétendre à l'Honneur ; ou entant qu'ils donnent un *Droit*, proprement ainfi nommé, d'exiger d'autrui des

mar-

marques d'eſtime & de diſtinction, comme
nous étant dûes à la rigueur.

§. XIII. ON tient en général pour des Quels en
Fondemens légitimes de l'*Eſtime & diſtinction,* ſont les
tout ce qui renferme ou qui paſſe du moins *fondemens.*
pour marquer quelque Perfection ou quel-
que avantage conſidérable, dont l'uſage &
les effets ſont conformes au but de la Loi
Naturelle, & à celui des Sociétez Civiles.
Telle eſt la Pénétration de l'Eſprit, & la capacité d'apprendre divers Arts & diverſes
Sciences; un Jugement droit & ſolide, propre à manier les affaires, & promt à démêler les difficultez; une Fermeté d'Ame iné-
branlable, & à l'épreuve des attraits du Plaiſir, auſſi bien que de la crainte de la Douleur, en un mot des impreſſions de tous les
Objets extérieurs capables de corrompre ou
d'intimider; l'Eloquence; la Beauté; l'A-
dreſſe ou la Force du Corps; les Biens de la
Fortune; & ſur tout les belles Actions.

§. XIV. TOUT cela néanmoins ne donne En vertu
par lui-même qu'un *Droit Imparfait,* ou de quoi &
une ſimple aptitude à récevoir de l'Honneur comment
ou du Reſpect: de ſorte que, ſi on le refuſe l'exiger.
à ceux qui le méritent le mieux; on ne leur
fait par là aucun *tort* proprement dit; on
manque ſeulement envers eux d'Honnêteté
ou de Civilité. Pour avoir un *plein droit*
d'exiger d'autrui du Reſpect, ou quelque
marque d'Honneur & de diſtinction, il faut
ou que celui de qui on l'exige ſoit ſous nô-

tre puiſſance ; ou qu'on aît aquis ce droit par quelque Convention avec lui, ou bien en vertu d'une Loi faite ou approuvée par un Supérieur commun.

De la *Préſéance* entre les Princes, & entre les Etats.

§. XV. LES Princes & les Peuples en corps, qui vivent dans l'indépendance de l'Etat de Nature, alléguent ordinairement pour juſtifier la Prééminence & la Préſéance qu'ils s'attribuent les uns à l'égard des autres, l'Antiquité de l'Etat, ou de la Famille Régnante ; l'étendue & l'opulence des Païs qui ſont ſous leur domination ; leurs forces & leur puiſſance ; leur Souveraineté Abſolue ; & leurs Titres magnifiques. Mais tout cela ne fonde pas non plus par lui-même un droit parfait à la Préſéance, il faut qu'on l'ait aquis par quelque Convention, ou du moins par la conceſſion des Princes ou des Peuples avec qui l'on a à faire.

C'eſt au Souverain à regler les rangs & à diſtribuer les Honneurs dans ſon Etat.

§. XVI. A L'E'GARD des Concitoiens, c'eſt à leur Souverain commun à regler entr'eux les rangs, & les degrez de diſtinction, & à diſtribuer les Honneurs & les Dignitez : en quoi il doit néanmoins, pour prévenir toute juſte plainte, avoir égard au Mérite de chacun, & aux ſervices qu'il peut rendre ou qu'il a déja rendus à l'Etat. Chacun après cela eſt en droit de maintenir le rang qui lui a été aſſigné, & les autres Citoiens ne doivent pas le lui conteſter : mais il faut auſſi qu'il s'en contente lui-même, & qu'il ne prétende rien au delà.

CHA-

CHAPITRE XV.

Du POUVOIR *qu'ont les Souverains* DE DIS-POSER DES BIENS *renfermez dans les terres de leur domination.*

§. I. LORS que (a) les Sujets tiennent originairement leurs Biens de la libéralité du Souverain, ils n'y ont de droit & n'en peuvent difposer qu'autant qu'il le veut. Mais pour ce qui eft des Biens que les Sujets ont aquis avec un plein droit de Propriété, ou par leur propre induftrie, ou de quelque autre maniére, le Pouvoir du Souverain à cet égard n'a pas plus d'étendue que ne le demande la conftitution & le but des Sociétez Civiles. Or la nature même du Gouvernement, dont il eft chargé, lui donne ici quelque droit en trois maniéres.

En combien de maniéres le Souverain a droit fur les Biens de fes Sujets.
(a) Droit de la Nat. & des Gens, Liv. VIII. Ch. V.

§. II. 1. LE Prince, entant que Souverain, peut régler, par des Loix, l'ufage que chacun doit faire de fes Biens, conformément à l'avantage de l'Etat; la quantité & la qualité des chofes qu'on peut aquérir & poff, éder; la maniére & les bornes des actes par lefquels on transfére quelque chofe à autrui; & autres chofes femblables.

Il peut 1. régler la maniére dont ils doivent ufer de leurs Biens.

§. III. 2. IL a auffi droit de prendre, en forme d'Impôts & de Subfides, une petite partie des Biens de fes Sujets. Car il ne

2. Exiger des Impôts & des Subfides.

fau-

sauroit, sans cela, fournir aux Dépenses nécessaires pour défendre leur Vie & leurs
Biens. Ainsi il faut être bien impertinent
pour prétendre jouir de la protection & des
commoditez qu'on trouve dans la Société
Civile, sans rien contribuer de ses Biens, ou
du moins de sa peine & de son service, à
l'entretien du Gouvernement, auquel on est
redevable de ces avantages considérables.
Cependant la Prudence veut, que les Souverains , pour s'accommoder en quelque
maniere au naturel du commun Peuple, qui
aime à se plaindre & à murmurer, levent les
Tributs d'une maniére aussi douce & aussi
imperceptible que faire se peut ; qu'ils gar-
dent sur tout une juste égalité dans la taxe
de chaque Citoien ; qu'ils exigent plûtôt de
petites Contributions de différentes sortes,
que de grands droits imposez sur une seule
sorte de choses.

3. User du *Domaine Eminent.*   §. IV. 3. ENFIN, le Souverain, entant
que tel, a un *Domaine Eminent*, en vertu
duquel il peut, dans un besoin pressant de
l'Etat, prendre de gré ou de force, les Biens
d'un Sujet qui sont pour l'heure absolument
nécessaires à quelque usage que demande
l'Utilité Publique, quoi que la valeur de ces
Biens aille beaucoup au delà de la quote part
que le Citoien, à qui ils appartiennent, doit
contribuer pour les Dépenses de l'Etat. Bien
entendu qu'on le dédommage ensuite de ce
surplus, autant qu'il est possible, ou des deniers

niers publics, ou par une contribution des autres Citoiens.

§. V. OUTRE les trois fortes de Droits dont nous venons de parler, que tout Souverain a entant que tel, fur les Biens particuliers de chaque Sujet ; on met entre les mains du Prince parmi plufieurs Peuples, certains *Biens Publics*, qui appartiennent à l'Etat; avec cette différence que, dans quelques Roiaumes, il y en a qui font deftinez à l'entretien du Roi & de la Famille Roiale, & d'autres qui doivent fervir aux Dépenfes nécelfaires pour le Bien de l'Etat. Les prémiers s'appellent le *Fifc*, ou le *Domaine de la Couronne :* les autres, le *Tréfor Public*, ou le *Domaine de l'Etat*. Le Roi a l'Ufufruit plein & entier du Domaine de la Couronne, en forte qu'il peut abfolument difpofer à fa fantaifie des Revenus qui en proviennent, & groffir même fon *Patrimoine particulier* des épargnes qu'il en fait. Mais pour ce qui eft du Domaine de l'Etat, il n'en a que la fimple adminiftration, & il doit en emploier fidélement les Revenus aux ufages auxquels ils font deftinez. Du refte il ne fauroit légitimement aliéner ni les uns ni les autres, fans le confentement du Peuple.

§. VI. A plus forte raifon n'eft-il pas permis à un Prince, dont le Roiaume n'eft pas Patrimonial, d'aliener la Couronne, ou feulement quelcune de fes parties, fans le confentement du Peuple en général, & de la

Comment le Prince peut difpofer du Domaine de l'Etat, & du Domaine de la Couronne.

S'il peut aliéner le Roiaume, ou quelcune de fes parties.

Pro-

Province ou de la Ville en particulier dont il veut se défaire : comme, d'autre côté, aucune partie du Roiaume ne peut, sans le consentement des autres, se détacher du Corps de l'Etat, à moins qu'elle ne se trouve réduite à une telle extrémité par la supériorité des forces d'un Ennemi étranger, qu'il lui soit absolument impossible de se conserver, si elle ne se soûmet à la domination du Vainqueur.

C H A P I T R E XVI.

Du droit de faire la GUERRE & la PAIX.

La *Guerre* n'est pas toûjours illicite.

(a) *Droit de la N. & des Gens*, Liv. VIII. Chap. VI, & *suiv.*

§. I. PAssons maintenant (a) au droit qu'ont les Souverains de faire la GUERRE, & la PAIX, selon que l'intérêt & la nécessité de l'Etat le demandent.

Rien n'est plus conforme à la Loi Naturelle, que de vivre en concorde & amitié les uns avec les autres, & de se rendre de bonne grace ce que l'on se doit mutuellement. On peut dire même, que la Paix est l'état propre de l'Homme, & celui qui le distingue d'avec les Bêtes. Cependant la Guerre ne laisse pas d'être permise, & quelquefois même nécessaire, lors que par un effet de la malice d'autrui, on ne peut pas autrement conserver sa Personne ou ses Biens, & maintenir

tenir ou obtenir ses Droits légitimes. On est
seulement obligé, par les Loix de l'Humanité & par celles de la Prudence, de ne pas
courir aux Armes, lors qu'on voit qu'en
voulant tirer raison d'une Injure par cette
voie, on attireroit sur soi-même, ou sur les
siens, des Maux plus grands que le Bien
qu'on pourroit en espérer.

§. II. TOUTE Guerre juste & légitime ne
se doit donc faire que pour ces trois sujets
en général : ou pour nous défendre, nous
& ce qui nous appartient, contre les entreprises d'un injuste Aggresseur; ou pour mettre à la raison ceux qui refusent de nous rendre ce qu'ils nous doivent; ou pour obtenir
réparation du Dommage & du Tort qu'ils
nous ont fait, & pour avoir des sûretez à
l'abri desquelles on n'aît plus rien à craindre
désormais de leur part. Les Guerres auxquelles on est engagé pour la prémiére raison, sont des *Guerres Défensives*; & celles
que l'on entreprend pour les deux autres,
sont des *Guerres Offensives*.

Justes sujets de la Guerre, tant Offensive, que Défensive.

§. III. ON NE doit pourtant pas courir
aux Armes, du moment qu'on croit avoir
reçu quelque Injure ; sur tout s'il y a quelque doute ou à l'égard du fait, ou à l'égard
du droit: mais *il faut auparavant tâcher de
terminer l'affaire par quelque voie de douceur*, comme, par un pourparler amiable
entre les Parties; par un Compromis entre
les mains d'Arbitres ; ou par la décision du

Voies de douceur qu'il faut tenter, avant que d'en venir aux Armes.

Y 5   Sort.

Sort. C'est ce qui doit être observé sur tout par celui qui demande quelque chose; toute Possession fondée sur quelque titre rendant sans contredit la cause du Possesseur plus favorable, tant que l'autre, qui lui conteste son droit, n'a pas démontré clairement le sien.

Enuméra-
tion des
*Caufes In-
juftes* de la
Guerre.

§. IV. Il y a deux sortes de *Caufes Injuf-tes de la Guerre* : les unes, dont l'injustice est manifeste & incontestable ; les autres, qui ont quelque apparence de raison, quoi qu'assez légére. Les prémiéres peuvent être rapportées à deux principaux motifs, savoir l'Ambition & l'Avarice, ou le désir d'étendre sa domination, & celui de s'aggrandir par des richesses superflues. Les autres sont, par exemple, la crainte que l'on a de la puissance d'un Voisin ; l'utilité seule qui peut revenir de la Guerre, sans aucun droit de l'entreprendre ; l'envie de s'établir dans un endroit plus commode ; le refus de ce qui nous est dû purement & simplement en conséquence de l'Obligation qu'imposent les Vertus distinctes de la Justice proprement ainsi nommée ; le prétexte de dépouiller quelcun d'une chose, parce qu'on le juge indigne de la posséder ; le défir de se délivrer de l'incommodité qu'on reçoit d'un droit d'autrui légitimement aquis ; & autres motifs semblables.

La force &
l'artifice
font égale-

§. V. La Terreur & la Force ouverte est le caractére propre de la Guerre, & la voie
la

la plus commune dont on se sert contre un Ennemi. Il est permis néanmoins d'employer aussi la Ruse & l'Artifice, pourvû qu'on le fasse sans aucun manque de foi. Ainsi on peut tromper l'Ennemi par de faux-bruits & de faux-discours : mais on ne doit jamais violer ce à quoi l'on s'est engagé envers lui par quelque Promesse, ou par quelque Convention. *même permis dans la Guerre.*

§. VI. A L'EGARD de la Force ouverte, ou des actes d'Hostilité que l'on exerce contre l'Ennemi, ou en sa Personne, ou en ses Biens, il faut distinguer entre *le mal qu'on peut lui faire sans qu'il ait lieu de s'en plaindre, & les bornes dans lesquelles l'Humanité nous oblige de nous tenir.* Du moment que quelcun se déclare nôtre Ennemi, comme nous avons tout à craindre de sa part, il nous autorise aussi, entant qu'en lui est, à agir contre lui par des actes d'Hostilité poussez à toute outrance, & aussi loin qu'on jugera à propos. Mais l'Humanité veut, qu'autant que le permettent les Regles de l'Art Militaire, on ne fasse pas plus de mal à un Ennemi, que n'en demande nôtre défense ou le maintien de nos droits, & nôtre Sûreté pour l'avenir. *Jusques où l'on peut porter les actes d'Hostilité.*

§. VII. SELON une division fort commune, il y a des *Guerres Solennelles*, & des *Guerres Non-Solennelles*. Les prémiéres, ce sont celles qui se font de part & *Des Guerres Solennelles, & Non-Solennelles.*

d'autre

d'autre par autorité du Souverain, & qui ont été d'ailleurs déclarées dans les formes. Les autres par conséquent se font ou sans une Déclaration précédente, ou contre de simples Particuliers. On peut rapporter aussi à ce dernier chef les *Guerres Civiles.*

A quoi appartient le droit de faire la Guerre.

§. VIII. DANS une Société Civile, le *droit de faire la Guerre* appartient uniquement au Souverain; & aucun Magistrat inférieur ne peut l'entreprendre de son chef, sans un ordre ou général, ou particulier, quand même il se trouveroit dans des circonstances où il auroit lieu de présumer que le Souverain, s'il en étoit informé, trouveroit à propos de prendre les armes. Mais tout Gouverneur de Province, ou de Place forte, qui a des troupes à son commandement, est censé avoir reçû, par la nature même & le but de son Emploi, le pouvoir d'emploier toutes sortes de voies pour repousser & chasser des lieux où il commande, tout Ennemi qui viendra l'insulter; quoi que, sous ce prétexte, il ne doive pas, sans de très-fortes raisons, porter à son tour la Guerre dans le Païs de l'Ennemi.

En quel cas une Injure reçue d'un Citoien fournit un juste sujet de déclarer la Guerre à l'Etat dont il est Membre?

§. IX. AU RESTE, dans l'indépendance de l'Etat de Nature, on ne peut en venir à la Guerre contre personne que pour les Injures qu'on a reçues de lui-même. Mais, dans les Sociétez Civiles, on s'en prend quelquefois à tout le Corps de l'Etat, ou au Sou-

Souverain, du mal qui a été fait fans fon
ordre & fa participation par quelcun de fes
Sujets. Pour rendre cette imputation légitime, il faut que l'Etat ou le Souverain aient
fait ou négligé quelque chofe qui influe en
quelque maniére fur l'Injure dont on veut
tirer raifon par les armes. Or cela arrive ou
lors qu'ils ont fouffert qu'un des Sujets naturels du Païs infultât quelque Etranger, ou
lors qu'ils donnent retraite à un Etranger
qui a fait du tort à quelque autre. Le prémier fournit un jufte fujet de Guerre, en ce
que le Souverain aiant connoiffance du Crime, & pouvant l'empêcher, ne l'a pas fait
néanmoins. Or un Souverain eft cenfé favoir ce que fes Sujets font fréquemment, &
fans fe cacher. Pour le pouvoir d'empêcher
le mal, on le préfume toûjours, à moins
que le Souverain ne juftifie clairement fon
impuiffance. Mais quand il s'agit d'un E-
tranger qui s'eft réfugié chez nous uniquement pour éviter la Peine qui l'attend de la
part de celui qui nous le demande ; fi l'on
eft tenu de le livrer, c'eft plûtôt en vertu de
quelque Traité particulier fait là-deffus avec
un Voifin ou un Allié, qu'en conféquence
d'une Obligation commune & indifpenfable ; à moins que celui à qui l'on donne retraite, & que l'on protége, ne trame
quelque chofe dans nôtre Païs même, contre l'Etat d'où il s'eft fauvé.

§. X.

§. X. C'EST encore un ufage établi entre les Peuples, que les Biens de chaque Sujet répondent, pour ainfi dire, des Dettes de l'Etat dont il eft Membre, comme aufli du tort qu'il peut avoir fait en ne rendant pas juſtice aux Etrangers; en forte que les Intéreffez peuvent fe faifir des Biens de tous les Sujets de cet Etat qui fe trouvent chez eux, & de leurs perfonnes même. Ces fortes d'exécutions s'appellent des *Repréfailles*; & elles font fouvent un prélude de la Guerre. Ceux qui y ont donné occafion, doivent dédommager leurs Concitoiens de la perte qu'elles leur ont caufé.

§. XI. CHACUN peut faire la Guerre non feulement pour foi, mais encore *pour au-trui.* La Guerre eft légitime en ce dernier cas, pourvû que celui, en faveur de qui l'on s'y engage, aît un jufte fujet de prendre les armes; & que d'ailleurs on foit autorifé à époufer fa querelle par quelque bonne raifon.

Or on peut & l'on doit même tirer raifon par les armes, 1. Des Injures faites aux *Sujets* de l'Etat en général, & à chacun en particulier; pourvû qu'il n'y aît pas lieu manifeftement de craindre qu'on ne caufe par là à l'Etat plus de mal, que de bien. 2. Après les Sujets, viennent les *Alliez*, à qui l'on s'eft engagé expreffément, par le Traité d'Alliance, de donner du fecours dans le befoin.

foin. Il faut néanmoins fuppofer ici non
feulement que nos Sujets n'aient pas befoin en même tems de nôtre fecours, (car
en ce cas-là il faut défendre ceux-ci préférablement à tout autre) mais encore que
nos Alliez ne s'engagent pas dans une
Guerre injufte, téméraire, ou non-nécef-
faire. 3. Les *Amis* tiennent ici le troifiéme rang, & en faveur de l'Amitié on doit
les fecourir, quoi qu'on ne le leur ait pas
promis. 4. Enfin, la feule conformité de
nature & la parenté qu'il y a naturellement entre tous les Hommes, eft une raifon fuffifante pour nous autorifer à prendre la défenfe de toute perfonne que l'on
voit opprimer injuftement, lors qu'elle im-
plore nôtre fecours, & qu'on peut commodément le lui accorder.

§. XII. L'USAGE des Peuples a étendu
fi loin les droits & la licence de la Guerre, qu'encore qu'on ait tué, pillé, rava-
gé, au delà des bornes que la Loi de l'Humanité prefcrit, on ne paffe pas dans le
monde pour infame & digne de l'horreur
des Honnêtes-gens. Les Nations civilifées
regardent pourtant comme une grande lâ-
cheté & une infigne baffeffe, d'avoir recours, par exemple, au Poifon pour fe défaire d'un Ennemi, ou de corrompre fes Sujets, fes Soldats, ou fes Domeftiques, afin
qu'ils nous prêtent leur bras; & autres femblables actes d'hoftilité.

Jufques l'ufage d Nations a porté les droits & la licence de la Guerre?

§. XIII.

Comment on aquiert la Proprié- té des cho- fes que l'on prend fur l'Ennemi? Et au pro- fit de qui revient le Butin?

§. XIII. Les *Chofes Mobiliaires* font cen- fées *prifes*, du moment qu'elles font à cou- vert de la pourfuite de l'Ennemi ; & les *Immeubles*, lors que celui qui s'en eft em- paré fe trouve en état de chaffer l'Ennemi, s'il vouloit s'en remettre en poffeffion. Mais le droit de les recouvrer ne s'éteint entiére- ment, que quand l'aucien Propriétaire a re- noncé, par un Traité de Paix, à toutes fes prétenfions: car, pendant le cours de la Guerre, chacun peut reprendre ce qu'il a perdu, toutes les fois qu'il en trouve l'oc- cafion.

Comme c'eft au nom & par l'autorité du Souverain que les Soldats portent les armes; tout le Butin qu'ils font eft auffi proprement & originairement aquis à l'Etat, & non pas à eux-mêmes. Cependant on leur laiffe d'ordinaire prefque par tout les Chofes Mo- biliaires qu'ils ont prifes fur l'Ennemi, foit par connivence; foit en forme de récompenfe & quelquefois même pour leur tenir lieu de paie ; foit pour encourager par l'efpérance d'une bonne proie ceux qui fans cela ne vou- droient pas expofer leur Vie aux dangers de la Guerre.

Lors que l'on recouvre ce dont on avoit été dépouillé par l'Ennemi, les immeubles retournent à leurs anciens maîtres; & il en devroit être de même des Chofes Mobiliai- res: mais l'ufage l'a emporté parmi plufieurs

Peu-

Peuples, où ces fortes de chofes demeurent aux Soldats qui les ont reprifes.

§. XIV. ON aquiert auſſi par les armes le
droit de commander aux Peuples vaincus,
auſſi-bien qu'aux Particuliers. Mais afin
que cet Empire foit légitime, & qu'il oblige
en confcience les Vaincus, il faut qu'ils
aient promis au Vainqueur ou expreſſément,
ou tacitement, de le reconnoître pour leur
Maître; & que lui d'autre côté ne les traite
plus en Ennemis.

Comment
on aquiert
le droit de
comman-
der aux
Vaincus.

§. XV. IL fe fait quelquefois une fufpenfion d'armes, & c'eſt ce que l'on appelle
une TREVE, par laquelle on convient, que,
fans préjudice de l'état de Guerre, & des différens qui l'ont fait naître, on difcontinuera
de part & d'autre, pour un certain tems,
les actes d'Hoftilité qui confiftent à attaquer
de quelque maniére que ce foit: après quoi,
fi l'on ne s'eſt point accommodé, on peut
recommencer les actes d'Hoftilité, fans qu'il
foit befoin d'une nouvelle Déclaration de
Guerre.

Ce que
c'eſt qu'u-
ne Tréve.

§. XVI. ON peut diftinguer deux fortes
de Tréve : l'une, pendant laquelle les Armées ne laiſſent pas de demeurer fur pied,
avec tout l'appareil de la Guerre; & celle-là
eſt d'ordinaire fort courte: l'autre, pendant
laquelle chacun met bas les armes, & fe re-
tirant chez foi, laiſſe à quartier tout l'appareil de la Guerre. Cette derniére forte de
Tréve peut avoir & a ordináirement un ter-

Combien
il y a de
fortes de
Tréve.

Z   me

me affez long, & elle reffemble fort à une Paix pleine & entiére: quelquefois même on lui donne le nom de *Paix*, en ajoûtant le tems qu'elle doit durer. Du rêfte toute Paix proprement dite eft éternelle de fa nature, & termine pour toûjours les démêlez qui ont été le fujet de la Guerre. Pour ce qui eft de la *Trêve tacite*, comme on parle, ce n'eft point une véritable Trêve, qui impofe quelque Obligation, mais une fimple fufpenfion d'armes faite volontairement de part & d'autre, fans aucun Engagement réciproque; de forte que chacun peut toûjours, quand bon lui femble, recommencer les actes d'Hoftilité.

De la Paix. §. XVII. MAIS ce qui fait ceffer entiérement la Guerre, c'eft un Traité de PAIX conclu entre les Souverains, ou les Chefs des deux Partis. Après quoi, comme il a été libre aux Contractans d'aquiefcer, ou non, aux Articles & aux conditions dont ils font convenus, chacun doit les exécuter religieufement & dans le tems marqué, & ne rien faire enfuite contre fes Engagemens. Pour plus grande fûreté, on y fait non feulement intervenir d'ordinaire la fainteté du Serment, & l'on donne même quelquefois des *Otages* de part & d'autre; mais encore d'autres Princes, fur tout ceux qui ont été Médiateurs de la Paix, fe rendent *Garants* de fon obfervation, promettant de donner du
fecours

secours au prémier qui sera insulté par l'autre contre les Articles & les Conditions de la Paix.

CHAPITRE XVII.

Des ALLIANCES, & autres TRAITEZ PUBLICS.

§. I. LES Souverains, entant que tels font entr'eux diverses (a) Conventions que l'on peut appeller des TRAITEZ PU-BLICS, ou en un mot des ALLIANCES, & qui servent tant pour la Guerre, que pour la Paix. Il y en a de deux sortes en général, par rapport à leur matiére: les unes, *qui regardent des choses auxquelles on étoit déja tenu par le Droit Naturel :* les autres, *qui ajoûtent un nouvel Engagement aux Devoirs de la Loi Naturelle*, ou qui du moins déterminent ceux qui étoient généraux & indéfinis, à quelque chose de précis & de particulier.

Combien il y a de sortes de Traitez Publics, ou d'Alliances.

(a) Droit de la Nat. & des Gens, Liv. VIII. Chap. IX.

§. II. IL FAUT mettre au prémier rang, les Alliances où l'on s'engage de part & d'autre à se rendre simplement les Devoirs de l'Humanité, ou à ne point se faire de mal les uns aux autres : comme aussi celles où l'on fait un Traité d'Amitié, sans s'engager de part ni d'autre à rien de particulier : & celles par lesquelles on stipule un droit d'Hos-

Des Alliances qui roulent sur des choses auxquelles on étoit déja tenu par le Droit Naturel.

pita-

pitalité, ou un droit de Commerce dans les terres l'un de l'autre, d'une maniére qui ne foit pas plus étendue que ce à quoi chacun des Contractans étoit déja tenu par les Maximes du Droit Naturel.

§. III. LES autres fortes d'Alliances fe divifent en *Alliances Egales*, & *Alliances Inégales*.

Les *Alliances Egales*, ce font *celles où l'on contracte avec une entiére égalité de part & d'autre*; c'eft-à-dire, dans lefquelles non feulement on promet de part & d'autre des chofes égales ou purement & fimplement, ou à proportion des forces de chaque Allié; mais encore on s'y engage fur le même pied, en forte qu'aucune des Parties ne fe reconnoît inférieure à l'autre en quoi que ce foit.

§. IV. DANS les *Alliances Inégales* au contraire, *les Engagemens ou renferment quelque inégalité en eux-mêmes, ou rendent la condition de l'un des Alliez inférieure à celle de l'autre.*

L'inégalité des chofes ftipulées de part & d'autre eft tantôt du côté de celui qui eft d'un rang plus élevé, & tantôt du côté de l'Allié Inférieur. Le prémier cas arrive, lors que le plus puiffant Allié promet du fecours à l'autre, fans en ftipuler aucun de lui à fon tour; ou lors que le fecours, qu'il promet, eft plus confidérable que celui auquel l'autre s'engage en-

vers

vers lui. Le dernier fe voit, lors que l'Allié Inférieur s'engage à faire en faveur de
l'autre plus que celui-ci ne lui promet de
fon côté.

§. V. A' L'E'GARD des Engagemens qui
rendent l'un des Alliez inférieur à l'autre,
il y en a *qui donnent quelque atteinte à fa
Souveraineté*, comme, par exemple, s'il
a promis de ne point exercer quelque Partie du Pouvoir Souverain fans le confentement de l'Allié Supérieur: & d'autres qui
laiffant la Souveraineté en fon entier, *impofent quelque condition onéreufe dont l'effet ne renferme pas un affujettiffement du-
rable*, c'eft-à-dire, à laquelle on peut fatisfaire une fois pour toutes; comme fi, dans
un Traité de Paix, l'une des Parties s'engage à paier les Armées de l'autre, à lui
rembourfer les frais de la Guerre, à lui
donner une certaine fomme d'argent, à ra-
fer les Fortifications de quelques-unes de
fes Places, à donner des Otages, à fournir des Vaiffeaux, des Armes &c. Bien
plus: les conditions onéreufes, même perpétuelles, n'emportent pas toûjours une diminution de la Souveraineté, comme, par
exemple, lors que le Traité porte, que l'un
des Alliez tiendra pour Amis tous les Amis
de l'autre, & pour Ennemis, tous fes Ennemis, mais non pas celui-ci à fon tour ceux
du prémier; que l'un ne bâtira point de

De celles qui ren-dent l'un des Alliez inférieur à l'autre.

Z 3   Place

Place forte en un certain endroit, ou ne fera pas voile dans certaines Mers &c. pas même fi l'un des Alliez eft tenu de reconnoître la Prééminence de l'autre, & de lui témoigner quelque déférence ou quelque refpect dans toutes les occafions.

§. VI. DE toutes les Alliances, tant Egales, qu'Inégales, qui fe font pour diverfes raifons, les plus ordinaires ce font celles où l'on entre pour s'entre-fecourir dans la Guerre ou Offenfive, ou Défenfive; & les Traitez de Commerce. Mais les plus étroites, ce font celles qui confiftent dans une Confédération perpétuelle de plufieurs Etats unis enfemble pour régler d'un commun accord les affaires qui concernent leur intérêt commun.

§. VII. C'EST encore une divifion célèbre des *Alliances*, que celle qui les diftingue en *Réelles* & *Perfonnelles*. Les dernières fe font avec un Prince confidéré perfonnellement, en forte que le Traité expire avec lui. Dans les autres on ne traite pas tant avec le Roi même ou avec les Chefs du Peuple, confidérez perfonnellement, qu'avec tout le Corps de la Nation & de l'Etat; & par conféquent elles fubfiftent après la mort même de ceux avec qui l'on a conclu immédiatement le Traité.

§. VIII. IL ARRIVE quelquefois qu'un Miniftre fait, fans ordre de fon Souverain, quel-

quelque Traité concernant les affaires publi- sans ordre du Souve- rain.
ques. En ce cas-là, le Souverain n'est pas
obligé de tenir le Traité, à moins qu'il ne
l'aît ratifié depuis; & c'est au Ministre, qui
a agi de son chef, à voir comment il pourra
satisfaire ceux qui se voient trompez pour
s'être fiez à lui.

CHAPITRE XVIII.

Des DEVOIRS DES SUJETS.

§. I. IL NE nous reste plus qu'à traiter des Les Devoirs des Sujets font ou Gé- néraux, ou Particu- liers.
DEVOIRS DES SUJETS ou des Con-
citoiens. Ces *Devoirs* sont ou *Généraux*,
ou *Particuliers*. (a) Les prémiers naissent
de l'Obligation commune où ils sont tous (a) Droit de la Nat. & des Gens. Liv. VII. Chap. VIII. §. 10. No- te 2.
précisément entant que soûmis à un même
Gouvernement, & Membres d'une même
Société Civile. Les autres résultent des
Emplois différens & des Fonctions particuliéres dont chacun est chargé par le Souverain.

§. II. LES *Devoirs généraux* des Su- Il y a trois Devoirs généraux.
jets ont pour objet ou les *Conducteurs de
l'Etat*, ou *tout le Corps du Peuple*, ou les
Concitoiens.

§. III. A L'EGARD des *Conducteurs de* 1. A l'égard des Conduc- teurs de l'Etat.
l'Etat, tout Sujet leur doit le Respect, la
Fidélité, & l'Obéïssance, que demande leur

Ca-

Caractére. D'où il s'enfuit, qu'il faut être content du Gouvernement préfent, & ne former ni Cabale, ni Sédition ; s'attacher aux intérêts de fon Prince, plus qu'à ceux de tout autre ; le refpecter & l'honorer fouverainement ; penfer favorablement & parler avec refpect de lui, & de fes Actions.

§.IV. PAR RAPPORT à tout *le Corps de l'Etat*, un bon Citoien fe fait une Loi inviolable de préférer le Salut & le Bien Public à toute autre chofe ; de facrifier gaiement fes Richeffes, fa Fortune, en un mot tous fes intérêts particuliers, & fa Vie même, pour la confervation de l'Etat ; d'emploier tout fon Efprit, toute fon Adreffe, & toute fon Induftrie, pour faire honneur à la Patrie, & pour lui procurer quelque avantage.

2. Par rapport à tout le Corps de l'Etat.

§. V. ENFIN, le Devoir d'un Sujet envers fes Concitoiens, c'eft de vivre avec eux, autant qu'il lui eft poffible, en paix & en bonne union ; d'être doux, commode, complaifant, dans le Commerce de la Vie ; de ne point caufer de trouble par une humeur bourrue ou opiniâtre ; de ne caufer aucun préjudice à perfonne ; de ne point porter d'envie au bonheur des autres, & de leur rendre au contraire fervice en tout ce qu'il peut.

3. Envers les Concitoiens.

§. VI. LES *Devoirs Particuliers* des Sujets font attachez à certains Emplois, dont les fonctions influent ou fur tout le Gouverne-

Régle générale des Devoirs Particuliers.

ne-

nement de l'Etat, ou fur une partie feulement. Il y a une Maxime générale pour les
uns & les autres, c'eſt *de n'aſpirer à aucun*
Emploi Public & de ne l'accepter pas même,
lors qu'on ne ſe ſent pas capable de le remplir
dignement. Mais voici les Devoirs propres
des Emplois les plus conſidérables.

§. VII. Un *Miniſtre* ou *Conſeiller l'Etat*
doit s'attacher avec la derniére application à
bien connoître les intérêts & les affaires de
l'Etat dans toutes les parties du Gouvernement ; propoſer fidélement, & d'une maniére convenable, ce qui lui paroit avantageux à l'Etat, ſans ſe laiſſer conduire par ſes
Paſſions, & ſans agir dans de mauvaiſes
vûes; avoir uniquement pour but dans tous
ſes conſeils, le Bien Public, & non pas ſon
intérêt particulier, ou ſon aggrandiſſement;
ne point entretenir les Paſſions criminelles
du Prince par de lâches Flatteries; s'abſtenir
de toute Cabale & de toute Faction; ne rien
diſſimuler de ce qu'il faut découvrir, ne rien
découvrir de ce qu'il faut cacher ; ſe montrer à l'épreuve de toute corruption; ne négliger jamais les affaires publiques, pour ſes
affaires particuliéres, & moins encore pour
ſes plaiſirs.

Devoirs des Miniſtres ou Conſeillers d'Etat.

§. VIII. Les *Miniſtres Publics de*
la Religion doivent apporter à l'exercice d'une Charge ſi ſainte toute la gravité & toute l'application dont ils ſont

Devoirs des Miniſtres publics de la Religion.

Z 5

c2-

capables ; enseigner les Dogmes de Religion qui leur paroissent les plus véritables ; servir eux-mêmes de modéle, par toute leur conduite, des instructions qu'ils donnent au Peuple ; & ne point deshonorer leur Caractére, ou perdre le fruit de leur Ministére, en vivant d'une maniére déréglée.

§. IX. Les *Docteurs ou Professeurs des Sciences Humaines*, doivent prendre garde de n'enseigner aucun Dogme faux, ou nuisible ; n'avancer rien qu'ils ne prouvent par des raisons solides & convaincantes, qui éclairent l'Esprit de leurs Auditeurs ; s'abstenir de tout ce qui est capable de troubler l'Etat ; & regarder comme de vaines spéculations toutes les Sciences qui ne sont d'aucun usage à la Vie Humaine ou à la Société Civile.

§. X. Les *Magistrats*, & autres *Officiers de Justice*, doivent être de facile accès pour tout le monde ; protéger le Peuple contre l'oppression des Personnes puissantes & accreditées ; rendre la Justice aux Petits & aux Pauvres, aussi exactement qu'aux Grands & aux Riches ; ne point tirer en longueur les Procès sans nécessité ; se bien garder de se laisser corrompre par des Présens, ou par des Sollicitations ; juger avec une mûre connoissance de cause, & sans Passion ni Préoccupation ;

ne

Devoirs des Docteurs ou Professeurs des Sciences Humaines.

Devoirs des Magistrats,& autres Officiers de Justice.

ne craindre perfonne en faifant bien leur Devoir.

§. XI. LES Généraux, Capitaines, & autres *Officiers de Guerre*, doivent exercer les
Soldats avec foin, & dans le tems qu'il
faut, pour les mettre en état de fupporter
les fatigues de la Guerre; maintenir exactement la Difcipline Militaire; ne pas
expofer fans néceffité les Troupes qu'ils
commandent; faire en forte, autant qu'il
leur eft poffible, que les provifions ne
manquent pas dans l'Armée; ne rien retenir de la paie des Soldats, & ne pas
la leur faire attendre long-tems; leur inf-
pirer des fentimens conformes au Bien Public, & ne point travailler à gagner leur affection au préjudice de l'Etat.

§. XII. LES *Soldats*, d'autre côté, doivent fe contenter de leur paie; ne point
maltraiter ni piller les Païfans ou les Bour-
geois; s'expofer gaiement & courageufement à toutes les fatigues & à tous les
travaux auxquels ils font appellez pour la
défenfe de l'Etat; éviter également une
Ardeur imprudente, qui fait courir au danger fans néceffité, & une lâche Timidité
qui le fait fuïr au befoin; éprouver leurs
forces & leur bravoure fur l'Ennemi, & non
pas fur leurs Camarades; défendre vaillam-
ment leur pofte; préférer une Mort glorieufe
à une Fuite & à une Vie honteufe.

§. XIII.

Devoirs des Officiers de Guerre.

Devoirs des Soldats.

§. XIII. Les Ambassadeurs & autres *Ministres de l'Etat* auprès des Puissances Etrangéres doivent être prudens & circonspects; soigneux de bien distinguer le Solide d'avec le Frivole, le Vrai d'avec le Faux; fidéles à garder un Secret inviolable; inaccessibles à toute Corruption, & à tout ce qui pourroit leur faire abandonner les intérêts de leur Souverain.

Devoirs des Ambassadeurs.

§. XIV. Les *Intendans ou Receveurs des Finances*, & en général tous ceux par les mains desquels passent les deniers publics, doivent prendre garde de ne point user de rigueur sans nécessité; n'exiger rien au delà de la Taxe de chacun, pour chagriner les Particuliers, ou pour s'enrichir eux-mêmes; ne rien retenir des deniers publics; satisfaire au plûtôt ceux qu'ils ont ordre de paier.

Devoirs des Intendans ou Receveurs des Finances.

§. XV. Au reste, tous ces Devoirs Particuliers des Sujets, finissent avec les Fonctions & les Charges Publiques d'où ils découlent. Mais pour les Devoirs Généraux, ils subsistent toûjours tant qu'on est Membre de l'Etat.

Or on cesse d'être Sujet ou Citoien d'un Etat, (a) lors qu'avec le consentement exprès, ou tacite, de l'Etat, on va s'établir ailleurs; ou lors que l'on est banni du Païs, & dépouillé de tous les droits de Citoien, en conséquence de quelque Crime; ou enfin

Quand finissent ces Devoirs; & comment on cesse d'être Sujet ou Citoien de l'Etat.

(a) Droit de la N. & des Gens, Liv. VIII. Chap. XI.

fin lors que, par la fupériorité des Armes,
on eft réduit à la néceffité de fe foûmettre à
la domination d'un Vainqueur.

F I N

TABLE

TABLE
DES MATIERES.

Le Chiffre Romain marque le Livre : le Chiffre Arabe qui suit , marque le Chapitre : & le troisiéme marque le Paragraphe. Lors qu'après le troisiéme , il y a quelques autres Chiffres Arabes précedez d'une Virgule , ce sont encore des Paragraphes.

A a   Con-

Nat-

R. *Rai-*

R.

RAison : si ceux qui n'ont pas l'usage de la Raison, sont responsables de ce qu'ils font. I. 1. 25. leurs Engagemens ne sont pas valides. I. 9. 10.

Reconnoissance : sa nécessité & ses caractéres. I. 8. 6, & suiv.

Religion : abrégé du Systême de la Religion Naturelle. I. 4. Son usage dans la Société Humaine. Ib. §. 9. Opinions contraires aux véritables idées de la Religion. I. 5. 3. Devoir des Ministres Publics de la Religion. II. 18. 8.

Représailles : en quoi consiste ce droit. II. 16. 10.

Réputation : Comment elle se perd, ou elle reçoit quelque atteinte. II. 14. 5, 6.

Richesses : comment on peut les rechercher. I. 5. 5.

Roiaume : ce que c'est qu'un Roiaume Patrimonial. II. 9. 7. si le Prince peut aliéner le Roiaume, ou quelcune de ses parties. II. 15. 6.

S.

SCiences : combien de sortes il y en a, & jusqu'où leur étude est nécessaire. I. 5. 9.

Service : des Services d'une utilité innocente. I. 8. 4.

Serviteur : Devoirs des Serviteurs. II. 4. 2, 3.

Servitudes : ce que c'est, & de combien de sortes il y en a. I. 12. 8.

Serment : de sa nature, de son but, de ses usages, & de ses différentes sortes. I. 11.

Silence : quand c'est qu'il est innocent. I. 10. 4.

Simonie : ce que c'est. I. 14. 3.

Sociabilité : est un des Principes généraux du Droit Naturel. I. 3. 13. Not. 1.

Société : de la nature & des Régles du Contract de Société. I. 15. 12.

Société Civile : motifs qui ont porté les Hommes à former des Sociétez Civiles. II. 5. quelle est la constitution intérieure d'une telle Société. II. 6.

Sodomie : est contraire au Droit Naturel. II. 2. 2.

Soldats : leur Devoir. II. 18. 12. II. 13. 2.

Songe : si l'on est responsable de ce que l'on croit faire en songe. I. 1. 26.

Souverain : ses Devoirs. II. 11. quel Pouvoir il a sur les Biens de ses Sujets. II. 15.

Souveraineté : ses parties. II. 7. ses caractéres propres, & ses modifications. II. 9. différentes maniéres de la posséder. Ib. §. 7.

Spontanéité : ce que c'est. I. 1. 9.

Successions abintestat : quel en est le fondement & l'ordre. I. 12. 10, 11. de la Succession à la Couronne. II. 10. 6, & suiv.

Sujets : leurs Devoirs. II. 18.

Superstition : doit être bannie. I. 5. 3.

Surérogation : combien est fausse

F I N.

www.ingramcontent.com/pod-product-compliance
Lightning Source LLC
Chambersburg PA
CBHW060953220326

41599CB00023B/3699